Nostalgia

Ottolenghi
NOSTALGIA

YOTAM OTTOLENGHI   HELEN GOH
VERENA LOCHMULLER   TARA WIGLEY

Fotos de
Jonathan Lovekin

Tradução de
Bruno Fiuza

COMPANHIA DE MESA

Sumário

Introdução	7
Ovos, crepes, panquecas	20
Sopas e pastas	50
Bolinhos e outras frituras	66
Vegetariano reconfortante	84
Frango e outros assados	118
Dals, ensopados, curries	154
Macarrão, arroz, tofu	182
Massa, polenta, batata	198
Tortas, salgados, pão	236
Doçuras	270
Índice remissivo	312
Agradecimentos	318

Introdução

Quando se trata de cozinha e comida, o que nos traz conforto, acolhimento, afeto? Em inglês, o termo "comfort food" engloba essas comidas que nos acolhem: a refeição que preparamos e comemos em casa depois de um dia difícil. A comida que fazemos sem pensar muito. Podem ser também as receitas com as quais crescemos, que nos lembram de quando éramos crianças e de quando alguém cuidava de nós. Ou a comida que comemos sem limites, incapazes de resistir ao seu potencial de nos proporcionar prazer.

Nutrição, conveniência, nostalgia, indulgência: chegar a um consenso em relação ao que chamamos de comida reconfortante é simples. Mais difícil de definir, no entanto, são os pratos que efetivamente tocam nesses pontos. O ideal de comida reconfortante de uma pessoa pode ser o ideal de comida desafiadora para outra. É algo muito pessoal, ligado ao lar, à família, às lembranças, até mesmo às idiossincrasias aleatórias do gosto humano.

É culturalmente específico também. O sonho de um queijo quente derretido de uma criança é o pesadelo de outra. Isso também vale para o adulto que prepara o mesmo sanduíche, anos depois, para se lembrar da criança que um dia foi. Mac'n'cheese, lámen de frango, schnitzel, salsicha com purê de batata, pizza, sopa de frango com macarrão, arroz de lentilha, dal, bolinhos: são pratos reconfortantes por excelência para muitas pessoas, sem dúvida, mas não existe um único que valha para todos. Tentar estabelecer um conjunto específico de receitas de comida reconfortante é tão escorregadio quanto um prato cheio de macarrão.

E, no entanto, esse macarrão, por maior que seja o grau de novidade, sempre parecerá nostálgico. É isso — a capacidade de um prato ser nostálgico e novo ao mesmo tempo — que está na essência da nossa interpretação do conforto. Neste livro apresentamos receitas reconfortantes e criativas, familiares e originais, acolhedoras e reveladoras.

Também tem muito das jornadas pessoais que trilhamos e de todas as histórias que compõem essas jornadas. Em NOSTALGIA, em vez de tentar abarcar uma grande quantidade de comida reconfortante, nos mantivemos em um terreno mais firme, aquele que pisamos. Somando nós quatro — Yotam, Helen, Verena e Tara —, existe um terreno um tanto variado. Yotam passa pela Itália e pela Alemanha (de seus pais), vai de Jerusalém a Amsterdam (onde já morou e comeu o equivalente ao próprio peso em croquetes), e então Londres. A vida da Helen se estende da China (de seus avós) à Malásia, a Melbourne (onde cresceu) e ao oeste de Londres. O terreno trilhado por Verena começa na Alemanha e na Escócia, passando por Nova York (onde estudou) e chegando agora a Londres. Tara é mais londrina de maneira geral, mas a quantidade de tahine, berinjelas, limões, feta e azeite com que cozinhou nos últimos vinte anos deixa claro que ela é muito boa no que diz respeito à culinária levantina.

Olhar para o chão que nós quatro pisamos nos mostrou a ligação entre comida reconfortante e movimento, entre comida reconfortante e imigração. Quando nos mudamos para um lugar novo, fazemos duas coisas: nos envolvemos com (e absorvemos) a cultura e a culinária do lugar para onde fomos, e mantemos e preservamos a cultura e a culinária do lugar que deixamos.

Os aspectos práticos também têm seu papel. Não podemos carregar conosco nosso quarto de infância, nosso sofá nem nosso lugar preferido para fazer piqueniques em família. Se temos saudade da canja de galinha, do arroz de lentilha ou do macarrão no forno que nossa mãe ou nosso pai faziam para nós quando éramos crianças e precisávamos de um abraço, podemos tentar recriar esses pratos. Eles são objetos de transição comestíveis, e nada nos levará de volta àquele abraço lá de trás mais rápido do que preparar aquela canja, ou aquele arroz, ou aquele macarrão.

Não cozinhamos nem comemos no vácuo, o que significa que uma vez preparado esse prato nostálgico, ele é compartilhado com outra pessoa: nossa nova família, um amigo ou vizinhos. É aí que os efeitos em cascata chegam. O que começou como um abraço metafórico se torna uma receita que uma pessoa pede, prepara ela própria e passa a compartilhar com um grupo totalmente novo.

Esse processo acontece no mundo inteiro. É por isso que um único cozinheiro curioso pode viver a culinária do mundo todo em sua própria cozinha. É por isso que a comida italiana é tão ligada à comida norte-americana. É por isso que podemos comprar sushi e algas, pizza e macarrão, dal de grão-de-bico e folhas de curry no mesmo supermercado.

Quando feito com consciência, gratidão, prazer e respeito, isso é, para nós, apreciação (e não apropriação) cultural. Esse é o significado de comida reconfortante para nós. Está ligado às nossas trajetórias e a todas as histórias nelas contidas. Este livro é uma celebração disto: do movimento, da imigração, da família, do lar, das pessoas.

Outras formas de definir conforto, nenhuma delas mutuamente exclusiva, podem envolver um determinado tipo de alimento, por exemplo o conforto dos carboidratos ou a natureza inerentemente calmante das sopas. Também tem a ver com a situação em que a comida é consumida: o conforto de estarmos entre amigos, talvez, ou o oposto disso — o conforto de comermos tranquilamente sozinhos, desligados do mundo. Muitas vezes, trata-se da combinação da comida certa na hora certa e no lugar certo. Isso explica por que um sorvete tomado num dia quente em um banco de parque pode ser tão reconfortante quanto uma taça de vinho tinto e uma travessa de frango assado em um dia frio, com as janelas da cozinha embaçadas pelo vapor.

Tanto quanto o que comemos, o que torna a comida reconfortante é onde e como comemos, por que comemos e com quem comemos. Você pode refletir sobre isso, se quiser, enquanto escolhe receitas para experimentar e desenvolve as suas próprias. Esperamos que elas lhe tragam conforto, não importa a forma que esse conforto assuma.

UM: COM QUEM COMEMOS

Por trás de um prato afetivo muitas vezes existe um relacionamento: uma conexão única. A sopa de frango com macarrão terá um impacto mais profundo em quem se *lembra* dela sendo preparada por alguém que cuidava dele. Do **bolo de carne** ao **tofu mapo**, da **sopa de bolinhos de matzá** ao **mulligatawny**, do **merengue** ao **bolo mármore** — para cada um de nós existe uma *sensação* que esses pratos nos trazem de volta. Quem sabe então o nome não devesse ser "comida de memória" ou "comida comunitária"?

Uma das alegrias das comunidades é que elas são dinâmicas e porosas: as ideias fluem e mudam, passam de uma pessoa para outra. Aconteceu algumas vezes conosco. Este livro é o trabalho de quatro famintos — Yotam, Helen, Verena e Tara —, e cada um de nós trouxe as próprias lembranças, infâncias e viagens para a (felizmente) grande mesa. Mas o que começou como vindo de — "pertencendo a" — um de nós logo passou a "pertencer" ao outro. Tara e Verena preparam a **salada de abobrinha sedosa e salmão** da Helen com tanta frequência que os próprios amigos delas hoje pedem as abobrinhas de seda "da Tara" ou "da Verena". Engraçado e comovente!

Quando as coisas compartilham o mesmo recipiente, cada uma mantém a sua identidade e, ao mesmo tempo, absorve um pouco do sabor das outras. É uma troca que acontece tanto fora da cozinha quanto dentro dela. Do lado de fora, é o que chamamos de caldeirão cultural. Dentro, é o ensopado, a sopa, a travessa. Pense nas lentilhas pegando o sabor defumado das linguiças polonesas em nossas **linguiças e lentilhas**, por exemplo, ou nos pedaços de tofu absorvendo os sucos da saborosa **barriga de porco no shoyu** com a qual dividem a panela.

É uma troca que também parece acontecer entre dois pratos à primeira vista distintos. Nós percebemos quantas vezes existem conexões entre receitas que cada um considera "suas". O frango assado da tia Pauline ou o bolonhesa da Helen podem não ser exatamente o **frango assado** ou o **bolonhesa** que Yotam comia quando era criança, mas aquela primeira garfada em cada um dos pratos despertou uma *familiaridade* que ecoou suas próprias versões deles: uma espécie de definição universal de memória afetiva, com a dose certeira de nostalgia.

Essa partilha de pratos em uma escala muito maior proporcionada pela imigração é o coração de *NOSTALGIA*. Pense no curry, por exemplo. O que vem à cabeça? É uma pergunta importante! Você pensa em um frango cremoso rico e fácil de preparar ou em um vindaloo picante de porco típico de Goa? É um massaman tailandês? Um rendang indonésio? Um rogan josh da Caxemira? Ou um tikka masala, que é uma invenção britânica?

Se não existe um único tipo de comida de afeto, então não existe um único curry. É uma palavra pequena, mas que abrange inúmeros tipos diferentes de pratos — todos um reflexo de centenas de anos de história, política, viagens, movimento e colonialismo. Existe muita coisa para ser lida e digerida aqui: da nossa parte, oferecemos alguns curries muito saborosos — **cúrcuma fresca e pimenta-do-reino com camarões e aspargos**, por exemplo; **atum com capim-limão e galanga**; **frango e folha de limão com macarrão** — para você degustar durante a leitura.

DOIS: POR QUE COMEMOS

Por que buscamos conforto ao cozinhar e comer?

Na maior parte do tempo, vivemos em um mundo enlouquecedor. Para além dos bem conhecidos desafios diários — trabalho, família e simplesmente não afundar nos problemas —, muitas vezes não existe nenhuma instituição, nenhum conjunto claro de tradições que nos norteie. A própria comida é muitas vezes excessivamente processada e excessivamente embalada: você não reconhece os ingredientes do sanduíche comprado no supermercado; não consegue sentir o cheiro dos morangos na embalagem plástica; jamais vai ver a vaca responsável pelo leite do seu flat white. As tradições culinárias e gastronômicas também foram postas de lado em detrimento de "soluções" e refeições "para viagem".

Cozinhar — cozinhar de verdade, com ingredientes de verdade — proporciona uma forma natural de nos reconectarmos com o meio ambiente, com outros seres humanos e com nós mesmos. É por isso que tantos de nós temos muito mais livros de receitas do que precisamos, planejamos o jantar enquanto ainda estamos almoçando, cozinhamos quando estamos felizes, comemos quando estamos tristes ou preparamos refeições para demonstrar afeto.

No fim das contas, tudo se resume a algo mais simples: a capacidade de fechar a porta e imprimir algum sentido e estrutura ao nosso mundo, para não falar do momento — que alegria! — em que levamos um prato até a mesa. Nesses casos específicos, o que buscamos não é nada novo nem inédito, mas inteiramente familiar. É o que Laurie Colwin (em sua coletânea de ensaios *Home Cooking*) celebra como "o bom e velho". "Quando a vida está difícil e o dia foi longo, o jantar

ideal não são quatro etapas perfeitas [...], mas algo reconfortante e saboroso, fácil de digerir. Uma comida que nos faça sentir, mesmo que por apenas um minuto, que estamos seguros."

Todos nós temos nossos atalhos para essa sensação de segurança. Para Helen, como era para a mãe dela, é o saboroso **flan de ovos**. Para Tara, a cozinheira "de panelão", é pegar uma vasilha cheia de **sopa de berinjela, pimentão vermelho e tomate assados**. Yotam prepara suas **almôndegas de frango**, enquanto Verena faz a **fritada de alho-poró, tomate e cúrcuma**. Garantimos que NOSTALGIA está repleto de receitas que proporcionam essa sensação, essa facilidade e essa familiaridade.

E, se não for um prato completo, pode também ser um molho ou tempero. **Zhoug**, **nuoc cham**, **tahine verde**, **molho de pimenta e gengibre** ou **aïoli**: muitas vezes apenas uma colher, junto com o que quer que seja a refeição, é suficiente para trazer uma sensação de familiaridade. Quando Helen contou no Instagram que sempre viajava com um pote de pimenta crocante em óleo, jorraram confissões de outras pessoas que, assim como ela, levavam molhos e condimentos em viagens. O Marmite era um dos preferidos, assim como o Tabasco. A mostarda Colman's já acumulou muitas milhas aéreas, junto com os picles Branston.

Para criar estrutura, para acalmar, para nos sentirmos ancorados e seguros: essas são algumas das razões pelas quais cozinhamos e comemos. Para muitas pessoas, a comida também é simplesmente uma forma de demonstrar afeto. É algo que acontece todo dia — sempre que preparamos o jantar para alguém —, mas também está em ocasiões especiais — quando fazemos uma refeição especial no Dia dos Namorados, um bolo para um aniversário, algo para alegrar ou como demonstração de apoio. Para nós, não existe nada mais reconfortante e restaurador do que uma tigela grande de **sopa de bolinhos de matzá** entregue nas suas mãos por alguém que se preocupa quando você está triste.

Na maioria das vezes, comida não tem a ver com aplacar a fome. "Quando escrevo sobre fome", diz M. F. K. Fisher em The Art of Eating, "na verdade estou escrevendo sobre o amor e a fome por ele, e o calor e esse amor [...] são uma coisa só."

TRÊS: O QUE COMEMOS

Ao olhar para "quem", "por que" e "como", será que não estamos pensando demais? A grande interseção entre as comidas nostálgicas de diferentes pessoas sugere que poderíamos, simplesmente, olhar para "o que". Sopa de frango com macarrão, frango frito, mac'n'cheese, qualquer tipo de chocolate, de bolo ou de sorvete. Não existem duas listas idênticas de comidas reconfortantes, mas temas claros aparecem. Tema um: carboidrato. Tema dois: gordura. Tema três: açúcar.

Entre todas as definições possíveis, a mais simples é a que diz que a comida reconfortante é de alguma forma "perversa", "um prazer culpado", aquilo que comemos "quando ninguém está vendo". É claro que todos temos dias em que poderíamos ter sido menos indulgentes, mas tachar certos tipos de alimento como bons/virtuosos e outros como maus/reconfortantes é algo que não faz parte do nosso conceito aqui. Podemos nos sentir tão reconfortados com batatas, panquecas, massas e doces quanto com saladas, sopas e ensopados. Na verdade, não há diferença nenhuma — pelo menos não na nossa mente consciente — entre um prato de **linguine com manteiga de missô** e o nosso **macarrão de chá verde com abacate e rabanete**.

Ainda assim, é interessante observar o que se passa em nosso cérebro — nossa mente inconsciente — quando comemos, digamos, algo rico em açúcar ou carboidratos. Por que recorremos a determinados grupos de alimentos com tanta frequência quando precisamos de uma solução rápida e reconfortante?

No caso do açúcar, é útil situar o conforto como o oposto do estresse. Quando estamos estressados, por que comemos certos tipos de alimento em excesso? Quando nosso cérebro percebe o estresse, o hipotálamo é ativado. O hipotálamo não é responsável apenas por controlar a fome, mas também determina se devemos lutar, fugir ou comer. A última coisa que deveríamos fazer, no auge de um momento de estresse, é parar para nos consolar com comida. Em outras palavras, se estivermos sendo perseguidos por um leão, real ou metafórico, entrar debaixo do edredom e devorar uma barra de chocolate não é uma boa estratégia de sobrevivência.

Porém, uma vez que escapamos do perigo — o leão foi embora e não estamos mais sob pressão —, somos invadidos por uma onda de cortisol que clama, especificamente, por açúcar. Faz sentido, de fato, repor o mais rápido possível a energia que foi usada para fugir daquele leão (ou lutar com ele). Além disso, nesse momento os nossos sentidos estão particularmente aguçados, por isso o chocolate (ou o **bolo de figo maltado da Verena**) tem um sabor ainda mais doce, muito mais do que se estivéssemos tranquilos.

O açúcar não apenas inibe o cortisol induzido pelo estresse como também estimula a liberação de opioides, uma das substâncias químicas do bem-estar que nosso organismo produz. A dopamina é outra substância que aumenta com a ingestão de alimentos reconfortantes. Tal como acontece com o toque de notificação no celular, muitas vezes é difícil resistir a esses alimentos reconfortantes (tanto quanto a checar nossos dispositivos eletrônicos). Guardar metade da **mousse de chocolate** na geladeira para o dia seguinte pode ser uma atitude racional, mas não é para isso que o nosso cérebro foi programado.

No entanto, talvez ainda estejamos pensando demais. Talvez seja algo tão simples quanto um único ingrediente: batatas, por exemplo, que sempre nos reconforta, não importa de que forma se apresente, sejam **assadas crocantes com alecrim e zaatar**, **fritas à moda indonésia** ou **aligot com alho**. Será que tudo não se resume a um único ingrediente? Se não for batata, quem sabe ovo? Ou macarrão? Ou arroz? Ou doces?

Se não for o ingrediente, será que não é uma questão de olfato? Existe alguma coisa melhor que o cheiro de um frango assado ou de uma travessa de **biscoitos** prestes a sair do forno? Ou seria mais de textura? A natureza sedosa e maravilhosa do **mulligatawny**, por exemplo? Ou um contraste de texturas: o prazer das frituras — "**falafel" de feijão-mungo e kimchi** ou **bolinhos de camarão** —, que não são apenas fritos, mas também tenros no meio. O escorregadio do **macarrão de chá verde**, a textura sedosa da **berinjela cozida no vapor**, a maciez do **frango ensopado**, a suavidade acolhedora do **creme de ovos**. Será que, no fim das contas, não é apenas o equivalente comestível de um banho quente ou de um edredom macio?

Talvez sejam todas as opções. Nunca deve ser, porém, algo pelo qual nos sintamos mal. Já existem muitos leões lá fora; não deixe que suas escolhas alimentares se tornem mais um.

QUATRO: COMO COMEMOS

Sentado no sofá abraçado a um pote de sorvete, comendo um wrap com as mãos em uma movimentada feira de rua, sozinho em um banco pescando macarrão com pauzinhos: será que a comida reconfortante tem a ver com a forma como comemos tanto quanto todos os demais fatores? A quantidade de pratos acolhedores servidos em tigelas sugere que deve haver algo de especial nisso. Talvez seja o formato ergonômico da cumbuca, que se encaixa tão perfeitamente em nossas mãos, o que nos conecta à ideia de conforto, não importa se ela está cheia de **lámen rápido de macarrão** ou de **mingau de forno com canela**. Uma cumbuca e uma colher não soam um pouco mais aconchegantes do que um prato e uma faca?

Se não for a tigela, quem sabe o ato de comer com as mãos? Fazer isso — principalmente quando estamos com outras pessoas — é um sinal de que estamos relaxados, à vontade. Quantas refeições comunitárias não começam com partir e partilhar o pão, passando-o de mão em mão? Existem tantas formas de enrolar alimentos em pão chato ao redor do mundo que só pode haver algo universal em ação. E, se não for em pão chato, então é a comida enrolada em folhas de alface, de videira, de bananeira e assim por diante. Ou pode ser que estejamos comendo **pakoras de couve-flor e abóbora** com as mãos? Se não pakoras, então tortas: de **batata, queijo e chermoula**, por exemplo, ou **rugelach de alho-poró, queijo e zaatar**.

Quer estejamos em uma barraquinha de rua, sentados no chão ou em torno de uma mesa, o que comemos é também, muitas vezes, o tipo de comida que associamos a uma grande quantidade de pessoas. É algo que preparamos para uma festa, para que cada um se sirva. Comida para partilhar, pratos para partilhar: receitas que fazem mais sentido em uma confraternização terão sempre (ou pelo menos deveriam ter!) conforto associado a elas. Existe algo muito acolhedor em uma mesa cheia de pratos dos quais as pessoas podem se servir. Isso também funciona bastante bem em família, sobretudo com as crianças, quando determinados pratos são feitos com elementos que você pode incluir ou não, como é o caso da nossa **boureka de café da manhã** e todos os seus condimentos, ou das **almôndegas com nuoc cham**. A forma como esses pratos são consumidos é uma parte importante do que os torna tão confortáveis, tão reconfortantes.

Receitas de uma só panela ou travessa têm um apelo descontraído semelhante. O preparo é fácil, assim como é levá-las para a mesa e deixar que todos se sirvam, abrindo mão do controle. Uma colherada a mais de feijão ou um pedaço de funcho no **assado de bacalhau e funcho**, quem sabe; um pouco mais de vagem ou de molho de azeitona no **salmão assado à puttanesca**: sempre há o bastante para que todo mundo se sirva à vontade.

Há momentos em que realmente não queremos comer no meio de muita gente. Às vezes, tudo de que precisamos é uma cozinha deliciosamente vazia: onde o único barulho venha de uma panela com algo que amamos, uma porção individual, nos esperando no fogão. "Jantar só é um dos maiores prazeres da vida", escreve Laurie Colwin em *Home Cooking*. "Cozinhar para si mesmo revela o que o ser humano tem de mais estranho. As pessoas mentem quando você pergunta o que elas comem quando estão sozinhas. Uma salada, respondem. Mas, quando você insiste, elas confessam que é um sanduíche de manteiga de amendoim e bacon frito em imersão, acompanhado de molho picante, ou espaguete com manteiga e geleia de uva."

No entanto, mesmo quando estamos sozinhos na cozinha ou no sofá, nunca estamos, nem pensamos, realmente sozinhos. Compartilhamos o espaço que criamos e comemos com muitas pessoas que vieram antes de nós. Algumas delas chegamos a conhecer de fato — são as trajetórias que percorremos e as pessoas que trazemos conosco —, e outras nós conhecemos apenas pelas palavras que escrevem ou pelas receitas que compartilham, que pegamos e das quais nos apropriamos. A comida e as palavras têm o incrível poder de conectar as pessoas. É tudo uma questão de conexão. Nosso desejo é que estas receitas se tornem para você o que são para nós: acolhedoras por um lado, mas revigorantes por outro; nostálgicas e novas ao mesmo tempo; criativas e reconfortantes.

Ovos, crepes, panquecas

Panqueca holandesa com tomates assados

160 g de farinha de trigo
20 g de parmesão, ralado fino
1½ colher (sopa) de folhas de tomilho, picadas grosseiramente
2 colheres (chá) de mostarda inglesa em pó
4 ovos
420 ml de leite
10 fatias de bacon
1-1½ colher (sopa) de azeite
40 g de cheddar, ralado
sal e pimenta-do-reino preta

Tomates assados
380 g de tomates-cereja
6 ramos de tomilho
1 dente de alho grande, esmagado
2 colheres (sopa) de azeite
1½ colher (sopa) de vinagre balsâmico
1 colher (sopa) de açúcar mascavo claro
⅛ de colher (chá) de flocos de pimenta
10 g de folhas de manjericão, rasgadas grosseiramente

Se uma panqueca tradicional e um crepe tivessem um filho, seria esta panqueca holandesa! Esta delícia à base de ovos, que se espalha por toda a frigideira, também tem algo de suflê. O nome, aparentemente, surgiu em Seattle no início do século xx, onde as panquecas alemãs ("Deutsch") eram feitas pelo proprietário de um restaurante familiar. Uma criança que as estava comendo não conseguia pronunciar a palavra "Deutsch", então ficou sendo "Dutch" (holandesas). São ótimas para um brunch ou um jantar rápido. As crianças também adoram.

Rende 4 porções

Preaqueça o forno de convecção a 200°C.

Misture todos os ingredientes para os tomates assados, exceto o manjericão, em uma assadeira de 20 × 30 cm, junto com ¾ de colher (chá) de sal e um giro generoso do moedor de pimenta. Misture bem e leve ao forno por 30 minutos, mexendo algumas vezes, até que os sucos fiquem com uma consistência de xarope e os tomates amoleçam mas não se desfaçam. Retire do forno e reserve. Depois que esfriar, acrescente as folhas de manjericão.

Mantenha o forno de convecção a 200°C.

Enquanto isso, em uma tigela grande, misture a farinha, o parmesão, o tomilho, a mostarda em pó, ½ colher (chá) de sal e um pouco de pimenta.

Em outra tigela, bata os ovos com o leite, depois despeje sobre os ingredientes secos. Misture até ficar homogêneo e reserve.

Coloque o bacon em uma frigideira grande que possa ir ao forno: ela deve ter cerca de 28 cm de largura e 5 cm de profundidade. Frite-o lentamente em fogo médio, cerca de 1 minuto de cada lado: ele não deve cozinhar por completo. Transfira para um prato, mantendo a gordura na frigideira. Acrescente o azeite e deixe aquecer por 1 minuto, girando a panela para que toda a base fique untada. Rapidamente, mas com cuidado, despeje a massa de uma vez só na panela. Desligue o fogo, espalhe o bacon por cima e polvilhe com o cheddar. Leve a frigideira imediatamente ao forno e asse por 25 minutos, até que as laterais da panqueca estejam douradas e estufadas e o centro, macio e cremoso. Durante os primeiros 15 minutos, resista à tentação de abrir o forno para ver o que está acontecendo: isso vai fazer com que ela murche!

Retire a panqueca do forno e deslize-a para um prato grande. Se precisar, passe uma espátula por baixo para ajudar a soltá-la. Corte em quatro e sirva com os tomates assados.

Ovos com agrião

8 ovos, em temperatura ambiente

Aïoli
1 gema
1 dente de alho, espremido
2 colheres (chá) de mostarda de Dijon
2 colheres (chá) de sumo de limão-siciliano
1 colher (chá) de xarope de Maple
50 ml de azeite, mais um pouco para finalizar
50 ml de óleo vegetal
50 ml de leitelho (ou kefir)
sal e pimenta-do-reino preta

Pesto
1 pimenta jalapeño grande (30 g)
25 g de pistache, tostado
50 g de agrião
1 dente de alho, picado grosseiramente
5 g de ciboulette, picada grosseiramente
75 ml de azeite
1 colher (chá) de sumo de limão-siciliano

Para servir
1 tigela de agrião
pão de fermentação natural torrado (opcional)
sal marinho em flocos

"Qual é o sanduíche dos seus sonhos?" Verena escolhe sempre ovos e agrião. Esta é a homenagem dela ao clássico. O nome não entrega de cara toda a elegância — algo de que gostamos bastante.

Para adiantar: O aïoli pode ser feito com até 3 dias de antecedência e guardado na geladeira. O pesto de agrião fica melhor se preparado no dia.

Rende 4 porções

Leve uma panela pequena com água para ferver em fogo alto. Coloque cuidadosamente os ovos na água e cozinhe por 7 minutos. Com uma escumadeira, retire os ovos e enxague-os em água fria corrente. Depois que esfriar, descasque e reserve.

Junte os cinco primeiros ingredientes do aïoli na tigela pequena do processador de alimentos, acrescentando ½ colher (chá) de sal e um giro generoso do moedor de pimenta. Processe ligeiramente. Misture o azeite e o óleo em uma pequena jarra e, com o processador ligado, vá despejando devagar a mistura até o aïoli ficar homogêneo e brilhante. Transfira para uma tigela pequena, misture o leitelho e guarde na geladeira. Limpe a tigela do processador.

A seguir, prepare o pesto. Leve uma frigideira pequena e seca ao fogo médio. Quando estiver bem quente, adicione a pimenta jalapeño e deixe tostar por 3-4 minutos, até ficar preta em alguns pontos. Reserve, e quando estiver fria o suficiente para manusear, retire as sementes (se quiser) e pique grosseiramente. Coloque-a na tigela pequena do processador de alimentos, junto com os ingredientes restantes do pesto e ¼ de colher (chá) de sal. Processe até ficar finamente picado — tudo bem se sobrarem alguns pedaços maiores! Transfira para uma tigela pequena e reserve.

Para servir, espalhe o aïoli em uma travessa e disponha os ovos por cima, partindo-os ao meio. Tempere-os com uma pitada de sal marinho em flocos e um pouco de pimenta, e em seguida espalhe o pesto em cima e em volta deles. Com uma tesoura de cozinha, corte os dois terços superiores do agrião e espalhe sobre os ovos. Finalize com um fio extra de azeite e sirva, acompanhado do pão de fermentação natural torrado, se desejar.

"Shakshuka" com sambal

1½ colher (chá) de erva-doce
2 cravos-da-índia
sementes de 2 vagens de cardamomo
½ colher (chá) de canela em pó
1½ colher (sopa) de curry em pó (médio)
60 ml de azeite
½ colher (chá) de mostarda-preta em grãos
20 folhas de curry
1 cebola-roxa, cortada ao meio e fatiada finissimamente (160 g)
10 g de gengibre, sem casca e ralado fino
5 dentes de alho, espremidos
10 g de coentro, talos picados finamente e folhas reservadas para servir
150 g de tomates datterini (ou cereja)
2 colheres (chá) de sambal oelek
1 lata de 400 g de tomates, espremidos
100 ml de concentrado de tamarindo
300 ml de água
15 g de açúcar de palma (ou mascavo claro)
5 ovos
sal e pimenta-do-reino preta

Tendo sido criada na Malásia, Helen comia muito nasi lemak. Embrulhadas em folhas de bananeira e jornal velho, as trouxinhas de arroz de coco, sambal picante, ovo e pepino são vendidas em quase todas as esquinas por lá. Embora esta receita não seja propriamente um nasi lemak, é inspirada nele. O ovo e o molho de tomate misturados na frigideira lembram, ao mesmo tempo, o shakshuka que Yotam come desde criança. Sirva com arroz, pão chato ou qualquer outro pão da sua preferência.

Para adiantar: Esta receita pode ser preparada com antecedência, até pouco antes de os ovos serem adicionados ao sambal. O sambal dura bem na geladeira por até 3 dias.

Rende 4 porções

Coloque a erva-doce, o cravo e as sementes de cardamomo em uma frigideira pequena e seca e leve ao fogo médio-baixo. Toste levemente por cerca de 2 minutos, até ficar perfumado, depois triture até virar pó em um moedor de especiarias ou em um pilão. Misture a canela e o curry em pó e reserve.

Coloque 3 colheres (sopa) de azeite em uma frigideira grande (com tampa) — de cerca de 26 cm de largura — e leve ao fogo médio. Adicione as sementes de mostarda e 10 folhas de curry e refogue por 1 minuto, até as sementes começarem a estourar. Acrescente a cebola e refogue por cerca de 7 minutos, mexendo sempre, até começar a dourar. Adicione o gengibre, o alho, os talos de coentro e os tomates frescos, cozinhe por mais 5 minutos e depois acrescente a mistura de especiarias. Refogue por 2 minutos, até ficar perfumado, depois adicione o sambal oelek, os tomates em lata, o tamarindo, a água, o açúcar e 1¼ colher (chá) de sal. Mexa bem e espere começar a ferver. Reduza o fogo para médio-baixo e cozinhe por 20-25 minutos, tampado, até engrossar.

Quebre os ovos nesse molho e tempere cada ovo com um pouco de sal e pimenta. Tampe a frigideira e cozinhe por 7-8 minutos, até que as claras estejam totalmente cozidas e as gemas ainda moles.

Enquanto isso, coloque a colher (sopa) restante de azeite em uma frigideira pequena e leve ao fogo médio. Adicione o restante das folhas de curry, refogue por cerca de 1 minuto, até ficarem bem perfumadas, e retire do fogo. Quando os ovos estiverem prontos, regue-os com o azeite de folhas de curry fritas, espalhe as folhas de coentro por cima e sirva.

Fritada de alho-poró, tomate e cúrcuma

60 ml de azeite
2 alhos-porós grandes, a parte branca cortada em rodelas de 1 cm (300 g)
2 dentes de alho, espremidos
25 g de gengibre, sem casca e picados finamente
2 pimentas dedo-de-moça verdes, sem sementes e picadas finamente
1½ colher (chá) de sementes de cominho, tostadas e levemente esmagadas
1 colher (chá) de cúrcuma em pó
3 tomates italianos, sem sementes, picados grosseiramente (160 g)
6 ovos
1 colher (sopa) de farinha de trigo
1 colher (chá) de fermento químico em pó
sal e pimenta-do-reino preta

Zhoug (opcional, mas recomendado)
1 colher (chá) de sementes de cominho
sementes de 8 vagens de cardamomo
5 cravos-da-índia
70 g de coentro, picado grosseiramente, mais algumas folhas para servir
20 g de salsinha, picada grosseiramente
4 pimentas dedo-de-moça verdes, picadas grosseiramente
¼ de colher (chá) de açúcar
½ colher (chá) de sal
2 dentes de alho, espremidos
60 ml de azeite
60 ml de água
2 colheres (sopa) de vinagre de maçã

Esta receita é inspirada em um prato que a nossa amiga Shehnaz Suterwalla serviu no final de uma festa de ano-novo para fazer com que os madrugadores atravessassem a madrugada! A versão de Shehnaz era com ovos mexidos, baseada na que sua mãe fazia para ela em Mumbai. A nossa é preparada em forma de fritada, que tem a vantagem de poder ser consumida quente ou em temperatura ambiente (ao meio-dia ou à meia-noite). Sirva sem acompanhamento ou faça um sanduíche usando pão chato.

Zhoug: Prepare uma grande quantidade desta pasta de especiarias iemenita se puder. Ela dura cerca de 2 semanas na geladeira e fica maravilhosa com inúmeras coisas: legumes assados, ovos de todo tipo, carne ou peixe grelhados.

Rende 4 porções

Se for fazer o zhoug, junte as sementes de cominho, as sementes de cardamomo e o cravo em uma frigideira pequena e seca em fogo médio e toste por 2-3 minutos, até ficarem perfumados. Transfira para um moedor de especiarias ou um pilão e processe/esmague grosseiramente. Transfira para a tigela pequena do processador, adicione todos os ingredientes restantes e bata na função pulsar algumas vezes até obter uma pasta grossa. Guarde na geladeira.

Preaqueça o forno de convecção a 210°C.

Coloque 3 colheres (sopa) do azeite em uma frigideira que possa ir ao forno (de cerca de 23 cm) e leve ao fogo médio-alto. Adicione o alho-poró e 1 colher (chá) de sal e refogue por cerca de 6 minutos, mexendo de vez em quando, até começar a amolecer. Acrescente o alho, o gengibre, as pimentas, o cominho e a cúrcuma e refogue por mais 1-2 minutos, mexendo sempre. Retire do fogo, acrescente os tomates e transfira a mistura para uma tigela grande. Limpe a frigideira (não é necessário lavar) e leve ao fogo bem baixo.

Coloque os ovos, a farinha e o fermento químico em uma outra tigela, junto com um giro generoso do moedor de pimenta. Misture bem, despeje na tigela com o alho-poró refogado e mexa.

Quando a frigideira estiver quente, adicione a colher (sopa) restante de azeite e aumente o fogo para médio. Despeje a mistura de ovos na frigideira e cozinhe por cerca de 5 minutos, até ficar firme na parte de baixo, depois leve a frigideira ao forno. Asse por mais 5-7 minutos, até que o ovo esteja firme e levemente dourado por cima. Retire do forno e deixe descansar por cerca de 15 minutos, se for servir quente, ou por mais tempo, se for servir em temperatura ambiente. Coloque o zhoug (se estiver usando) e as folhas de coentro por cima antes de cortar em quatro.

Tortang talong (omelete de berinjela)

4 berinjelas, furadas algumas vezes com um garfo
45 ml de azeite
1 chalota grande, cortada em cubinhos (70 g)
2 dentes de alho grandes, espremidos
1 colher (chá) de cominho em pó
¼ de colher (chá) de pimenta-da-jamaica em pó
¼ de colher (chá) de canela em pó
200 g de carne de cordeiro (ou de boi, ou de porco) moída, 20% de gordura
2 colheres (sopa) de harissa de rosas
3 cebolinhas, finamente fatiadas (20 g)
15 g de folhas de coentro, picadas grosseiramente
15 g de folhas de hortelã, picadas grosseiramente
4 ovos
sal e pimenta-do-reino preta

Molho de tahine
125 g de iogurte natural
50 g de tahine
1 dente de alho, espremido
2 colheres (chá) de sumo de limão-siciliano

Esta é a nossa versão de um prato filipino apresentado a Helen por sua amiga Cora Barba. Os componentes principais são tradicionais — a berinjela tostada, a omelete —, mas os temperos e o molho de tahine são bem a nossa cara. É um prato divertido de preparar e que fica mais fácil pelo fato de os elementos principais poderem ser deixados prontos com até 1 dia de antecedência, para serem agrupados e rapidamente finalizados. *Fotos também no verso.*

Rende 4 porções

Primeiro, você precisa tostar as berinjelas. Se tiver um fogão a gás, ligue quatro queimadores e ponha uma berinjela diretamente sobre cada um. Toste por cerca de 15 minutos, girando algumas vezes com um pegador, até que todos os lados estejam carbonizados e se desmanchando. Se você tiver um fogão elétrico, aqueça uma frigideira até ficar bem quente. Esfregue cada berinjela com ½ colher (chá) de azeite e coloque-as na frigideira. Grelhe em fogo alto por cerca de 30 minutos, virando, para que todos os lados fiquem carbonizados e se desmanchando. Seja qual for o método, transfira as berinjelas para uma travessa ou prato grande forrado com papel-manteiga e, quando tiverem esfriado o suficiente para serem manuseadas, retire com cuidado a casca, mantendo o talo.

Espalhe as berinjelas e, com um garfo, aperte levemente cada uma para achatá-las. Não aperte com muita força, para que a polpa não se quebre. Deixe-as descansar por cerca de 30 minutos, para que todos os líquidos escorram, e depois seque-as. Tempere os dois lados de cada uma com uma pitada de sal e um pouco de pimenta.

Enquanto isso, em uma tigela, misture todos os ingredientes do molho de tahine, junto com 2 colheres (sopa) de água, ½ colher (chá) de sal e um pouco de pimenta-do-reino preta.

Coloque 1 colher (sopa) de azeite em uma frigideira de 23 cm e leve ao fogo médio. Adicione a chalota, o alho, o cominho, a pimenta-da-jamaica e a canela e refogue por cerca de 5 minutos, mexendo algumas vezes, até amolecer. Aumente o fogo para médio-alto e acrescente a carne de cordeiro, a harissa e ¼ de colher (chá) de sal. Refogue por mais 7 minutos, até que o cordeiro comece a dourar. Transfira para uma tigela média e deixe esfriar. Depois que tiver esfriado, acrescente a maior parte da cebolinha, do coentro e da hortelã — guarde um pouco para servir — e reserve.

Limpe a panela, adicione 1 colher (chá) de azeite e leve ao fogo médio.

Prepare uma omelete de cada vez. Quebre um ovo em uma tigela média rasa: a tigela deve ser grande o suficiente para caber a berinjela achatada, mas não tanto que a camada de ovo fique muito baixa. Acrescente uma pitada de sal e bata. Mergulhe uma berinjela no ovo, virando-a para que ambos os lados fiquem revestidos. Coloque a berinjela de volta na travessa ou prato grande e adicione um quarto da mistura de carne

de cordeiro ao que sobrou de ovo na tigela. Misture bem e despeje na frigideira quente. Coloque imediatamente a berinjela mergulhada no ovo por cima e cozinhe por cerca de 3 minutos, até a carne ficar bem dourada. Vire e cozinhe por mais 2-3 minutos ou até dourar e, em seguida, transfira a omelete para um prato grande, com o lado da berinjela virado para cima. Mantenha aquecida em forno baixo, coberto com papel-alumínio, enquanto prepara as outras omeletes da mesma forma.

Sirva com o molho de tahine e o restante das ervas e da cebolinha por cima.

Flan de ovos com camarões e ciboulette

Utensílios
Uma grelha que caiba dentro de uma frigideira grande (que tenha tampa) ou dois jogos de pauzinhos de madeira

Flan de ovos
3 ovos, levemente batidos (165-170 g)
170 ml de dashi (ou caldo de frango), morno
150 ml de água morna
sal e pimenta-do-reino branca moída

Camarões
2 colheres (chá) de óleo de girassol
100 g de camarões cozidos (ou 150 g de camarões crus, picados grosseiramente)
10 g de gengibre, sem casca e cortado à Julienne
2 colheres (chá) de vinho de arroz Shaoxing
10 g de ciboulette, picada finamente

Molho
1 colher (sopa) de óleo de gergelim
3 colheres (sopa) de shoyu light
1 colher (sopa) de vinagre preto Chinkiang (ou outro)

Para servir
arroz cozido

A mãe da Helen costumava preparar isso quando ela era criança. Era uma forma concisa de dizer "Estou cansada e não tenho energia para muita coisa mais". O flan é macio, sedoso e o mais reconfortante possível. Adoramos o sabor e a aparência dos camarões inteiros, mas camarões picados também funcionam. *Fotos também no verso.*

Nota sobre os utensílios: Tradicionalmente, utiliza-se uma vaporeira ou wok com tampa em forma de cone para cozinhar os ovos. Aqui, damos instruções sobre como transformar uma frigideira grande em uma vaporeira, no estilo "faça você mesmo". É uma alternativa simples e eficaz.

Rende 2 porções

Em uma tigela, junte os ovos, o dashi e a água com ¼ de colher (chá) de sal e uma pitada de pimenta-do-reino branca. Bata levemente e reserve.

Para cozinhar os ovos, é preciso uma frigideira grande — de cerca de 28 cm — com tampa. Você também vai precisar de uma tigela grande, rasa e que possa ir ao forno — de cerca de 23 cm de largura e 4 cm de profundidade. Coloque uma pequena grelha ou dois jogos de pauzinhos de madeira em forma de jogo da velha na base da frigideira para criar uma base estável. Ponha a tigela rasa por cima e despeje água na frigideira: a água deve ficar bem perto da base da tigela, mas sem de fato tocá-la. Leve a água para ferver devagar, em fogo médio.

Enquanto isso, embrulhe a tampa da frigideira com um pano de prato grande (para evitar que a água condensada caia no flan), prendendo as pontas na parte superior com um elástico (ou amarrando-as).

Bata devagar os ovos mais uma vez e, em seguida, passe-os por uma peneira de malha fina diretamente na travessa rasa. Reduza o fogo para médio-baixo e espere a água levantar fervura. Cozinhe no vapor, com a tampa, por 15-20 minutos — resistindo à tentação de levantar a tampa —, até que o flan esteja firme nas bordas e o centro quase não balance mais. Desligue o fogo, retire a tampa, mas deixe o flan na frigideira.

Despeje o óleo de girassol em uma frigideira média e, quando estiver bem quente, acrescente os camarões e o gengibre. Refogue por 1 minuto em fogo alto (ou por 2-3 minutos, se estiver usando o camarão cru), depois acrescente o vinho de arroz Shaoxing. Deixe cozinhar por cerca de 10 segundos, retire do fogo e misture a ciboulette.

Retire o flan de ovos da panela. Em uma tigela, misture o óleo de gergelim, o shoyu e o vinagre e espalhe uniformemente três quartos dessa mistura sobre ele. Coloque os camarões por cima e sirva, acompanhado de arroz e do restante do molho.

Crepe em três versões: café da manhã, almoço e sobremesa

125 g de farinha de trigo
2 ovos
300 ml de leite
20 g de manteiga sem sal, derretida (mais 50 g para cozinhar os crepes)
⅛ de colher (chá) de sal

Crepes são os salvadores de muitas refeições improvisadas. Se você for organizado — como Yotam e Helen! —, vai deixar um estoque pronto no freezer. Para armazená-los, coloque uma folha de papel-manteiga entre cada crepe e envolva toda a pilha com filme plástico reutilizável. Se você não for tão organizado — como o restante de nós! —, esta massa que fica pronta rapidinho e pode ser usada na mesma hora será bem-vinda.

Apresentamos aqui a receita-base dos crepes seguida por três ideias para servi-los: no café da manhã, no almoço e na sobremesa. A ordem em que você vai comê-los fica totalmente a seu critério. A receita rende oito crepes, e você vai perceber que as receitas dos de queijo e dos de limão-siciliano, mascarpone e tomilho somam apenas seis. E os dois a mais? Um é para praticar, se necessário. E o segundo? É o bônus do cozinheiro, claro.

Rende 8 crepes

Junte todos os ingredientes no liquidificador (ou processador de alimentos). Bata em alta velocidade apenas até ficar homogêneo. Despeje em uma jarra e reserve. O crepe também pode ser feito à mão, batendo os ovos com a farinha e o sal antes de adicionar aos poucos o leite e, por fim, a manteiga derretida.

Leve uma frigideira antiaderente de 24 cm ao fogo médio. Quando estiver bem quente, adicione cerca de ¼ de colher (chá) de manteiga e espalhe com papel-toalha pela frigideira. Despeje 60 ml da massa no centro da frigideira e gire-a para formar uma camada fina e uniforme. Cozinhe por cerca de 2 minutos, virando na metade do tempo, até dourar levemente. Transfira para um prato e reserve enquanto prepara os outros crepes da mesma forma, acrescentando um pouco de manteiga antes de fritar cada um.

Pasta de praliné de gergelim e avelã com chocolate

8 crepes (ver p. 39), aquecidos

Pasta de praliné
75 g de gergelim
75 g de avelãs
120 g de açúcar
sementes raspadas de 1 fava de baunilha
2 colheres (sopa) de óleo de girassol
150 g de chocolate ao leite (cerca de 37% de cacau), picado grosseiramente
2 colheres (sopa) de cacau em pó sem açúcar

Para servir (uma ou todas as opções abaixo)
avelãs, tostadas e picadas grosseiramente
açúcar de confeiteiro, para polvilhar
chantilly
banana em rodelas

Nota sobre a conservação: Esta receita rende um pote de pasta de praliné de cerca de 400 g. Depois de pronta, pode ser guardada por até 1 semana em temperatura ambiente ou por mais tempo (até 1 mês) na geladeira.

Rende 8 porções

Preaqueça o forno de convecção a 160°C.

Espalhe o gergelim e as avelãs em uma assadeira forrada com papel-manteiga e leve ao forno por 15 minutos, sacudindo o tabuleiro na metade do tempo. Desligue o forno, mas deixe a assadeira dentro dele para mantê-la aquecida.

Quando o gergelim e as avelãs já estiverem no forno por cerca de 5 minutos, comece a fazer o caramelo. Coloque o açúcar em uma panela pequena com 2 colheres (sopa) de água e leve ao fogo baixo. Mexa até dissolver, aumente o fogo para médio-alto e espere ferver. Cozinhe por 4-5 minutos — resistindo à vontade de mexer a partir desse momento, mas girando a panela suavemente algumas vezes — até obter um caramelo cor de mel. Retire do fogo e, usando o papel-manteiga para levantá-los, despeje o gergelim e as avelãs no caramelo. Mexa para recobri-los, recoloque o papel-manteiga sobre a assadeira e despeje o praliné. Com uma espátula, espalhe o praliné formando uma camada fina. Deixe descansar por 30 minutos, para endurecer.

Depois que o praliné tiver endurecido, use um rolo de massa para quebrá-lo em pedaços irregulares. Coloque os pedaços em um processador de alimentos e bata por 5-10 minutos (o tempo varia de acordo com a potência do motor), parando algumas vezes para raspar as laterais da tigela, até que comece a formar uma pasta grossa. Acrescente a baunilha e o óleo e bata até ficar homogêneo e pastoso. Desligue o processador, mas deixe a mistura na tigela.

Coloque o chocolate em uma tigela pequena e posicione-a sobre uma panela pequena com água fervente, garantindo que o fundo da tigela não toque na água. Mexa de vez em quando até derreter de maneira uniforme e, em seguida, despeje o chocolate no processador onde está a pasta de praliné. Adicione o cacau em pó e bata por alguns minutos. Quando estiver homogêneo, transfira para um pote limpo com tampa.

Espalhe cerca de 1 colher (sopa) da pasta de praliné — ou mais, se quiser — em um dos lados de cada crepe. Dobre ao meio, para formar um semicírculo, e depois ao meio novamente, formando um triângulo, ou simplesmente enrole-o. Coma assim mesmo, ou espalhe avelãs torradas picadas por cima, polvilhe com açúcar de confeiteiro ou adicione chantilly ou rodelas de banana, ou todas essas opções.

Crepes de queijo e curry

6 crepes (ver p. 39)
240 g de sobras de frango assado ou de presunto, picado, ou feijão-branco cozido
4 cebolinhas, finamente fatiadas (50 g)
½ colher (sopa) de azeite
chutney de manga, para servir
sal e pimenta-do-reino preta

Molho bechamel
100 g de leite
50 g de iogurte grego natural
15 g de manteiga sem sal
15 g de farinha de trigo
¾ de colher (chá) de curry em pó (suave)
¼ de colher (chá) de cúrcuma em pó
130 g de cheddar e/ou gruyère, ralados

Rende 6 porções

Junte todos os ingredientes do bechamel, exceto o queijo, em uma panela pequena, leve ao fogo médio e espere ferver. Deixe cozinhar por 2-3 minutos, mexendo sempre, até engrossar e ficar homogêneo. Retire do fogo e acrescente 50 g de queijo, mais ¼ de colher (chá) de sal e um giro bem generoso do moedor de pimenta. Misture com um batedor até ficar homogêneo e reserve.

Preaqueça o forno de convecção a 220°C.

Coloque os crepes sobre uma superfície plana e espalhe sobre cada um 1 colher (sopa) cheia de bechamel. Espalhe cerca de 40 g de frango (ou presunto, ou feijão-branco) em um quarto de cada crepe, seguido de ½ colher (sopa) de cebolinha e ½ colher (sopa) de queijo ralado. Dobre a metade superior de cada crepe sobre a metade inferior para cobrir o recheio. Dobre o lado esquerdo para cobrir o direito, de modo a obter triângulos com um dos lados aberto. Acomode os crepes em uma assadeira forrada com papel-manteiga, espalhe o queijo restante por cima e regue com o azeite. Leve ao forno por 15-18 minutos, até dourar. Espalhe o que sobrou da cebolinha por cima e sirva quente, acompanhado de um pouco de chutney de manga.

Limão-siciliano, mascarpone e tomilho

1 limão-siciliano grande
75 g de açúcar
3-4 ramos de tomilho, mais 1 colher (chá) de folhas
1½ colher (chá) de pasta de baunilha
100 g de mascarpone
50 ml de creme de leite fresco
130 g de curd de limão-siciliano
6 crepes (ver p. 39)
15 g de manteiga sem sal, derretida
½ colher (chá) de açúcar de confeiteiro
1 colher (sopa) de avelãs tostadas, picadas grosseiramente
sal

Rende 6 porções

Usando uma faca pequena afiada, apare as partes superior e inferior do limão. Passe a faca seguindo a curvatura do limão, retirando a casca e a parte branca até expor a polpa. Coloque uma peneira apoiada sobre uma tigela pequena. Trabalhando sobre a tigela, passe a faca entre cada membrana para soltar os gomos do limão na peneira. Esprema o que sobrou do limão na mesma tigela o suficiente para obter 1 colher (sopa) de sumo. Corte cada gomo em 3-4 pedaços e reserve.

Ponha o açúcar em uma panela pequena e leve ao fogo médio-alto. Deixe cozinhar, girando delicadamente a panela, por cerca de 3 minutos, até que o açúcar derreta e vire um caramelo cor de âmbar. Retire do fogo e acrescente com cuidado o sumo de limão (vai respingar!), junto com 1 colher (sopa) de água, uma pitada de sal e os ramos de tomilho, mexendo até ficar homogêneo. Adicione ½ colher (chá) de pasta de baunilha e despeje a mistura sobre os gomos de limão cortados. Reserve.

Preaqueça o forno na temperatura mais alta da função grill. Junte a colher (chá) restante de pasta de baunilha com o mascarpone, o creme de leite e 50 g de curd de limão-siciliano em uma tigela média e misture até ficar homogêneo. Espalhe em uma assadeira rasa de 24 cm e reserve.

Monte os crepes espalhando 1 colher (sopa) do restante do curd de limão-siciliano sobre cada um deles. Dobre o crepe ao meio e depois ao meio de novo, formando um triângulo. Repita com os demais e arrume-os sobre o creme de mascarpone. Pincele com a manteiga derretida e polvilhe o açúcar de confeiteiro por cima. Leve ao forno por 5-6 minutos, até que os crepes estejam dourados e comecem a grudar nas bordas.

Regue com um pouco da calda de tomilho e limão-siciliano e espalhe as avelãs por cima. Sirva quente, com o restante da calda ao lado.

Panquecas de polenta com salada picante de milho

Panquecas
50 g de manteiga sem sal, em cubos
220 ml de água
60 g de farinha para polenta
130 g de farinha de trigo
½ colher (chá) de fermento químico em pó
¼ de colher (chá) de bicarbonato de sódio
2 ovos
200 g de sour cream, mais um pouco para servir
80 ml de leite
2 colheres (sopa) de xarope de Maple
5 cebolinhas, fatiadas finissimamente (50 g)
sal

Salada de milho
2 colheres (sopa) de óleo de amendoim (ou de girassol), mais um pouco para fritar as panquecas
1 colher (sopa) de mostarda-preta em grãos
1 colher (chá) de sementes de cominho
1 pau de canela
5 cravos-da-índia
20 folhas de curry
330 g de milho (cortado de 3 espigas frescas, ou congelado)
2 colheres (sopa) de sumo de limão-siciliano
80 g de amendoim torrado com sal
1 pimenta vermelha, picada finamente
10 g de folhas de coentro, picadas grosseiramente

Quem nos apresentou esta salada de milho foi Anita Kerai, que a prepara todas as semanas para a família beliscar. Pode-se usar milho em lata, mas preferimos milho fresco, ou então congelado (não é preciso descongelar antes de cozinhar). Sirva estas panquecas — uma velha preferida nossa, do *The Silver Palate Cookbook* — com algumas fatias de abacate bem maduro.

Rende 14 panquecas, ou 4 porções

Para a massa da panqueca, junte a manteiga e a água em uma panela média com ¾ de colher (chá) de sal. Espere ferver em fogo médio e vá despejando a farinha para polenta em um fio uniforme. Cozinhe por cerca de 3 minutos, mexendo sempre, até engrossar. Retire do fogo e deixe esfriar por 20 minutos, mexendo de vez em quando.

Enquanto isso, peneire a farinha de trigo, o fermento químico e o bicarbonato.

Em uma tigela média à parte, bata os ovos com o sour cream. Acrescente o leite e o xarope de Maple, misture bem e despeje cerca de um quarto dessa mistura na polenta. Bata para começar a soltar e, aos poucos, adicione o restante da mistura de ovos, mexendo até incorporar totalmente. Adicione a farinha de trigo peneirada, seguida da cebolinha, mexa para incorporar e leve à geladeira, coberta.

Para a salada de milho, coloque o óleo em uma frigideira antiaderente grande e leve ao fogo médio-alto. Adicione as especiarias e as folhas de curry e refogue por 30 segundos a 1 minuto, até que as sementes de mostarda comecem a estourar e as folhas de curry comecem a se enrolar (cuidado, pois elas vão fazer respingar óleo quente!). Acrescente o milho e cozinhe por cerca de 10 minutos, mexendo de vez em quando, até que ele libere os líquidos e comece a caramelizar em alguns pontos. Retire do fogo e acrescente o sumo de limão, o amendoim, a pimenta e ½ colher (chá) de sal. Transfira para uma tigela e deixe esfriar, depois misture o coentro. Antes de servir, retire e descarte os cravos e a canela.

Na hora de cozinhar, limpe a frigideira e leve-a ao fogo médio. Adicione 1 colher (chá) de óleo e gire a frigideira para recobri-la. Despeje cerca de 55 g da massa na frigideira até obter uma panqueca com cerca de 12 cm de diâmetro. O objetivo é colocar de 3 a 4 panquecas na frigideira por vez. Cozinhe por 4 minutos, virando na metade do tempo, e transfira-as para um prato. Mantenha-as aquecidas enquanto repete com a massa restante.

Para servir, distribua as panquecas em quatro pratos e coloque 1 colher (sopa) cheia de sour cream sobre cada uma. Finalize com uma boa colherada de salada de milho e sirva.

Panquecas com mil furinhos

15 g de manteiga sem sal, derretida
1 colher (sopa) de óleo vegetal

Panquecas
240 g de semolina fina
60 g de farinha de trigo forte para pão
1 colher (sopa) de açúcar
¾ de colher (chá) de fermento biológico seco instantâneo
550 ml de água quente
sal

Manteiga com mel e nozes-pecãs
100 g de manteiga sem sal, em temperatura ambiente
2 colheres (sopa) de mel claro
½ colher (chá) de sal marinho em flocos
2 colheres (chá) de água de flor de laranjeira (deixe de fora caso você não tenha)
50 g de nozes-pecãs, tostadas e picadas grosseiramente

Esta receita é inspirada nas beghrir marroquinas, as tenras e esponjosas panquecas de sêmola com as quais Yotam costumava começar o dia durante as filmagens de sua série *Mediterranean Feast*. Depois de provar um a um os produtos assados diariamente em quase todos os souks da Medina, foram estas panquecas — que lembram um crumpet, mas de preparo muito mais simples — que continuaram a fazer Yotam voltar para repetir. Agradecimentos a Mandy Lee pelas instruções precisas para obter os mil furinhos.

Para adiantar: A massa pode ser preparada com 1 dia de antecedência. Deixe na geladeira durante a noite, para fermentar, e reduza o fermento para ¼ de colher (chá). A manteiga com mel dura até 1 semana na geladeira.

Rende 12 panquecas

Coloque todos os ingredientes das panquecas no liquidificador (ou em uma jarra alta, se estiver usando um mixer de mão), junto com ½ colher (chá) de sal. Bata por cerca de 30 segundos, até ficar homogêneo, depois transfira para uma jarra grande. Reserve em temperatura ambiente, coberta, por cerca de 1 hora, até começar a espumar.

Para fazer a manteiga com mel, coloque a manteiga em uma tigela pequena e bata com uma colher de pau até ficar macia e cremosa. Acrescente o mel, o sal marinho em flocos e a água de flor de laranjeira (se estiver usando) e bata novamente até ficar homogêneo. Junte as nozes-pecãs e transfira para uma tigela pequena.

Na hora de cozinhar, mexa delicadamente a massa — ela vai murchar um pouco — e deixe-a descansar por 5 minutos enquanto aquece a frigideira. Leve uma frigideira antiaderente — de 18 cm de diâmetro, de preferência — ao fogo médio-alto e, quando estiver bem quente, reduza o fogo para médio. Misture a manteiga derretida e o óleo em uma tigela pequena, mergulhe um pedaço de papel-toalha amassado na mistura e passe na frigideira quente para untar de leve. Despeje cerca de 70 ml da massa no centro da frigideira e gire-a imediatamente, para espalhar um pouco, formando uma panqueca de cerca de 12 cm de diâmetro. Cozinhe por 2-3 minutos — a panqueca vai começar a formar seus furinhos característicos quase que imediatamente —, até que a massa esteja firme por cima e sem aspecto úmido. Deslize a panqueca para um prato sem virá-la — ela é cozida apenas de um lado — e repita com o restante da massa. Espere esfriar antes de servir e espalhe generosamente a manteiga com mel. Dobre ou enrole as panquecas sobre o recheio antes de comer.

Sopas e pastas

Sopa de berinjela, pimentão vermelho e tomate assados

2 berinjelas, furadas algumas vezes com um garfo (700 g)
60 ml de azeite
6 tomates grandes (725 g)
2 pimentões vermelhos (490 g)
2 cebolas, picadas grosseiramente (350 g)
6 dentes de alho, picados grosseiramente
1 colher (sopa) de folhas de tomilho
2 colheres (chá) de cominho em pó
1 colher (chá) de páprica
⅛ de colher (chá) de pimenta-caiena em pó
¼ de colher (chá) de pistilos de açafrão
1 colher (sopa) de extrato de tomate
650 ml de caldo de legumes (ou água)
sal

Topping de amêndoas fritas
60 ml de azeite
70 g de amêndoas laminadas
2 colheres (chá) de folhas de tomilho
⅛ de colher (chá) de pistilos de açafrão
⅛ de colher (chá) de pimenta-caiena em pó
⅛ de colher (chá) de páprica
⅛ de colher (chá) de cominho em pó
¼ de colher (chá) de sal marinho em flocos
5 g de salsinha, picada grosseiramente
1 colher (sopa) de vinagre de xerez (ou de vinho tinto)

Nosso ponto de partida para esta receita, acredite ou não, foi uma lata de sopa de tomate Heinz! A clássica sopa de tomate britânica, doce e lisinha. Para quem já foi agraciado com uma tigela quando estava doente e enfiado na cama, a ligação entre a lata e o conforto é forte! Cientes de que, se alguém quiser uma lata de sopa de tomate Heinz, vai simplesmente comprar uma, nosso distanciamento do original foi extenso. Com seus vegetais grelhados defumados e o vinagre de xerez na finalização, esta sopa lembra mais a escalivada catalã do que qualquer coisa que venha numa lata.

Rende 4-6 porções

Preaqueça o forno de convecção a 220°C.

Coloque as berinjelas em uma assadeira forrada com papel-manteiga e regue-as com 1 colher (sopa) do azeite. Asse por 30 minutos, virando uma ou duas vezes. Acrescente os tomates e os pimentões à assadeira, regue com outra colher (sopa) de azeite e misture para que os ingredientes fiquem todos recobertos. Asse por mais 30 minutos, até que os vegetais estejam escuros e as peles, enrugadas. Retire do forno e, quando tudo estiver frio o suficiente para ser manuseado, retire a pele de todos os vegetais: não se preocupe se restarem alguns pedaços teimosos. Descarte as sementes e os talos dos pimentões e os talos das berinjelas.

Enquanto isso, coloque as 2 colheres (sopa) restantes de azeite em uma panela grande, com tampa, e leve ao fogo médio-alto. Acrescente as cebolas e refogue por 10 minutos, até ficarem macias e levemente douradas. Adicione o alho e o tomilho, reduza o fogo para médio-baixo e refogue por mais 5 minutos, mexendo de vez em quando. Adicione as especiarias e o extrato de tomate, refogue por 2 minutos e acrescente todos os vegetais descascados, junto com seus sucos, partindo-os com uma colher de pau. Acrescente o caldo e 2 colheres (chá) de sal. Espere ferver, reduza o fogo e deixe cozinhar em fogo baixo, com a panela parcialmente tampada, por 10 minutos. Retire do fogo e, usando um liquidificador ou mixer de mão, bata até ficar completamente homogêneo.

Enquanto a sopa cozinha, prepare o topping de amêndoas fritas. Coloque o azeite em uma panela pequena e leve ao fogo médio. Acrescente as amêndoas e cozinhe por 3-4 minutos, mexendo sempre, até dourar ligeiramente. Nos últimos segundos, adicione as folhas de tomilho, as especiarias e o sal marinho em flocos e retire do fogo. Depois que esfriar, acrescente a salsinha picada e o vinagre.

Distribua a sopa em tigelas individuais e espalhe as amêndoas fritas e o azeite por cima.

Mulligatawny

1,2 kg de sobrecoxa de frango, com o osso e a pele
150 g de arroz-vermelho de Camargue
50 g de manteiga sem sal
1 cebola grande, picada grosseiramente (200 g)
2 cenouras, sem casca e picadas grosseiramente (140 g)
2 talos de aipo, picados grosseiramente (100 g)
1 pimentão verde, sem sementes e picado grosseiramente (165 g)
3 dentes de alho, picados grosseiramente
10 g de gengibre, sem casca e picado grosseiramente
1 colher (sopa) de curry em pó (médio)
1 colher (sopa) de garam masala
2 colheres (sopa) de farinha de grão-de-bico ou de trigo (não há problema em deixar de fora se você quiser uma sopa mais fina)
2 tomates, cortados em cubinhos (200 g)
1 colher (sopa) de extrato de tomate
100 g de lentilhas vermelhas secas (masoor dal), lavadas e escorridas
100 ml de creme de coco
1 colher (chá) de sumo de limão
sal e pimenta-do-reino preta

Tadka
1½ colher (sopa) de azeite
1½ colher (sopa) de manteiga sem sal
2½ colheres (chá) de sementes de cominho
2 colheres (chá) de mostarda-preta em grãos
1 pimenta dedo-de-moça verde, fatiada finissimamente
25 folhas de curry

Para servir
5 g de folhas de coentro
2 limões, cortados em gomos

A comida reconfortante é muitas vezes a comida que preparamos quando estamos longe de casa. Isso acontece em diferentes escalas (individual, comunitária) e em todos os sentidos (imigração, emigração). O mulligatawny tem origens na comunidade britânica no exterior, mais precisamente no Raj Britânico. Os colonos britânicos, ao sentirem falta da sopa que costumavam tomar no início de cada refeição, decidiram recriá-la. Os cozinheiros indianos, desconhecendo a tradição de uma sopa independente como entrada, criaram um caldo fino e picante ao estilo de Madras, conhecido como *molo tunny*, ou "água de pimenta". Adicionando carne e vegetais para atender ao gosto extravagante dos britânicos, nasceu o mulligatawny. *Foto no verso.*

Para adiantar: A base de frango e caldo pode ser preparada com até 2 dias de antecedência e guardada na geladeira. Se for o caso, adicione o frango antes de reaquecer a mistura.

Rende 6 porções

Coloque as sobrecoxas em uma panela grande, com tampa, e acrescente 2 litros de água. Deixe ferver, retire qualquer espuma que tiver se formado e cozinhe em fogo médio-baixo por cerca de 1 hora e meia, parcialmente tampado. Retire o frango (reserve o líquido: deve sobrar cerca de 1,5 litro) e espere esfriar. Quando tiver esfriado o suficiente para ser manuseado, retire a carne do frango e descarte os ossos e a pele.

Enquanto o frango cozinha, prepare o arroz de acordo com as instruções da embalagem. Escorra bem e reserve.

Coloque a manteiga em uma frigideira grande, com tampa, e leve ao fogo médio-alto. Acrescente a cebola, a cenoura, o aipo, o pimentão verde, o alho e o gengibre e refogue por 18-20 minutos, até tudo ficar macio e começar a dourar. Adicione o curry em pó, o garam masala e a farinha (se estiver usando). Refogue por cerca de 1 minuto, mexendo para evitar que as especiarias grudem no fundo da panela, depois acrescente os tomates e o extrato de tomate. Cozinhe por mais 1 minuto e adicione a lentilha, o caldo reservado, 2½ colheres (chá) de sal e um pouco de pimenta-do-reino. Misture e espere ferver. Reduza o fogo, tampe e deixe cozinhar por 30 minutos, até que os legumes e as lentilhas estejam macios. Usando um mixer de mão (ou aos poucos no liquidificador), bata até obter uma sopa homogênea. Acrescente o creme de coco, o sumo de limão e o frango e aqueça em fogo baixo.

No momento de servir, prepare a tadka. Coloque o azeite e a manteiga em uma frigideira pequena e leve ao fogo médio. Adicione o cominho e as sementes de mostarda e refogue por alguns segundos, até as sementes começarem a estourar. Adicione a pimenta e as folhas de curry, afastando-se para se proteger dos respingos. Mexa por 1 minuto.

Divida o arroz em seis tigelas, seguido por uma ou duas conchas da sopa. Espalhe a tadka por cima, decore com as folhas de coentro e sirva acompanhado de um gomo de limão.

Sopa de ervilhas e carne de porco

60 ml de azeite
2 cebolas, picadas grosseiramente (340 g)
2 cenouras, sem casca e picadas grosseiramente (160 g)
2 talos de aipo, picados grosseiramente (130 g)
4 dentes de alho, picados grosseiramente
2 folhas de louro
1 colher (sopa) de sementes de cominho, tostadas e grosseiramente esmagadas
2 colheres (chá) de sementes de coentro, tostadas e grosseiramente esmagadas
500 g de ervilha partida, lavada e escorrida
1 lata de 400 g de tomates picados
1 kg de presunto inteiro curado e cozido
1,75 litro de caldo de frango (ou água)
sal e pimenta-do-reino preta

Molho de hortelã e ervilha
190 ml de azeite
60 g de sementes de abóbora
15 g de folhas de hortelã (10 g inteiras e 5 g picadas grosseiramente)
2 colheres (chá) de hortelã seca
250 g de ervilhas congeladas, descongeladas
1 colher (sopa) de sumo de limão

O doce e inconfundível aroma do pernil cozinhando — neste caso, com ervilhas partidas, tomates e especiarias — é, para Yotam, um novo tipo de conforto. É assim o cheiro do Natal na casa da família Ottolenghi-Allen, onde Karl, fiel às suas raízes irlandesas, primeiro escalda o pernil e depois recobre com açúcar mascavo e cravo-da-índia — a tarefa preferida das crianças — antes de levá-lo para assar. A doçura defumada e gordurosa do pernil é justamente do que as ervilhas precisam neste livro, um prato reconfortante e atemporal à moda antiga, revisto pelas lentes de Ottolenghi (e Allen!). *Foto no verso.*

Para adiantar: A sopa dura 4 dias na geladeira ou mais no freezer. O molho fica melhor no dia em que foi preparado: o sumo de limão faz com que ele vá desbotando conforme o tempo passa.

Rende 8 porções

Coloque o azeite em uma panela grande, com cerca de 28 cm de largura, com tampa, e leve ao fogo médio. Acrescente a cebola, a cenoura, o aipo, o alho e o louro e refogue por 15 minutos, mexendo de vez em quando, até tudo ficar macio e começar a dourar. Adicione o cominho e as sementes de coentro e refogue por 1 minuto, então acrescente as ervilhas partidas, os tomates, o presunto e o caldo: o líquido deve cobrir apenas parcialmente o presunto. Aumente o fogo, espere ferver e reduza o fogo para médio-baixo. Deixe cozinhar por 1 hora e 45 minutos, tampado. Retire o presunto da sopa e transfira para um prato para esfriar um pouco e, em seguida, adicione ½ colher (chá) de sal (ajuste o tempero de acordo com a salga da carne) e um giro bem generoso do moedor de pimenta. Retire e descarte as folhas de louro e, em seguida, com o mixer de mão (ou aos poucos, no liquidificador ou no processador de alimentos), bata a sopa até ficar com a consistência desejada.

Enquanto a sopa cozinha, prepare o molho. Leve uma frigideira pequena ao fogo médio e adicione 1 colher (chá) de azeite, as sementes de abóbora e uma pitada de sal. Toste as sementes por 4-5 minutos, mexendo sempre, até que comecem a inchar levemente e estourar. Reserve para esfriar. Coloque as folhas de hortelã inteiras na tigela pequena do processador, junto com a hortelã seca, 150 g de ervilha, metade das sementes de abóbora, 120 ml de azeite e ¾ de colher (chá) de sal. Bata até obter uma pasta áspera e transfira para uma tigela pequena. Adicione os 65 ml restantes de azeite, a hortelã picada, o sumo de limão e o que tiver sobrado da ervilha. Misture e reserve até a hora de servir.

Quando o presunto estiver frio o suficiente para ser manuseado, retire a gordura e descarte, depois desfie ou pique a carne em pedaços que caibam em uma garfada. Nessa etapa o presunto pode ser misturado novamente na sopa ou servido por cima, junto com algumas colheradas do molho e uma pitada de sementes de abóbora tostadas.

Sopa de bolinhos de matzá

Mistura de especiarias hawaij (opcional)
1 colher (sopa) de sementes de coentro
2 colheres (chá) de sementes de cominho
2 cravos-da-índia
sementes de 8 vagens de cardamomo
½ colher (chá) de feno-grego
¼ de colher (chá) de pimenta-do-reino preta
½ colher (chá) de cúrcuma em pó

Caldo de frango
4 cenouras pequenas, 2 fatiadas finissimamente, 2 cortadas em pedaços grandes (300 g)
1 kg de coxa de frango
1 pastinaca grande, cortada em quatro (175 g)
2 talos de aipo, picados grosseiramente (135 g)
1 cebola, cortada em quatro (180 g)
2 folhas de louro
20 g de talos de salsinha
10 g de talos de endro (guarde os ramos para servir)
4 dentes de alho, sem casca e esmagados
⅛ de colher (chá) de cúrcuma em pó
¼ de colher (chá) de pimenta-do-reino preta
3½ colheres (chá) de sal
2 colheres (chá) de mistura de especiarias hawaij (opcional: compre pronta ou veja acima)

Bolinhos de matzá
115 g de farinha de matzá fina ou média
½ colher (chá) de fermento químico em pó
3 ovos
60 ml de óleo de girassol
1 dente de alho, espremido
sal e pimenta-do-reino preta

A família da Helen adora tanto bolinhos de matzá que não espera pelo Pessach para comê-los. Eles gostam de uma versão mais leve, menos densa dos bolinhos. A família do Yotam — sua falecida tia tinha uma opinião mais arraigada sobre o assunto — prefere um bolinho mais denso. Esta é a versão Cachinhos Dourados, onde os bolinhos de matzá, nem muito fofos nem muito densos, acomodam-se em um ponto intermediário.

Para adiantar: Tanto o caldo quanto os bolinhos podem ser preparados com 1 dia de antecedência.

Nota sobre os ingredientes: Hawaij significa "mistura" em árabe. É uma mistura iemenita de especiarias, com bastante cominho. Não é um complemento tradicional à sopa de bolinhos de matzá, mas traz um aroma incrivelmente reconfortante. Deixe de lado, se preferir.

Rende 4 porções

Para o hawaij, se for fazê-lo, junte todos os ingredientes, exceto a cúrcuma, em uma panela pequena e seca em fogo médio. Toste por 3-5 minutos ou até ficar perfumado. Transfira para um moedor de especiarias (ou pilão) e bata até obter um pó homogêneo. Acrescente a cúrcuma e transfira para um pote limpo com tampa, onde poderá ser guardado por até 6 meses.

Para o caldo de frango, coloque os pedaços de cenoura em uma panela grande com tampa. Adicione os ingredientes restantes do caldo (mas não as cenouras fatiadas). Despeje 2½ litros de água e espere ferver, retirando qualquer espuma que se forme. Reduza o fogo e deixe cozinhar em fogo baixo, tampado, por 1 hora e meia.

Enquanto isso, faça os bolinhos de matzá. Coloque a farinha de matzá e o fermento químico em pó em uma tigela média, com ¾ de colher (chá) de sal e ¼ de colher (chá) de pimenta moída na hora. Quebre os ovos em uma tigela separada, junto com o óleo e o alho. Bata bem e despeje na mistura de farinha de matzá. Usando um garfo, mexa a mistura leve e delicadamente, desfazendo os grumos. Cubra e leve à geladeira por pelo menos 1 hora (ou até 24 horas) para firmar.

Perto dos últimos 15 minutos do tempo de cozimento do caldo, comece a modelar os bolinhos. Bata levemente a mistura e forme bolinhos de aproximadamente 20 g. Reserve em um prato.

Retire os pedaços de frango do caldo e reserve. Coe o caldo e descarte os vegetais. Leve o caldo novamente à fervura e acrescente as cenouras fatiadas reservadas e os bolinhos de matzá. Aumente o fogo para médio-baixo e, com a panela parcialmente tampada, cozinhe por 45 minutos (certificando-se de que a sopa não esteja fervendo com muito vigor). Retire a pele e os ossos do frango, desfie a carne e adicione à sopa. Divida os bolinhos por quatro tigelas e cubra-os com o caldo. Sirva com um pouco de hawaij, se escolher usar, e os ramos de endro por cima.

Sopa de queijo e pão com couve-lombarda

75 ml de azeite
30 g de manteiga sem sal
3 cebolas, fatiadas finissimamente (450 g)
4 dentes de alho, 2 fatiados finissimamente e 2 inteiros
7 anchovas, picadas finamente
3 colheres (sopa) de folhas de tomilho, picadas finamente (10 g)
1 folha de louro
200 ml de vinho branco seco
1 pé de couve-lombarda, folhas rasgadas grosseiramente (250 g)
1 pé de couve-toscana, folhas rasgadas grosseiramente (150 g)
¼ de colher (chá) de noz-moscada em pó
25 g de salsinha, picada grosseiramente
9 fatias de 1 cm de pão de fermentação natural ou de centeio (450 g)
250 g de queijo Fontina (ou gruyère, ou Comté), ralado grosso
50 g de parmesão, ralado fino
2 litros de caldo de frango (ou de carne) quente, bem temperado
sal e pimenta-do-reino preta

Isto é o que aconteceria se uma sopa de cebola francesa, um fondue de queijo e uma raclette se juntassem depois de um dia de caminhada na neve. Puro conforto em forma de queijo derretido e doçura de cebola. Na ausência das montanhas, cai igualmente bem em qualquer dia frio, quando está ventando e precisamos de uma comida aconchegante.

Nota sobre os ingredientes: A qualidade e a força dos ingredientes são importantes aqui. O caldo deve ser forte, bem temperado e saboroso, o pão deve ser robusto e rústico, e o queijo deve ser macio e com notas de castanhas.

Rende 6-8 porções

Coloque 2 colheres (sopa) de azeite e 1 colher (sopa) de manteiga em uma caçarola grande de ferro fundido e leve ao fogo médio. Adicione as cebolas e refogue por cerca de 15 minutos, mexendo regularmente, até ficarem macias e começarem a dourar. Reduza um pouco o fogo e junte o alho fatiado, a anchova, o tomilho e o louro. Refogue por 2 minutos, mexendo uma ou duas vezes. Não se preocupe se grudar um pouco no fundo da panela. Adicione o vinho, aumente o fogo para médio e deixe ferver por 2 minutos. Adicione as duas couves, a colher (sopa) restante de manteiga, a noz-moscada, 1 colher (chá) de sal e um giro bem generoso do moedor de pimenta. Cozinhe por cerca de 6 minutos, mexendo regularmente, até as couves ficarem macias. Transfira tudo para uma tigela, misture a salsinha e reserve.

Preaqueça o forno de convecção a 190°C.

Torre 6 fatias de pão até dourar levemente de ambos os lados e, em seguida, esfregue generosamente os dentes de alho inteiros nos dois lados de cada fatia. Rasgue as torradas em 3-4 pedaços e espalhe pedaços suficientes para cobrir o fundo da caçarola: cerca de 3 fatias devem bastar. Adicione metade da mistura de couves, regue com 1 colher (sopa) de azeite e espalhe um terço de cada um dos queijos. Tempere com um pouco de pimenta e cubra com os pedaços de torrada restantes até obter uma camada uniforme. Em seguida, coloque o restante da mistura de couves, as 2 colheres que faltam de azeite, metade do queijo que sobrou e mais um pouco de pimenta. Por fim, rasgue grosseiramente as 3 fatias restantes de pão (não torradas) e espalhe-as por cima. Com cuidado, despeje 1½ litro do caldo quente na caçarola e aperte o pão com delicadeza, para garantir que fique empapado. Espalhe o queijo restante por cima e leve ao forno por 30 minutos, até dourar. Deixe descansar fora do forno por 10 minutos e sirva em tigelas. Despeje o caldo restante na hora de servir.

Homus

2 frascos de 700 g de grão-de-bico cozido de boa qualidade, escorridos e enxaguados
2 colheres (chá) de cominho em pó
2 pimentas vermelhas, fatiadas finissimamente
20 ml de vinagre de maçã
250 g de tahine
200 ml de água
4 limões-sicilianos: 2 inteiros e 2 espremidos para obter 60 ml de sumo
2 dentes de alho grandes, espremidos
3 colheres (sopa) de azeite, mais um pouco para finalizar
4 cubos de gelo (50 g)
½ colher (chá) de sementes de cominho, tostadas e grosseiramente esmagadas
5 g de folhas de salsinha, picadas
sal

Para servir (uma ou todas as opções abaixo)
pão chato aquecido
ovos cozidos
cebolinha picada
picles

Muita coisa já foi escrita e dita sobre o homus: um clássico palestino, um clássico israelense, o centro de muitas discussões e desavenças. Gostaríamos de deixar isso de lado aqui. Este prato, estrela de ambas as nações, é o que Yotam vê em sua cabeça quando pensa em lar, não no sentido da casa em que cresceu — o homus não costuma ser preparado em casa em Jerusalém —, mas daquilo em torno do que os amigos se reúnem quando saem para comer. Um homus fresco, apreciado em um dos muitos restaurantes especializados da cidade, não é apenas incrivelmente delicioso, é uma experiência sem igual: quente, suave, cítrico e rico, a melhor fonte de calor e conforto. Para Yotam, Karl e seus filhos, um restaurante de homus é a primeira parada em qualquer visita a Israel. *Foto no verso.*

Rende 6-8 porções como entrada ou parte de uma mesa

Coloque o grão-de-bico em uma panela média, junto com o cominho em pó e ½ colher (chá) de sal. Despeje 750 ml de água e leve para ferver em fogo alto. Reduza o fogo para médio-baixo e cozinhe por 10 minutos, até o grão-de-bico ficar supermacio. Escorra e descarte a água do cozimento.

Enquanto isso, misture as pimentas com o vinagre e uma pitada de sal e reserve.

Prepare um molho misturando o tahine, a água, 60 ml de sumo de limão-siciliano, metade do alho espremido e ½ colher (chá) de sal.

Descasque e retire os gomos dos 2 limões-sicilianos inteiros com uma faca afiada. Pique os gomos, coloque-os em uma tigela média e esprema o suco que sobrou no limão. Pegue metade do grão-de-bico escorrido e junte ao limão picado. Adicione o azeite, ½ colher (chá) de sal e misture.

Coloque o grão-de-bico restante em um processador de alimentos. Reserve 70 g do molho de tahine para finalizar. Adicione o restante do molho ao processador, junto com o restante do alho espremido, os cubos de gelo e ¾ de colher (chá) de sal. Bata por 2-3 minutos, até ficar aerado e completamente liso.

Espalhe o homus em uma travessa. Acrescente a mistura de grão-de-bico e limão por cima e, por fim, o molho de tahine reservado. Finalize com a pimenta fatiada com vinagre, uma pitada de sementes de cominho, a salsinha e um fio de azeite. Sirva com os acompanhamentos que você preferir.

Homus à moda do sul da França
(ou purê de grão-de-bico e funcho)

90 ml de azeite de boa qualidade
1 cebola grande, cortada em cubos de 1 cm (200 g)
1 cabeça de funcho grande, cortada em cubos de 1 cm (275 g), os ramos reservados para decorar
4 dentes de alho, espremidos
2 colheres (chá) de erva-doce, levemente tostadas e grosseiramente esmagadas
45 ml de vermute seco (ou Pernod)
1 pote de 700 g de grão-de-bico cozido de boa qualidade, escorrido e enxaguado
40 ml de sumo de limão-siciliano
10 g de folhas de manjericão, para decorar

Topping de tomate, azeitona e pimentão
1 pimentão vermelho grande, cortado ao meio e sem sementes (cerca de 150 g)
35 ml de azeite
150 g de tomates-cereja, cortados ao meio
1 dente de alho pequeno, esmagado com a lateral da faca
50 g de azeitonas sem caroço (de preferência pretas, do estilo Niçoise), picadas grosseiramente
1 colher (chá) de vinagre de vinho tinto
sal e pimenta-do-reino preta

Este homus não tem nada de tradicional! Um dos pratos mais populares do café da Helen (há tanto tempo que a origem da receita se perde no tempo), onde acompanhava peixe grelhado. A adição do vermute, do azeite e do funcho no lugar do tahine confere a este homus um toque do sul da França. O topping de tomate, azeitona e pimentão dá continuidade ao tema ensolarado. Sirva quente como uma entrada maravilhosa, acompanhado de baguete — para manter o clima provençal — ou com pão chato, em homenagem às suas raízes levantinas. *Foto no verso.*

Rende 6 porções como entrada ou parte de uma mesa

Preaqueça o forno de convecção a 220°C.

Primeiro, prepare o topping. Coloque as duas metades do pimentão em uma assadeira pequena forrada com papel-manteiga, com a pele voltada para cima. Regue com 1 colher (chá) de azeite e leve ao forno por 15 minutos, até ficar macio e ligeiramente enrugado. Transfira para uma tigela e reserve, bem coberto, para o vapor ajudar a soltar a pele. Depois de esfriar, retire a pele, corte os pimentões em tiras finas e devolva à tigela.

Acrescente os tomates na mesma assadeira, junto com o alho, 1 colher (sopa) de azeite, ¼ de colher (chá) de sal e alguns giros do moedor de pimenta. Misture bem e leve ao forno por 5 minutos, até que os tomates comecem a se desmanchar. Retire do forno e coloque na tigela dos pimentões, junto com as azeitonas, o vinagre e a colher de azeite restante.

Para o purê de grão-de-bico e funcho, coloque 60 ml de azeite em uma frigideira grande e leve ao fogo baixo. Adicione a cebola, o funcho e ½ colher (chá) de sal e refogue por cerca de 7 minutos, até os vegetais começarem a amolecer. Adicione o alho e 1½ colher (chá) de erva-doce e cozinhe por mais 7-8 minutos, até os vegetais ficarem completamente macios e começarem a dourar. Despeje o vermute — ele vai evaporar depressa —, adicione o grão-de-bico e ¼ de colher (chá) de sal. Cozinhe por mais 2-3 minutos, em fogo médio, até que o grão-de-bico esteja completamente aquecido, e em seguida transfira para um processador de alimentos. Adicione o sumo de limão-siciliano e uma boa pitada de pimenta-do-reino: cerca de 1 colher (chá). Com o processador ligado, despeje 1 colher (sopa) de azeite em fio até obter um purê liso.

Para servir, transfira o purê para um prato. Espalhe o topping de tomate por cima e decore com o manjericão, os ramos de funcho e a ½ colher (chá) restante de erva-doce. Regue com a colher (sopa) que sobrou de azeite. Sirva quente ou em temperatura ambiente.

Bolinhos e outras frituras

Bolinhos fáceis de arroz com queijo

200 g de arroz para sushi, demolhado por meia hora
240 ml de água
⅛ de colher (chá) de cúrcuma em pó
4-5 cebolinhas, picadas finamente (50 g)
50 g de iogurte grego natural
2 colheres (chá) de sementes de nigela
125 g de ervilhas congeladas, descongeladas
100 g de mozarela de baixo teor de umidade, ralada fino
80 g de feta
35 g de ghee (ou manteiga), para fritar
sal e pimenta-do-reino preta

Molho sweet chilli rápido
2 pimentas vermelhas, sem sementes e picadas finamente (20 g)
1 dente de alho, espremido
1½ colher (chá) de molho de peixe
40 g de mel claro
1½ colher (chá) de sumo de limão

Estes bolinhos de queijo fáceis de fazer são ótimos para um lanche antes do jantar, e também um sucesso absoluto — as crianças adoram — como o próprio jantar. Se alguém não quiser o molho sweet chilli, tudo bem: é só pingar um pouco de limão.

Não tenha medo de deixar os bolinhos por bastante tempo na panela com a ghee: as bordas crocantes lembram o maravilhoso arroz estilo tahdig, em que o fundo na panela fica crocante e dourado. *Foto no verso.*

Para adiantar: Os bolinhos de arroz podem ser montados por completo algumas horas antes de serem fritos. Basta cobri-los com um pano de prato limpo e úmido para evitar que ressequem. Depois de fritos, são mais gostosos no próprio dia. O molho sweet chilli dura 3 dias na geladeira. Dobre a receita, se quiser: fica ótimo em sanduíches, misturado com um pouco de maionese.

Rende 4 porções

Escorra o arroz e coloque-o em uma panela pequena, com tampa, junto com a água, a cúrcuma e ½ colher (chá) de sal. Espere ferver, reduza o fogo e deixe cozinhar por 15 minutos, tampado. Retire do fogo e deixe descansar, ainda tampado, por 10 minutos.

Junte todos os ingredientes do molho sweet chilli, exceto o sumo de limão, em uma panela pequena. Leve ao fogo médio e deixe ferver por 3 minutos, até a mistura engrossar um pouco e ficar brilhosa. Misture o sumo de limão e retire do fogo. Reserve para esfriar.

Coloque o arroz cozido em uma tigela média, junto com a cebolinha, o iogurte, as sementes de nigela, a ervilha, os dois queijos e ¼ de colher (chá) de sal. Misture. Prepare uma tigela de água fria e, com as mãos úmidas, pese cerca de 60 g da mistura de arroz e faça um bolinho, apertando com firmeza para garantir que não se desmanche. Achate para formar um disco e reserve enquanto continua com o restante do arroz.

Coloque um terço da ghee em uma frigideira grande e leve ao fogo médio-alto. Quando estiver bem quente, coloque os bolinhos de arroz — 4 ou 5 de cada vez — e frite por cerca de 6 minutos, virando na metade do tempo para que os dois lados fiquem bem crocantes. Transfira para um prato forrado com papel-toalha e repita com o restante da ghee e dos bolinhos. (Se quiser manter os bolinhos que já estão fritos aquecidos, deixe-os no forno de convecção a 150°C até a hora de servir.) Sirva quente, com o molho sweet chilli ao lado.

"Falafel" de feijão-mungo e kimchi

130 g de feijão-mungo, demolhado em bastante água durante a noite
100 g de kimchi, escorrido e picado grosseiramente
100 g de repolho verde (não use acelga nem pak choi), picado grosseiramente
2 cebolinhas, finamente fatiadas (25 g)
10 g de coentro, picado grosseiramente
óleo de girassol, para fritar
sal e pimenta-do-reino preta

Molho de kimchi
100 g de kimchi, processado até virar purê
1 colher (sopa) de shoyu
1½ colher (sopa) de vinagre de arroz
1½ colher (sopa) de mel claro
1½ colher (chá) de óleo de gergelim
1 colher (sopa) de molho de peixe

Esta receita começou como uma panqueca estilo coreano, mas ficamos tão impressionados com a casquinha crocante, parecida com a do falafel, que decidimos ver o que aconteceria se a transformássemos em bolinhos para fritar. No fim das contas, para surpresa de ninguém, ficou difícil imaginá-la de outra forma. *Foto no verso.*

Para adiantar: Assim como acontece com o grão-de-bico seco no falafel normal, o feijão-mungo não é cozido antes de ser frito, mas precisa ser deixado de molho durante a noite. A mistura pode ser preparada 1 dia antes, se você quiser. Ela vai liberar um pouco de líquido nesse tempo, portanto escorra antes de moldar os bolinhos e fritar.

Rende 4-6 porções

Misture todos os ingredientes do molho e reserve.

Escorra o feijão-mungo, coloque-o em um processador de alimentos e bata bem até formar uma pasta lisa. Adicione todos os ingredientes restantes (exceto o óleo), junto com 1 colher (chá) de sal e um giro bem generoso do moedor de pimenta. Bata algumas vezes na função pulsar só até picar grosseiramente e depois transfira para uma tigela grande.

Forre uma assadeira com algumas folhas de papel-toalha. Usando uma colher medidora de 1 colher (sopa), pegue porções da mistura de feijão-mungo e enrole para formar bolinhos de cerca de 20 g cada. Coloque na assadeira forrada: deve render cerca de 24 bolinhos.

Na hora de fritar, coloque óleo suficiente em uma frigideira média formando uma camada de 4 cm de altura e leve ao fogo médio-alto. Quando estiver bem quente (você pode testar mergulhando um pauzinho ou a ponta de uma colher de pau no óleo: devem se formar pequenas bolhas na ponta), coloque cuidadosamente os bolinhos, poucos de cada vez, e frite por cerca de 4 minutos, até dourar. Retire-os com uma escumadeira e deixe-os sobre uma grade forrada com papel-toalha. Repita com o restante e sirva quente, com o molho ao lado.

Pakora de couve-flor e abóbora

100 g de farinha de trigo
100 g de farinha de grão-de-bico (gram)
1 colher (chá) de fermento químico em pó
1 colher (chá) de cúrcuma em pó
1 colher (chá) de sementes de coentro em pó
½ colher (chá) de pimenta vermelha em pó
1½ colher (chá) de sementes de cominho, levemente tostadas
2 colheres (chá) de mostarda-preta em grãos, levemente tostadas
250 ml de água fria
2 dentes de alho, espremidos
10 g de gengibre, sem casca e picado finamente
20 g de coentro, picado grosseiramente
1 cebola-roxa pequena, fatiada finíssimamente (100 g)
¼ de abóbora de pescoço, sem casca e ralada (200 g)
½ couve-flor pequena (310 g), as folhas rasgadas grosseiramente, os floretes cortados em pedaços de 3-4 cm
cerca de 1 litro de óleo de girassol, para fritar
sal

Molho de tamarindo
1½ colher (sopa) de purê de tamarindo
1 dente de alho, espremido
50 ml de sumo de limão
1½ colher (sopa) de açúcar mascavo claro
1½ colher (chá) de molho de peixe
2 colheres (chá) de pimenta em flocos

Pergunte a Yotam qual sua fórmula para uma comida reconfortante e seria algo como: vegetais + massa + fritura + comida de rua + comer com a mão = pakoras. Elas são o melhor petisco, seja para o almoço ou para beliscar antes do jantar.

Encare esta receita como uma limpa na sua geladeira: se você tiver cenouras, batatas-doces, pastinacas, beterrabas ou abobrinhas que precisem ser consumidas, elas funcionam bem no lugar da abóbora (ou junto com ela). Pode ser usado brócolis em vez da couve-flor. Vale o que você tiver, mantendo o peso líquido total. Depois de fritas, as pakoras que sobrarem podem ser guardadas na geladeira em recipiente hermético e reaquecidas no dia seguinte.

Rende 4-6 porções

Corte todos os vegetais antes de preparar a massa, para que você possa fritá-los imediatamente. O descanso não traz nenhum benefício à massa.

Junte todos os ingredientes do molho em um pote com tampa de rosca, agite bem e reserve até o momento de servir.

Misture as duas farinhas em uma tigela grande com o fermento químico, as especiarias e 1¼ colher (chá) de sal. Acrescente a água e misture delicadamente até formar uma massa espessa. Adicione o alho, o gengibre, o coentro, a cebola, a abóbora, os floretes e as folhas da couve-flor e misture bem.

Numa frigideira, coloque óleo suficiente para formar uma camada de 5 cm de altura e leve ao fogo médio-alto. Quando estiver bem quente (você pode testar mergulhando um pauzinho ou a ponta de uma colher de pau no óleo: devem se formar pequenas bolhas na ponta), use duas colheres para pegar cerca de 70 g da mistura de pakora: o objetivo é não compactar demais, portanto use colheres (sopa) ou uma concha para mantê-la arredondada. Ponha com cuidado no óleo e frite por cerca de 4 minutos, virando na metade do tempo. Você deve conseguir fritar 4 de cada vez. Com uma escumadeira, transfira as pakoras para uma bandeja forrada com papel-toalha. Tempere levemente com sal e reserve enquanto continua até a massa acabar. Sirva com o molho de tamarindo ao lado.

Cucur udang (bolinhos de camarão)

350 g de camarões frescos ou congelados, sem casca (mas com a cauda): reserve 12, retire as caudas do restante e pique em pedaços pequenos
cerca de 500 ml de óleo de girassol, para fritar

Massa
150 g de farinha de trigo
½ colher (chá) de açúcar
½ colher (chá) de fermento biológico seco instantâneo
¼ de colher (chá) de fermento químico em pó
½ colher (chá) de cúrcuma em pó
4-5 cebolinhas, finamente fatiadas (45 g), mais um pouco para decorar
1 pimenta dedo-de-moça verde, picada finamente
1½ colher (chá) de molho de peixe
½ colher (chá) de óleo de gergelim
150 ml de água
sal e pimenta-do-reino branca moída

Molho de pimenta
2 pimentas vermelhas, sem sementes e picadas grosseiramente
10 g de gengibre, sem casca e picado grosseiramente
2 dentes de alho, sem casca, inteiros
2½ colheres (sopa) de açúcar
35 ml de sumo de limão
½ colher (chá) de óleo de gergelim
50 ml de água

O cucur udang é vendido nas ruas por toda a Malásia, para os motoristas pararem e comprarem. Helen não resistia a eles quando era criança e implorava aos pais que parassem toda vez que passavam por uma barraca. Eles são absurdamente bons como lanche a qualquer hora. Tradicionalmente, são feitos com uma concha, mas usamos uma colher de servir de aço inoxidável com cabo comprido. O cabo comprido é importante: sem ele, a colher fica quente demais para ser manuseada.

Rende 4 porções

Coloque todos os ingredientes da massa em uma tigela média, junto com ½ colher (chá) de sal e ¼ de colher (chá) de pimenta-do-reino branca. Misture bem. Cubra a tigela com um prato e deixe descansar por 1 hora (mas não por muito mais tempo, pois pode fermentar em excesso).

Enquanto isso, junte todos os ingredientes do molho de pimenta no liquidificador, com 1 colher (chá) de sal. Bata até obter um molho liso, transfira para uma tigela pequena e reserve.

Na hora de cozinhar, despeje óleo suficiente em uma panela grande até formar uma camada de 4 cm de altura. Leve ao fogo médio e coloque uma colher de servir de aço inoxidável de cabo comprido no óleo, para aquecer. Incorpore com delicadeza os camarões picados à massa. Quando o óleo estiver pronto (uma maneira fácil de conferir é mergulhar um pauzinho ou a ponta de uma colher de pau no óleo: se formar pequenas bolhas na ponta, está pronto), retire a colher do óleo e, com outra colher, pegue cerca de 30 g da massa e ponha sobre a colher quente. Coloque um camarão inteiro no meio, aperte-o e mergulhe imediatamente no óleo quente. Frite por 1 minuto, até que o bolinho se solte da colher. Frite por mais 2-2½ minutos — virando nos últimos 30 segundos —, até dourar. Repita com o restante da massa, fritando 3 bolinhos por vez até completar o total de 12. Escorra os bolinhos em um prato forrado com papel-toalha.

Coloque-os em uma travessa, espalhe a cebolinha extra por cima e sirva com o molho de pimenta ao lado.

Sando de frango picante com maionese de harissa

400 g de iogurte natural (ou leitelho)
2 colheres (sopa) de baharat
1 colher (chá) de canela em pó
½ colher (chá) de açúcar
4 filés de peito de frango pequenos (de cerca de 125 g cada)
175 g de repolho verde, fatiado finamente
4-5 cebolinhas, fatiadas finamente (50 g)
125 g de farinha de rosca (ou panko)
óleo vegetal, para fritar
8 fatias grossas de pão de fôrma branco (brioches também funcionam bem)
sal

Maionese de harissa
2 colheres (sopa) de harissa de rosas
125 g de maionese
2 colheres (chá) de sumo de limão

Parece que todo mundo conhece alguém que conhece alguém que faz os melhores sanduíches de frango frito da cidade. Foi esse o nosso ponto de partida: uma versão norte-africana do katsu sando — o incrivelmente popular sanduíche japonês em que duas fatias de pão de leite branco e macio abraçam a combinação perfeita de porco (ou frango) frito, molho tonkatsu e maionese Kewpie.

Para adiantar: O frango precisa marinar por pelo menos 4 (e até 24) horas antes de ser frito.

Nota sobre os ingredientes: O pão precisa mesmo ser um pão branco supermacio. Leitores do Ottolenghi: é proibida qualquer alternativa artesanal ou de fermentação natural!

Rende 4 porções

Junte o iogurte, o baharat, a canela, o açúcar e 1 colher (chá) de sal em uma tigela grande. Misture e reserve.

Um de cada vez, coloque os peitos de frango sobre uma tábua e, com a ajuda de um rolo, bata-os levemente até ficarem uniformes. Coloque-os na tigela do iogurte com especiarias e misture com delicadeza. Cubra e leve à geladeira por pelo menos 4 horas (ou até 24 horas).

Misture todos os ingredientes da maionese de harissa em uma tigela pequena e guarde na geladeira.

Em outra tigela, misture o repolho e a cebolinha.

Na hora de cozinhar, espalhe a farinha panko em uma travessa pequena. Forre outra travessa com papel-manteiga e reserve. Um de cada vez, retire os peitos de frango da marinada (descartando o excesso de iogurte) e deite sobre a farinha panko. Vire, para que ambos os lados fiquem revestidos. Transfira para a travessa forrada e repita com o restante do frango.

Em uma frigideira grande, acrescente óleo suficiente para formar uma camada de 2 cm de altura. Leve ao fogo médio e, quando estiver bem quente, coloque com cuidado 2 peitos de frango no óleo. Frite por cerca de 4 minutos de cada lado, até que ambos os lados estejam dourados. Transfira para um prato forrado com papel-toalha, tempere com sal e reserve enquanto continua com o restante do frango.

Na hora de montar, espalhe generosamente a maionese de harissa em um dos lados de cada fatia de pão. Coloque um peito de frango sobre metade das fatias, seguido de um punhado grande de repolho e cebolinha. Feche com as fatias restantes, corte os sanduíches ao meio, apare as cascas e sirva.

Bolinhos de salmão com remoulade de chermoula

1 **batata-doce grande** (280 g)
2 **batatas (de uma variedade rica em amido)** (280 g)
1 **colher (chá) de azeite**
500 g **de filé de salmão sem a pele**, cortado em pedaços de 4 cm
4-5 **cebolinhas**, fatiadas finissimamente (45 g)
15 g **de ciboulette**, picada finamente
1 **colher (chá) de casca de limão ralada fino**
3 **colheres (sopa) de chermoula**
30 g **de farinha panko**
1 **ovo**
120 ml **de óleo de girassol**, para fritar
1 **limão**, cortado em gomos, para servir
sal e pimenta-do-reino preta

Remoulade
1½ **colher (sopa) de chermoula**
75 g **de maionese**
25 g **de iogurte grego natural**
30 g **de picles de pepino com endro**, picado finamente
5 g **de ciboulette**, picada finamente

Bolinhos de peixe podem acabar indo demais em uma direção só: ou muito peixe ou muita batata. Achamos que estes aqui têm o equilíbrio perfeito. Assim como acontece com a maioria das receitas envolvendo batata e fritura, estes bolinhos são um sucesso para um jantar em família, servidos com uma salada simples ou dentro de um brioche ou uma baguete como almoço.

Sugestão: Os bolinhos também funcionam como canapé (servidos sobre uma folhinha de alface com uma gotinha de remoulade) ou como petisco antes da refeição principal. Se optar por isso, é só moldá-los em forma de hambúrgueres bem menores e reduzir o tempo de fritura para 3-4 minutos.

Para adiantar: Os bolinhos podem ser preparados com 1 dia de antecedência e guardados na geladeira antes de serem fritos. A remoulade dura até 2 dias na geladeira.

Rende 4 porções

Preaqueça o forno de convecção a 180°C.

Fure algumas vezes os dois tipos de batata com um garfo e esfregue-as com o azeite. Coloque-as em uma assadeira e leve ao forno por 1 hora e 20 minutos, até ficarem macias. Corte as batatas ao meio com cuidado e deixe esfriar.

Prepare a remoulade misturando todos os ingredientes em uma tigela pequena. Reserve na geladeira.

Coloque o salmão no processador de alimentos e bata 2-3 vezes na função pulsar, até ficar picado grosseiramente. Transfira para uma tigela grande e reserve. Retire a polpa das batatas e coloque-as na tigela do salmão, junto com a cebolinha, a ciboulette, as raspas de limão, a chermoula, a farinha panko e o ovo. Adicione ¾ de colher (chá) de sal e um giro bem generoso do moedor de pimenta e, com as mãos, misture delicadamente, amassando a batata nesse processo. Forme 12 hambúrgueres, com cerca de 85 g e 2 cm de espessura cada.

Em uma frigideira grande de cerca de 28 cm, aqueça o óleo de girassol e leve ao fogo médio-alto. Frite metade dos bolinhos de peixe por cerca de 7 minutos, virando na metade do tempo, até dourar. Deixe-os em um prato forrado com papel-toalha enquanto continua com o restante. Sirva quente, com a remoulade e os gomos de limão ao lado.

Almôndegas com nuoc cham, pepino e hortelã

Almôndegas
2 dentes de alho, espremidos
1 chalota, picada finamente (50 g)
30 g de coentro, talos picados finamente (guarde as folhas para servir)
10 g de folhas de hortelã, picadas finamente, mais algumas folhas para servir
1½ colher (sopa) de molho de peixe
1 colher (sopa) de açúcar
100 g de sobras de arroz cozido
500 g de carne de porco moída
75 ml de óleo vegetal, para fritar
sal e pimenta-do-reino branca moída

Nuoc cham
2 dentes de alho, picados grosseiramente
1 pimenta-malagueta vermelha pequena, em fatias
1 pimenta vermelha grande suave, em fatias
¼ de colher (chá) de sal marinho em flocos
2 colheres (sopa) de açúcar de palma picado grosseiramente (ou açúcar refinado)
2 colheres (sopa) de sumo de limão
60 ml de molho de peixe
60 ml de vinagre de arroz

Para servir
1 alface-americana pequena, as folhas separadas
½ pepino, fatiado finissimamente (150 g)

Existem variações destas almôndegas por todo o Vietnã e pela Tailândia, geralmente colocadas em espetos e grelhadas na brasa. Por mais deliciosas que sejam, nossa versão frita elimina a necessidade dos espetos e do fogo. Também nos permite comê-las com as mãos em barquinhos de alface, o que adoramos.

Para se divertir: Ficam lindas para um lanche em grupo, com cada um fazendo seus próprios wraps. Também funcionam bem servidas com macarrão fino de arroz (bifum) escaldado em uma tigela, misturado com a salada, junto com as ervas e o molho nuoc cham por cima.

Rende 4 porções

Junte os seis primeiros ingredientes das almôndegas em uma tigela média, com ¼ de colher (chá) de sal e ¾ de colher (chá) de pimenta-do-reino branca moída. Mexa bem até que o açúcar se dissolva, depois acrescente o arroz e a carne. Misture e forme almôndegas de aproximadamente 30 g: deve render cerca de 24. Achate-as levemente e arrume-as em uma travessa. Deixe na geladeira até a hora de cozinhar.

Em seguida, prepare o nuoc cham. Coloque o alho, as duas pimentas e o sal em flocos em um pilão e triture até obter uma pasta: as pimentas não se desfazem por completo. Adicione os ingredientes restantes e transfira para um pote com tampa de rosca. Agite vigorosamente e guarde na geladeira até a hora de servir. Se você não tiver um pilão, coloque todos os ingredientes em um processador de alimentos e bata até que a pimenta e o alho se desfaçam.

Na hora de servir, prepare a travessa de alface empilhando folhas em um dos cantos e espalhando o pepino e as ervas reservadas em volta. Despeje o nuoc cham em pequenas tigelas, para que cada pessoa tenha seu próprio molho.

Despeje metade do óleo em uma frigideira grande e leve ao fogo médio-alto. Adicione metade das almôndegas e frite por 4-5 minutos, virando-as na metade do tempo, até estarem cozidas. Acrescente o restante do óleo à frigideira e continue com as almôndegas que tiverem sobrado. Transfira para a travessa preparada e sirva quente ou em temperatura ambiente.

Vegetariano reconfortante

Caponata com aipo e burrata

3 berinjelas, parcialmente descascadas (uma tira sim, uma tira não), a polpa cortada em cubos de mais ou menos 2,5 cm (800 g)
135 ml de azeite
4-5 talos de aipo (225 g): 180 g cortados em cubos de 1,5 cm, o restante fatiado finissimamente na diagonal, as folhas reservadas
1 cebola grande, cortada em cubos de mais ou menos 2,5 cm (200 g)
2 dentes de alho, espremidos
¾ de colher (chá) de orégano seco
⅛ de colher (chá) de pimenta em flocos
1 lata de 400 g de tomates picados
1 colher (sopa) de extrato de tomate
1 colher (sopa) de mel claro
120 g de azeitonas Kalamata sem caroço
50 g de alcaparras
45 ml de vinagre de vinho tinto
15 g de folhas de manjericão
300 g de burrata
sal e pimenta-do-reino preta

A caponata é o prato siciliano por excelência, em que cubinhos de berinjela frita e outros vegetais são servidos em uma salada agridoce — ou seria um picles?! —, com alcaparras, azeitonas, aipo, às vezes passas, bastante azeite e molho de tomate. Parece uma daquelas receitas que todo mundo deveria herdar de alguém que conhece alguém que conhece uma vovó siciliana que faz a melhor caponata da cidade. Cada um defende com unhas e dentes suas próprias versões — a adição dos pinoles, por exemplo, das passas, da canela ou das ervas —, tal como nós defendemos a nossa. É menos doce do que as que costumamos encontrar, e preferimos assar (em vez de fritar) a berinjela. Combina perfeitamente com a burrata, mas também funciona muito bem com ovos cozidos com gema mole, quebrados como a burrata, colocados por cima na hora de servir, acompanhado de pão crocante ou torradas. *Foto no verso.*

Para adiantar: A caponata pode ser preparada com até 3 dias de antecedência e guardada na geladeira. Basta trazê-la de volta à temperatura ambiente antes de servir.

Rende 6 porções como entrada

Preaqueça o forno de convecção a 220°C.

Misture as berinjelas com 2 colheres (sopa) de azeite, 1 colher (chá) de sal e um giro bem generoso do moedor de pimenta e espalhe sobre uma assadeira grande forrada com papel-manteiga. Asse por cerca de 30 minutos, até dourar, retire do forno e reserve.

Coloque 75 ml do azeite em uma frigideira média, com tampa, e leve ao fogo médio. Junte o aipo e a cebola em cubos e refogue por 10 minutos, mexendo de vez em quando, até amolecerem, mas sem dourar. Adicione o alho, o orégano, a pimenta em flocos, ¾ de colher (chá) de sal e um giro bem generoso do moedor de pimenta e refogue por mais 2-3 minutos, mexendo sempre. Acrescente os tomates, o extrato de tomate e o mel. Espere ferver e deixe cozinhar em fogo médio-baixo por cerca de 10 minutos, parcialmente tampado, mexendo de vez em quando. Adicione as azeitonas, as alcaparras, o vinagre e as berinjelas assadas e deixe cozinhar, parcialmente tampado, em fogo baixo por cerca de 20 minutos, ainda mexendo de vez em quando, até os vegetais ficarem macios e o molho engrossar e recobri-los ligeiramente. Retire do fogo, acrescente o manjericão e reserve para esfriar.

Na hora de servir, coloque a caponata em uma tigela rasa. Com cuidado, quebre a burrata e espalhe pedaços grandes por cima. Misture o aipo fatiado com as 2 colheres de azeite restantes e regue a caponata, seguido das folhas de aipo reservadas e um pouco de pimenta-do-reino. Sirva em temperatura ambiente.

Pasta cremosa de berinjela à moda Caesar

2 berinjelas, furadas algumas vezes com um garfo (cerca de 515 g)
2 cebolinhas (30 g)
150 g de pimentas Padrón
80 ml de azeite
6 dentes de alho, fatiados finissimamente
6 anchovas
1 limão-siciliano: passe o descascador pela casca para obter 3 tiras finas, depois esprema até obter 1½ colher (chá) de sumo
75 g de iogurte natural
2 colheres (chá) de mostarda inglesa
40 g de parmesão, ralado fino
sal e pimenta-do-reino preta

Croutons de mostarda e Maple
3 fatias grossas de pão de fermentação natural, sem a casca, rasgadas em pedaços de cerca de 4 cm (140 g)
2½ colheres (sopa) de azeite
2 colheres (chá) de mostarda inglesa
2 colheres (chá) de xarope de Maple
1 colher (sopa) de gergelim

Para servir
100 g de rabanetes
2 alfaces little gem, as folhas maiores descartadas, cada alface cortada em 4 no sentido do comprimento
1 radicchio pequeno, as folhas separadas

O ponto de partida para esta receita foi o creme de berinjela do livro *SABOR*, do Yotam e da Ixta Belfrage. Nele, a mostarda de Dijon e o sumo de limão-siciliano sempre nos remeteram à salada Caesar. Aqui, adicionamos anchovas e parmesão para dar mais um passo em direção ao tema. *Foto no verso.*

Para adiantar: A pasta de berinjela dura bem na geladeira por 3 dias. Tara quase sempre tem um pote dela pronta na geladeira para acompanhar a maioria das refeições. Nenhuma salada de frango está completa sem ela!

Rende 4 porções

Aqueça uma frigideira até ficar bem quente. Coloque as berinjelas e grelhe-as por cerca de 45 minutos, virando regularmente, para que todos os lados estejam completamente queimados e elas comecem a se desmanchar. Transfira para uma peneira e reserve. Leve as cebolinhas à frigideira e grelhe por alguns minutos, até carbonizar em alguns pontos. Pique-as grosseiramente e reserve. Por fim, em uma tigela pequena, misture as pimentas Padrón com 1 colher (chá) de azeite, uma pitada de sal e alguns giros do moedor de pimenta. Coloque-as na frigideira e grelhe por 3-4 minutos, até ficarem carbonizadas e com bolhas em alguns pontos. Reserve.

Assim que as berinjelas estiverem frias o suficiente para serem manuseadas, retire e descarte a pele e deixe a polpa escorrer por cerca de 20 minutos: devem pesar cerca de 130 g. Reserve.

Enquanto isso, coloque os 75 ml de azeite restantes em uma frigideira pequena, junto com o alho, as anchovas e a casca do limão-siciliano e leve ao fogo médio. Quando começar a borbulhar, reduza o fogo para médio-baixo e cozinhe por cerca de 12 minutos, até que o alho e o limão-siciliano estejam macios, mas sem dourar. Retire do fogo e deixe esfriar.

Preaqueça o forno de convecção a 160°C.

Arrume os pedaços de pão em uma assadeira forrada com papel-manteiga. Misture o azeite, a mostarda e o xarope de Maple e espalhe sobre o pão. Polvilhe o gergelim por cima, junto com ¼ de colher (chá) de sal e um giro generoso do moedor de pimenta e misture bem. Leve ao forno por cerca de 25 minutos, mexendo uma ou duas vezes, até ficar dourado e crocante. Reserve.

Coloque a berinjela escorrida na tigela pequena do processador com a cebolinha, o iogurte, a mostarda, 25 g do parmesão, o sumo de limão-siciliano, ½ colher (chá) de sal e um giro bem generoso do moedor de pimenta. Adicione o azeite de alho, a anchova e o limão (incluindo a casca) e bata até ficar liso. Transfira para uma tigela e mantenha na geladeira até a hora de servir.

Em uma travessa grande, espalhe os croutons, as pimentas Padrón, os rabanetes e as folhas de alface e sirva com o molho. O parmesão restante pode ficar em uma tigelinha separada, para os crudités ganharem uma segunda cobertura, ou simplesmente ser polvilhado por cima dos vegetais.

Salada de abobrinha sedosa e salmão

30 g de pinoles

Picles rápido de chalota
2 chalotas-banana, fatiadas finissimamente (80 g)
80 ml de sumo de limão-siciliano
1 colher (chá) de sal

Abobrinhas
6 abobrinhas grandes, raladas grossas (cerca de 1 kg)
60 ml de azeite
sal e pimenta-do-reino preta

Salmão
4 filés de salmão (130 g cada), com a pele
1½ colher (sopa) de azeite
80 g de rúcula

Este prato é mais do que a soma das suas partes. Tudo é uma questão de como as abobrinhas são preparadas — com sal e cozidas lentamente em bastante azeite —, o que as torna uma estrela rica e sedosa. O resultado serve tanto para um almoço festivo de verão quanto para uma refeição simples em um dia qualquer.

Para adiantar: Tanto o salmão quanto as abobrinhas podem ficar prontos algumas horas antes, para serem montados na hora de servir. As abobrinhas duram alguns dias na geladeira, portanto prepare mais do que for precisar! Ela vai perder um pouco da cor, mas todo o sabor ainda estará lá.

Rende 4 porções

Preaqueça o forno de convecção a 160°C.

Espalhe os pinoles sobre uma assadeira e leve ao forno por 10-12 minutos, até tostarem levemente. Retire do forno e reserve.

Junte as chalotas e o sumo de limão-siciliano em uma tigela ou pote pequeno e acrescente o sal. Misture para dissolver o sal e reserve.

Coloque as abobrinhas em uma tigela grande e misture com 2 colheres (chá) de sal. Pode parecer muito, mas grande parte vai embora quando o líquido for espremido. Transfira para uma peneira e apoie-a sobre uma tigela (ou sobre a pia) para os líquidos escorrerem. Deixe assim por cerca de 30 minutos, depois esprema bem para retirar o excesso: você deve obter cerca de 200 ml de líquido, que pode ser descartado.

Despeje o azeite em uma panela média e leve ao fogo médio. Adicione as abobrinhas escorridas e refogue por cerca de 5 minutos. Reduza o fogo e cozinhe por mais 15 minutos — mexendo regularmente e adicionando uma boa pitada de pimenta nos últimos 5 minutos —, até que as abobrinhas se transformem em uma pasta sedosa.

Aumente a temperatura do forno de convecção para 180°C.

Arrume o salmão em uma assadeira forrada com papel-manteiga com a pele voltada para baixo. Regue com o azeite e tempere com ½ colher (chá) de sal (ao todo) e um giro bem generoso do moedor de pimenta. Asse por cerca de 8 minutos ou até que os filés estejam cozidos (ou mais alguns minutos, se preferir) e retire do forno. Reserve por cerca de 15 minutos: a salada fica melhor quente ou em temperatura ambiente (em vez de muito quente).

Na hora de servir, espalhe a rúcula sobre um prato grande. Coloque cerca de três quartos das abobrinhas por cima e acrescente o salmão, partindo os filés à medida que monta o prato. Espalhe o restante da abobrinha em volta do salmão e as chalotas delicadamente sobre a salada. Finalize com os pinoles tostados e sirva.

Bifum e peixe com cúrcuma, endro e cebolinha

600 g de filés de bacalhau fresco (ou outro peixe branco de carne firme), cortados em tiras de 5 cm
2 colheres (sopa) de óleo de amendoim (ou de girassol)
200 g de bifum
12-14 cebolinhas, cortadas em pedaços de 5 cm: corte a parte branca ao meio no sentido do comprimento se estiver muito grossa (125 g)
50 g de ramos de endro, sem os talos mais duros
2 pimentas-malaguetas, fatiadas finissimamente
40 g de amendoim torrado e salgado, picado grosseiramente
sal

Marinada
1 chalota-banana, picada grosseiramente (45 g)
20 g de gengibre, sem casca e picado grosseiramente
2 dentes de alho, picados grosseiramente
1 colher (sopa) de molho de peixe
1 colher (sopa) de óleo de amendoim (ou de girassol)
1 colher (chá) de cúrcuma em pó
1 colher (chá) de curry em pó (médio ou picante)

Nuoc cham
2 dentes de alho, picados grosseiramente
1 pimenta-malagueta vermelha pequena, em fatias
1 pimenta vermelha grande suave, em fatias
¼ de colher (chá) de sal marinho em flocos
2 colheres (sopa) de açúcar de palma picado grosseiramente (ou açúcar refinado)
2 colheres (sopa) de sumo de limão
60 ml de molho de peixe
60 ml de vinagre de arroz

Esta é uma daquelas receitas versáteis que, se você fizer a marinada e o molho com antecedência, se parece muito com fast food na hora de cozinhar. O macarrão é quase instantâneo, e a cebolinha e o endro levam tão pouco tempo para picar e cozinhar quanto o peixe leva para grelhar. Uma delícia completa que fica pronta em 15 minutos. *Foto no verso.*

Para adiantar: A pasta para a marinada pode ser feita com até 3 dias de antecedência e mantida na geladeira. Porém, não deixe o peixe marinando por mais de 1 hora antes de grelhar: se fizer isso, vai começar a se desmanchar.

Rende 4 porções

Junte todos os ingredientes da marinada na tigela pequena do processador de alimentos. Bata até obter uma pasta lisa e transfira para uma tigela média. Acrescente o peixe, misture delicadamente para recobri-lo e leve à geladeira, coberto, por cerca de (mas não muito mais que) 30 minutos.

Enquanto isso, prepare o nuoc cham. Coloque o alho, as duas pimentas e o sal em flocos em um pilão e triture até obter uma pasta: as pimentas não se desfazem por completo. Adicione os ingredientes restantes e transfira para um pote com tampa de rosca. Agite vigorosamente e guarde na geladeira até a hora de servir. Se você não tiver um pilão, coloque todos os ingredientes em um processador de alimentos e bata até que a pimenta e o alho se desfaçam.

Na hora de servir, preaqueça o forno na temperatura mais alta da função grill e coloque uma grade no terço superior do forno. Forre uma assadeira grande com papel-alumínio e pincele levemente com 1 colher (sopa) do óleo. Espalhe o peixe sobre a assadeira e grelhe por cerca de 8 minutos, virando-o cuidadosamente na metade do tempo para que ambos os lados fiquem dourados. Desligue o grill e transfira a assadeira para uma grade na parte mais baixa do forno, para manter o peixe aquecido. Deixe a porta do forno entreaberta.

Enquanto o peixe cozinha, ponha o bifum em uma tigela grande e despeje água fervendo até cobrir. Quando o bifum amolecer (3-5 minutos, dependendo da marca), escorra em uma peneira e reserve.

Coloque a colher (sopa) restante do óleo em uma frigideira grande (ou wok) e leve ao fogo médio-alto. Quando estiver bem quente, acrescente a cebolinha e ⅛ de colher (chá) de sal. Refogue por 1 minuto. Adicione o endro, misture e refogue por mais 30 segundos ou mais, até que murchem e fiquem brilhosos. Retire a frigideira do fogo, mas mantenha os ingredientes nela.

Na hora de servir, divida o bifum em quatro tigelas. Ponha o peixe por cima, seguido da cebolinha e do endro. Espalhe por cima 2-3 colheres (sopa) de nuoc cham, algumas pimentas fatiadas e o amendoim picado. Sirva quente ou em temperatura ambiente, com o restante do nuoc cham em uma tigela para que todos possam se servir.

Berinjela sedosa no vapor

1 berinjela grande, sem pele (cerca de 360 g)
1 colher (sopa) de vinagre preto Chinkiang (ou vinagre de malte)
2 colheres (sopa) de vinho de arroz Shaoxing
1 colher (sopa) de açúcar mascavo claro
1 colher (sopa) de shoyu light
4 colheres (chá) de óleo de gergelim
2 colheres (sopa) de óleo de amendoim (ou de girassol)
2 cebolinhas, finamente fatiadas (30 g)
10 g de gengibre, sem casca e cortado à Julienne
1 pimenta vermelha, finamente fatiada (sem sementes se quiser menos picante)
2 dentes de alho, finamente fatiados
1 colher (chá) de gergelim torrado
5 g de folhas de coentro
1-2 colheres (sopa) de tahine
sal

Para quem está habituado a cozinhar berinjelas à maneira Ottolenghi (seja no forno quente, com bastante azeite, ou sobre o queimador do fogão para deixá-las bem carbonizadas), prepará-las no vapor será uma espécie de revelação. Sem óleo, para começar, e depois levadas ao vapor por 25 minutos, com um resultado extremamente sedoso e macio. No entanto, não resistimos à adição de um pouco de tahine, espalhado por cima no final: sua textura cremosa funciona muito bem. Pode ser uma refeição vegana completa, servida quente com arroz jasmim, ou então parte de uma mesa, servida em temperatura ambiente. *Foto no verso.*

Para se divertir: O molho também fica ótimo por cima de uma fatia de tofu macio frio, caso você esteja em busca de coisas que combinem com ele.

Rende 2 porções, ou 4 como acompanhamento

Corte a berinjela em rodelas de 1,5 cm de espessura e depois corte cada rodela em tiras de 1,5 cm. Coloque-as em uma peneira (apoiada sobre uma tigela ou sobre a pia), misture com 2 colheres (chá) de sal e deixe escorrer. Após 10 minutos, enxágue a berinjela para retirar o sal, escorra bem e espalhe sobre um pano de prato limpo para secar.

Depois de seca, arrume a berinjela em uma vaporeira de aço inoxidável e cozinhe no vapor por 25 minutos, até que uma faca entre com muita facilidade: não deve haver resistência nenhuma.

Enquanto isso, junte o vinagre, o vinho de arroz Shaoxing, o açúcar, o shoyu e 1 colher (chá) do óleo de gergelim em uma panela pequena. Misture bem, leve para ferver em fogo médio e cozinhe por 1-2 minutos, até ficar com uma consistência de xarope fino. Retire do fogo e reserve. Quando as berinjelas estiverem prontas — e ainda quentes —, despeje esse molho sobre elas e reserve.

Limpe a panela pequena com papel-toalha — não há necessidade de lavá-la — e então adicione o óleo de amendoim e a colher (sopa) restante de óleo de gergelim. Leve ao fogo médio e, quando estiver bem quente, acrescente a cebolinha, o gengibre, a pimenta e o alho. Refogue por 3 minutos, até tudo ficar ligeiramente macio e aromático. Vire imediatamente o molho sobre a berinjela e espalhe o gergelim e o coentro por cima. Finalize com um fio de tahine.

Purê vegano de espinafre e alcachofra

3 pimentas vermelhas: 2 cortadas em rodelas finas (com sementes) e 1 sem sementes, picada finamente
2 colheres (sopa) de sumo de limão-siciliano
100 ml de azeite
1 cebola grande, finamente fatiada (220 g)
3 dentes de alho, espremidos
25 g de coentro, os talos picados finamente e as folhas picadas grosseiramente
100 g de alcachofras grelhadas em azeite, escorridas e picadas grosseiramente
400 g de espinafre congelado, descongelado e bem espremido, depois picado grosseiramente (220 g)
3 colheres (sopa) de alcaparras, picadas grosseiramente
4-5 cebolinhas, finamente fatiadas (65 g), mais um pouco para decorar
600 g de tofu macio, escorrido
3½ colheres (sopa) de levedura nutricional em flocos
1 fatia de pão de fermentação natural, sem casca e rasgada em pedacinhos (40 g)
sal e pimenta-do-reino preta
limão-siciliano em gomos, para servir

Os veganos devem revirar os olhos toda vez que veem alguém se surpreender ao descobrir que um prato que não parece é, na verdade, vegano. Mas aqui é verdade! Prepare para os seus amigos veganos, para os seus amigos não veganos, para todo mundo e fale sobre as maravilhas do tofu e da levedura nutricional. Vale a pena arriscar uma revirada de olhos para comemorar a capacidade destes ingredientes de proporcionar uma textura cremosa e um sabor profundo de queijo a um prato vegano. Este é um acompanhamento maravilhosamente versátil, que funciona tão bem com arroz e tofu firme no forno quanto com frango assado.

Nota sobre os ingredientes: Usamos espinafre congelado, mas o espinafre fresco também funciona. Para obter os 220 g necessários, você vai precisar começar com cerca de 600 g.

Rende 6 porções como acompanhamento

Coloque a pimenta fatiada em uma tigela pequena com o sumo de limão-siciliano e ⅛ de colher (chá) de sal e reserve para fazer o picles.

Despeje 60 ml do azeite em uma frigideira grande que possa ir ao forno e leve ao fogo médio. Adicione a cebola e refogue, mexendo sempre, por 15-18 minutos, até ficar macia e caramelizada. Acrescente a pimenta picada, o alho e os talos de coentro e refogue por mais 2 minutos. Adicione a alcachofra, o espinafre, a alcaparra e a cebolinha, junto com ½ colher (chá) de sal e um giro bem generoso do moedor de pimenta. Misture bem, deixe aquecer por 1 minuto e retire do fogo.

Preaqueça o forno na função grill a 230°C (ou na temperatura mais alta).

Coloque o tofu em um processador de alimentos, junto com 3 colheres (sopa) da levedura nutricional, ½ colher (chá) de sal e um giro bem generoso do moedor de pimenta. Processe até ficar homogêneo e, em seguida, com o processador ligado, adicione lentamente 2 colheres (sopa) de azeite, até a mistura ficar brilhosa.

Junte a mistura de tofu à mistura de espinafre e mexa bem. Alise a superfície e limpe as laterais da frigideira.

Em uma tigela pequena, misture os pedaços de pão com a ½ colher (sopa) restante de levedura e os 10 ml de azeite que sobraram. Espalhe uniformemente sobre a mistura de espinafre e leve ao forno por cerca de 6 minutos, até dourar. Espalhe por cima a cebolinha extra, as folhas de coentro e o picles de pimenta escorrido. Sirva quente ou morno, acompanhado dos gomos de limão-siciliano.

Ragu versátil de cogumelos

15 g de funghi porcini seco
250 ml de água fervente
850 g de cogumelos frescos variados, os pequenos deixados inteiros, os maiores partidos grosseiramente em dois
50 g de manteiga sem sal
2 colheres (sopa) de azeite
2 cebolas, fatiadas finissimamente (320 g)
½ aipo-rábano grande, sem casca e cortado em pedaços de 2 cm (360 g)
4 dentes de alho, espremidos
1¼ colher (chá) de pimenta Urfa em flocos (ou ½ colher [chá] de pimenta vermelha em flocos)
1½ colher (sopa) de missô branco
1 limão-siciliano confitado, cortado em quatro, a polpa e as sementes descartadas, a casca cortada em tiras finas (15 g)
1½ colher (sopa) de vinagre de xerez (ou de vinho tinto)
1½ colher (sopa) de farinha de trigo
400 ml de caldo de frango (ou de legumes)
30 ml de creme de leite fresco
10 g de estragão, folhas grosseiramente picadas, mais algumas folhas para decorar
sal

Uma porção pronta deste ragu é uma espécie de arma secreta da cozinha. Saber que ele está ali, na geladeira ou no freezer, significa que você está a apenas alguns minutos de uma das melhores refeições que existem. Misture ao macarrão, cubra com purê de batata para fazer uma shepherd's pie vegetariana improvisada, sirva com polenta ou arroz, ou apenas coma uma tigela dele puro, acompanhado de uma salada de folhas verdes crocantes.

Para adiantar: O ragu dura até 3 dias na geladeira.

Rende 4 porções

Preaqueça o forno de convecção a 180°C.

Coloque o funghi seco em um pote pequeno e despeje água fervendo até cobrir. Deixe de molho por 30 minutos, depois escorra sobre uma tigela (guarde o líquido para usar depois), pique grosseiramente e reserve.

Enquanto isso, arrume os cogumelos frescos em uma assadeira grande forrada com papel-manteiga (como estão — não há necessidade de temperar nem misturar com azeite) e leve ao forno por 25 minutos, mexendo-os na metade do tempo, até que murchem significativamente e percam bastante água. Retire do forno e reserve.

Em uma frigideira grande com tampa, junte a manteiga e o azeite e leve ao fogo médio-alto. Adicione a cebola, o aipo-rábano e ½ colher (chá) de sal e refogue por 15-20 minutos, mexendo sempre, até ficar bem caramelizado. Acrescente o alho, os cogumelos assados e o funghi seco picado e cozinhe por mais 3 minutos, mexendo. Adicione a pimenta Urfa, o missô, o limão-siciliano confitado e o vinagre e deixe cozinhar por 30 segundos ou mais. Junte a farinha e cozinhe por 30 segundos, depois adicione o caldo, o líquido reservado da hidratação do funghi e ¾ de colher (chá) de sal. Deixe ferver, reduza o fogo e cozinhe por 25 minutos, tampado, até que o aipo-rábano esteja macio mas sem desmanchar. Destampe, misture o creme de leite e deixe ferver por mais 5 minutos.

Retire a panela do fogo, junte o estragão e sirva com as folhas extras por cima.

Feijão-branco com tomate-cereja assado

500 g de tomates-cereja
85 ml de azeite
1 cebola, cortada em cubinhos (150 g)
2 dentes de alho, fatiados finissimamente
2 colheres (chá) de orégano seco
2 colheres (chá) de folhas de tomilho, picadas grosseiramente, mais um pouco de folhas inteiras para decorar
1 colher (chá) de erva-doce, tostada e levemente esmagada
1 folha de louro fresca
80 ml de vinho branco seco
2 colheres (chá) de páprica defumada
1 pote de 700 g de feijão-branco de boa qualidade, escorrido e enxaguado
sal e pimenta-do-reino preta

Para servir
75 g de iogurte grego natural
fatias grossas de pão de fermentação natural (ou outro pão rústico), torradas (opcional)

Compre feijocas — uma variedade maior de feijão-branco — para esta receita, se conseguir encontrar. Elas são mais macias, mais amanteigadas e muito mais cremosas que a variedade menor. Esta receita funciona bem como parte de uma mesa ou pode ser servida como prato principal, com feta esfarelado ou azeitonas por cima.

Nota sobre a conservação: Depois de pronto, o feijão pode ser guardado por até 3 dias na geladeira: basta trazê-lo de volta à temperatura ambiente antes de servir. A pele de tomate crocante também é ótima para se ter à mão, para misturar com saladas e massas. A receita vem de um restaurante chamado Bar Rochford, em Canberra, na Austrália, onde é feita com vagem. Eles guardam por 1 semana em um frasco lacrado.

Rende 4 porções

Preaqueça o forno de convecção a 210°C.

Misture os tomates com 2 colheres (chá) de azeite e espalhe-os sobre uma assadeira forrada com papel-manteiga. Asse-os por 20 minutos, até que a casca se solte e eles estejam macios e encolham um pouco. Retire do forno e transfira, junto com todo o suco, para uma tigela rasa e deixe esfriar.

Forre a assadeira com uma nova folha de papel-manteiga e reduza a temperatura do forno de convecção para 100°C.

Quando estiverem frios o suficiente para serem manuseados, retire as cascas dos tomates e coloque-as na assadeira forrada. Leve a assadeira de volta ao forno por cerca de 45 minutos, até que as cascas fiquem secas e crocantes, mexendo bem algumas vezes durante esse tempo. Reserve os tomates sem pele.

Despeje os 75 ml restantes do azeite em uma panela média e leve ao fogo médio. Adicione a cebola, o alho, o orégano, o tomilho, a erva-doce e o louro e refogue por 10-12 minutos, até a cebola amolecer mas não dourar muito. Acrescente o vinho, cozinhe por 2 minutos para reduzir e acrescente a páprica. Cozinhe por mais 1 minuto e adicione os tomates sem pele reservados, junto com 1 colher (chá) de sal. Cozinhe em fogo baixo por cerca de 15 minutos, mexendo sempre, para que os tomates se desfaçam. Adicione o feijão e um giro generoso do moedor de pimenta e misture bem. Cozinhe por alguns minutos, apenas para aquecer, e retire do fogo. Espalhe o iogurte em um prato e coloque o feijão por cima. Quebre as cascas de tomate secas por cima, finalize com uma pitada de folhas de tomilho e sirva.

Torrada com vagens

100 ml de azeite
2 chalotas-banana pequenas, fatiadas finissimamente (75 g)
4 dentes de alho, fatiados finissimamente
300 g de vagem-francesa, pontas aparadas
300 g de vagem-manteiga, pontas aparadas e cortadas na diagonal em pedaços de 2 cm
100 g de tomates-cereja, cortados ao meio
1½ colher (chá) de orégano seco
½ colher (chá) de pimenta chipotle em flocos
1½ colher (sopa) de sumo de limão-siciliano
1½ colher (sopa) de orégano fresco, picado grosseiramente, mais algumas folhas para decorar
10 g de folhas de manjericão, rasgadas grosseiramente, mais algumas folhas para decorar
100 g de feta, esfarelado grosseiramente
100 g de mascarpone
4 fatias grossas de pão de fermentação natural, torradas (200-225 g)
sal e pimenta-do-reino preta

Cozinhar vagens assim — em azeite abundante e por bastante tempo — deixa-as extremamente macias e incrivelmente reconfortantes. É a forma como são preparadas na Turquia, onde geralmente são servidas mornas (em vez de estalando de quente) ou em temperatura ambiente, como parte de uma mesa. É um dos itens básicos da geladeira da Verena — elas duram por até 3 dias na geladeira —, e Claudine, que testa nossas receitas em casa, diz que nunca mais vai preparar vagens de outro jeito!

Rende 4 porções

Coloque o azeite em uma frigideira grande, com tampa, e leve ao fogo médio. Adicione as chalotas, o alho, as vagens, o tomate, o orégano seco, a pimenta em flocos, 1 colher (sopa) do sumo de limão-siciliano, ¾ de colher (chá) de sal e um giro generoso do moedor de pimenta. Misture bem e deixe cozinhar, tampado, por 35-40 minutos, mexendo de vez em quando, até que as vagens estejam bem macias (e tenham perdido toda a cor verde vibrante) e as chalotas comecem a grudar e caramelizar em alguns pontos. Retire do fogo, acrescente o orégano fresco, o manjericão e a ½ colher (sopa) restante do sumo de limão-siciliano e misture bem. Reserve até a hora de servir.

Enquanto isso, misture o feta e o mascarpone em uma tigela pequena e amasse com um garfo: não se preocupe em deixar lisinho — uma textura áspera funciona bem. Reserve.

Divida a mistura de feta e mascarpone pelas torradas e, com as costas de uma colher, espalhe por toda a superfície de cada uma. Sirva as vagens por cima, junto com o caldo do cozimento. Salpique o orégano reservado e as folhas de manjericão por cima e sirva.

Aipo-rábano em cozimento lento com creme de gorgonzola

170 ml de azeite
2 limões-sicilianos: passe o descascador pela casca para obter cerca de 6 tiras, depois esprema para obter 50 ml de sumo
6 dentes de alho, ligeiramente esmagados
1 colher (sopa) de sementes de cominho, grosseiramente esmagadas
1 aipo-rábano grande (ou 2 pequenos), sem casca e cortado em 6-8 gomos (1 kg)
200 g de pimentões vermelhos assados (em conserva), escorridos
50 g de avelãs branqueadas, tostadas, mais 10 g picadas grosseiramente, para decorar
2 colheres (chá) de xarope de romã
1 colher (chá) de pimenta Aleppo em flocos
1 colher (sopa) de vinagre de vinho tinto
50 g de gorgonzola
80 g de sour cream
5 g de ciboulette, picada finamente
5 g de folhas de salsinha, para decorar
sal e pimenta-do-reino preta

O aipo-rábano cozido devagar em azeite adquire uma textura maravilhosamente cremosa e amanteigada: o resultado é incrivelmente macio e reconfortante de comer. O molho está em algum ponto entre o muhammara (sem a farinha de rosca) e o romesco (feito com avelãs, em vez das tradicionais amêndoas). Sirva quente ou em temperatura ambiente, como prato principal, ou acompanhando um frango assado, por exemplo.

Para adiantar: O creme de gorgonzola pode ser preparado com até 2 dias de antecedência e mantido na geladeira. Se quiser fazer uma quantidade maior, é um ótimo complemento para batatas assadas. Depois de montado, não é muito bom deixar o prato esperando.

Rende 4 porções

Preaqueça o forno de convecção a 170°C.

Coloque o azeite, as tiras e o sumo de limão-siciliano, o alho e 2 colheres (chá) de sementes de cominho esmagadas em uma assadeira de 23 × 32 cm, junto com 1 colher (chá) de sal. Misture bem e adicione os pedaços de aipo-rábano. Mexa para recobri-los com a mistura e, em seguida, arrume as fatias deitadas na assadeira, sem sobrepô-las. Feche bem a assadeira com papel-alumínio e leve ao forno por 1 hora e meia, virando o aipo-rábano na metade do tempo. Aumente a temperatura para 180°C, retire o papel-alumínio e leve a assadeira de volta ao forno por 30 minutos, até dourar e ficar macio. Transfira o aipo-rábano para uma travessa e reserve.

Separe 90 ml do azeite que ficou na assadeira e coloque no processador de alimentos. Pesque os dentes de alho e a casca de limão-siciliano e coloque-os também, junto com o pimentão, a avelã, o xarope de romã, a pimenta em flocos, o vinagre, a colher (chá) restante de sementes de cominho, ½ colher (chá) de sal e um giro bem generoso do moedor de pimenta. Processe até ficar homogêneo.

Amasse o gorgonzola com o sour cream e misture a ciboulette, ⅛ de colher (chá) de sal e um pouco de pimenta-do-reino. Mantenha esse creme na geladeira até a hora de servir.

Espalhe cerca de dois terços do molho de pimentão sobre o aipo-rábano e sirva colheradas do creme de gorgonzola entre cada pedaço. Espalhe a salsinha e as demais avelãs por cima. Sirva com o restante do molho e/ou do creme de gorgonzola.

Cenouras assadas com dukkah de folha de curry

1 kg de cenouras finas, aparadas para remover os ramos, deixando apenas 1 cm, descascadas (750 g); se estiver usando cenouras mais grossas, corte-as ao meio no sentido do comprimento
2 colheres (chá) de sumo de limão-siciliano
320 g de iogurte grego natural (ou labneh), para servir
sal e pimenta-do-reino preta

Dukkah de folha de curry: uma mistura de qualquer uma/todas as quatro castanhas abaixo (basta manter o peso líquido total de 100 g)
25 g de castanha-de-caju
25 g de amendoim cru sem casca
25 g de amêndoas branqueadas
25 g de avelãs branqueadas
1 colher (sopa) de sementes de coentro
60 ml de óleo vegetal
10 g de folhas de curry
25 g de chalotas fritas (compradas prontas)
½ colher (chá) de pimenta em flocos
sal

De férias no Sri Lanka, há alguns anos, Helen ficou muito interessada no pequeno pote de dukkah que costumava estar na mesa todas as noites. Tão interessada que logo havia dois potes em vez de um. Na última noite das férias, o chef — Madhura Geethanjana — rabiscou a receita no guardanapo da Helen, chamando-a de "crumble de castanhas". É uma imagem de afeto e um ato de partilha muito bonito — uma receita escrita em um guardanapo, seguindo sua jornada. O dukkah dura bem na geladeira por 5 dias (ou mais no freezer), portanto prepare mais do que o necessário. Fica lindo com todo tipo de coisa: sopas, vegetais assados, frango (ver p. 128), peixe grelhado, saladas de folhas.

Rende 4-6 porções como acompanhamento

Preaqueça o forno de convecção a 160°C.

Primeiro, prepare o dukkah: espalhe as castanhas e as sementes de coentro em uma assadeira forrada com papel-manteiga e leve ao forno por 8-10 minutos. Retire do forno e deixe esfriar. Aumente a temperatura do forno de convecção para 220°C.

Coloque o óleo em uma frigideira pequena e leve ao fogo médio-baixo. Adicione as folhas de curry — afaste-se: elas vão fazer respingar óleo! — e frite por cerca de 30 segundos, até ficarem crocantes. Escorra em uma peneira pequena apoiada sobre uma tigela pequena, para guardar o óleo aromatizado. Espalhe as folhas sobre um prato forrado com papel-toalha e deixe esfriar. Depois de frias, reserve cerca de 10 folhas e coloque o restante em um processador de alimentos. Adicione todas as castanhas e as sementes de coentro torradas, junto com as chalotas fritas, a pimenta em flocos e ¼ de colher (chá) de sal. Bata na função pulsar até obter uma farofa grossa e transfira para uma tigela pequena até a hora de usar.

Espalhe as cenouras em uma assadeira grande forrada com papel-manteiga e regue com 3 colheres (sopa) do óleo de folhas de curry reservado. Tempere com ¾ de colher (chá) de sal e um pouco de pimenta-do-reino e regue com o sumo de limão-siciliano. Misture e leve para assar por cerca de 30 minutos, até que as cenouras estejam cozidas e ligeiramente carbonizadas nas bordas. Retire do forno e reserve por pelo menos 5 minutos: elas devem ser servidas mornas ou em temperatura ambiente.

Na hora de servir, misture o iogurte com ¼ de colher (chá) de sal e espalhe no fundo de um prato. Distribua as cenouras por cima e polvilhe 3-4 colheres (sopa) de dukkah diretamente sobre as cenouras. Decore com as folhas de curry fritas, finalize com o óleo de folhas de curry restante e sirva.

Couve-rábano braseada na manteiga com chimichurri de azeitonas

50 g de manteiga sem sal
1,2 kg de couve-rábano (cerca de 4 unidades), sem casca e cortada em palitos de 1,5 cm (885 g)
1 colher (chá) de sumo de limão-siciliano
130 g de creme de leite fresco

Chimichurri
105 ml de azeite
40 g de sementes de abóbora
50 g de azeitonas verdes sem caroço
1 pimenta jalapeño verde, sem sementes e picada grosseiramente
1 dente de alho, espremido
15 g de salsinha, picada grosseiramente, mais algumas folhas para decorar
5 g de ciboulette, picada
1½ colher (sopa) de alcaparras
1 colher (sopa) de sumo de limão-siciliano
1 colher (chá) de mostarda de Dijon
1 colher (chá) de xarope de Maple
sal e pimenta-do-reino preta

Nós ganhamos você quando falamos "braseada na manteiga", não foi? Não fique só na couve-rábano! Adoramos esse vegetal em todas as suas formas — cru ou assado, por exemplo —, mas prepará-lo assim o deixa singularmente sedoso, derretendo na boca. Outras raízes também funcionam bem: cenouras, por exemplo, rutabagas ou nabos. Sirva junto com pão para compor uma refeição, ou como parte de uma mesa.

Para adiantar: O chimichurri pode ser feito com 1 dia de antecedência e mantido na geladeira: vai começar a perder a cor, mas ainda terá sabor. É um ótimo complemento para todo tipo de vegetal, carne e peixe assados.

Rende 4 porções

Primeiro, prepare o chimichurri. Coloque 1 colher (chá) do azeite em uma frigideira grande, com tampa, e leve ao fogo médio-alto. Adicione as sementes de abóbora e ⅛ de colher (chá) de sal e refogue por cerca de 5 minutos, mexendo algumas vezes, até que as sementes fiquem bem torradas e comecem a estourar. Transfira metade das sementes para a tigela pequena do processador de alimentos e ponha a outra metade em um prato forrado com papel-toalha.

Adicione os ingredientes restantes do chimichurri às sementes no processador, junto com os 100 ml de azeite que sobraram. Adicione ⅛ de colher (chá) de sal e um giro bem generoso do moedor de pimenta e processe até ficar finamente picado. Reserve (ou guarde na geladeira) até a hora de servir.

Coloque a manteiga na frigideira e acrescente a couve-rábano, junto com ¾ de colher (chá) de sal e um giro generoso do moedor de pimenta. Leve ao fogo alto, com tampa, e mexa bem assim que a manteiga começar a borbulhar. Reduza o fogo para médio e deixe cozinhar por 15-20 minutos, ainda com tampa, mexendo de vez em quando no início e mais próximo ao fim, até que a couve-rábano esteja totalmente cozida e caramelizada em alguns pontos, mas ainda mantenha sua forma. Junte o sumo de limão-siciliano e reserve.

Ponha o creme de leite fresco em uma tigela pequena e tempere com ⅛ de colher (chá) de sal e bastante pimenta-do-reino. Espalhe em um prato grande e distribua a couve-rábano por cima. Salpique por cima um pouco do chimichurri e as sementes de abóbora torradas reservadas. Decore com as folhas de salsinha e sirva acompanhado do restante do chimichurri.

Couve-de-bruxelas tostada com azeite e limão

1 kg de couve-de-bruxelas, aparadas e cortadas ao meio no sentido do comprimento

12 dentes de alho, sem casca, inteiros

1 pimenta dedo-de-moça verde, furada algumas vezes com uma faca pequena afiada (15 g)

120 ml de azeite

2 cebolas, picadas finamente (300 g)

250 ml de caldo de legumes (ou de frango)

2 limões-sicilianos: rale finamente a casca para obter 2 colheres (chá), depois esprema para obter 3 colheres (sopa) de sumo

10 g de folhas de estragão, picadas grosseiramente

10 g de ramos de endro, picados grosseiramente

10 g de salsinha, picada grosseiramente

35 g de limão-siciliano confitado (1-2), a polpa e as sementes descartadas, a casca cortada à Julienne

sal e pimenta-do-reino preta

É possível elaborar uma receita de couve-de-bruxelas e não dizer que ela vai virar a cabeça de todo mundo que duvida dela? A gente acredita que não, mas esta receita aqui vai! A combinação de tostar e refogar lentamente deixa a couve-de-bruxelas muito doce e macia. O limão-siciliano e as ervas fazem, então, o trabalho de tornar o prato vibrante e reconfortante.

Para adiantar: Esta receita pode ser preparada com antecedência (até mesmo de véspera), caso você queira se adiantar. Basta deixar as ervas frescas para a hora de servir.

Rende 6 porções como acompanhamento

Leve uma frigideira grande, com tampa, ao fogo alto. Quando começar a fazer fumaça, adicione um quarto das couves-de-bruxelas e toste por cerca de 5 minutos, mexendo a frigideira de vez em quando, até que elas estejam carbonizadas em alguns pontos. Transfira para uma assadeira e continue com as couves-de-bruxelas restantes, trabalhando em levas. Adicione o alho e a pimenta à frigideira e toste da mesma forma, até ficarem totalmente carbonizados — por cerca de 5 minutos —, e coloque na mesma assadeira da couve-de-bruxelas. Deixe a panela esfriar um pouco.

Adicione 90 ml do azeite à frigideira e leve ao fogo médio-alto. Quando estiver bem quente, adicione a cebola e refogue por cerca de 10 minutos, mexendo de vez em quando, até ficar macia e dourada. Adicione a couve-de-bruxelas, o alho e a pimenta tostados, o caldo, 1½ colher (chá) de sal e um giro generoso do moedor de pimenta. Espere ferver, reduza o fogo para médio-baixo e deixe cozinhar por cerca de 20 minutos, tampado, até a couve-de-bruxelas ficar bem macia. Junte as raspas e o sumo de limão-siciliano.

Enquanto isso, coloque as ervas, o limão-siciliano confitado, as 2 colheres (sopa) de azeite restantes, ¼ de colher (chá) de sal e bastante pimenta-do-reino em uma tigela pequena e misture bem.

Na hora de servir, junte a mistura de ervas à couve-de-bruxelas, misturando apenas para distribuir. Sirva quente ou em temperatura ambiente.

Beterraba assada com estragão e tarator de nozes

2 maços de beterraba (1 kg), sem casca e cortadas em quatro; corte as beterrabas maiores em seis gomos (800 g)
2 colheres (sopa) de azeite
sal e pimenta-do-reino preta

Molho de estragão
1½ colher (chá) de mostarda de Dijon
1½ colher (sopa) de vinagre de vinho tinto
½ colher (chá) de açúcar
60 ml de azeite
10 g de folhas de estragão, metade picada finamente, metade para decorar

Tarator
3 fatias de pão de fôrma branco (75 g), sem a casca, rasgadas grosseiramente
2 colheres (sopa) de sumo de limão-siciliano
120-135 ml de água
95 g de nozes
3 dentes de alho, sem casca, inteiros
60 ml de azeite
10 g de folhas de hortelã: reserve apenas algumas folhas para decorar e pique finamente o restante

Há sempre algo reconfortante em assar raízes. Elas contêm muita doçura, pronta para ser despertada por um cozimento lento. Isso acontece com a beterraba. Alguns pedaços de queijo de cabra sem casca, espalhados por cima (no lugar ou junto com o tarator), também funcionam muito bem. Sirva com um pouco de pão chato quente ou pão de fermentação natural torrado, ou como acompanhamento de peixes gordos grelhados.

Nota sobre a conservação: Tanto o molho de estragão como o tarator duram 3 dias na geladeira. Você vai preparar um pouco mais de tarator do que precisa aqui, mas é ótimo tê-lo à mão, como molho para crudités ou para usar sobre outros vegetais assados, frango ou peixe.

Rende 4 porções

Preaqueça o forno de convecção a 180°C.

Arrume os pedaços de beterraba em uma assadeira grande de cerca de 40 × 30 cm forrada com papel-manteiga. Regue com o azeite e polvilhe com ¾ de colher (chá) de sal e um giro generoso do moedor de pimenta. Misture bem e leve ao forno por cerca de 50 minutos, mexendo na metade do tempo, até que as beterrabas estejam macias.

Enquanto isso, junte todos os ingredientes do molho de estragão em um pote, com ¼ de colher (chá) de sal e um pouco de pimenta-do-reino. Agite para misturar e reserve.

Quando a beterraba estiver cozida, transfira-a para uma tigela e, ainda quente, despeje três quartos do molho. Misture delicadamente e deixe esfriar até a temperatura ambiente.

Em seguida, prepare o tarator. Coloque o pão, o sumo de limão-siciliano e 60 ml da água em um processador de alimentos e bata por 2-3 minutos, até que o pão fique úmido por igual. Adicione 80 g de nozes — pique grosseiramente o restante, para servir —, junto com o alho, o azeite, ½ colher (chá) de sal e um pouco de pimenta-do-reino moída. Processe até obter uma pasta homogênea e, com o processador ainda ligado, despeje os 60-75 ml restantes de água até que a mistura tenha a consistência de iogurte espesso. Transfira para uma tigela média e acrescente a hortelã picada.

Espalhe metade do tarator sobre um prato e distribua as beterrabas assadas por cima. Despeje a metade restante sobre as beterrabas e regue com o restante do molho de estragão. Finalize com o estragão, a hortelã e as nozes picadas e sirva.

Pastinaca assada com parmesão e pimenta-do-reino

600 g de pastinacas, com casca, aparadas e cortadas ao meio no sentido do comprimento
3 colheres (sopa) de azeite
¾ de colher (chá) de pimenta-do-reino preta esmagada na hora
2 colheres (chá) de xarope de Maple
20 g de parmesão
1 limão-siciliano, cortado em 4 gomos, para servir
sal

Este é um acompanhamento muito rápido e fácil para um assado de fim de semana (ou festivo). Sirva as pastinacas o mais rápido possível depois de assadas, enquanto ainda estão crocantes.

Rende 4 porções como acompanhamento

Preaqueça o forno de convecção a 220°C.

Encha uma panela média com 1½ litro de água e leve ao fogo médio-alto. Assim que ferver, acrescente 1 colher (sopa) de sal. Adicione as pastinacas e cozinhe por 5 minutos, até que a ponta de uma faca pequena e afiada entre facilmente mas elas não cheguem a se desfazer.

Escorra as pastinacas e coloque-as em uma assadeira grande. Adicione 2 colheres (sopa) do azeite, ½ colher (chá) da pimenta-do-reino e todo o xarope de Maple e misture com delicadeza. Asse por 20 minutos, até ficarem levemente douradas. Retire do forno, rale finamente metade do parmesão por cima e leve a assadeira de volta ao forno por mais 5 minutos ou até o parmesão dourar.

Espalhe a colher (sopa) restante de azeite e rale o parmesão que sobrou por cima para obter um efeito de "neve".

Finalize com o ¼ de colher (chá) de pimenta-do-reino restante e sirva com os gomos de limão.

Frango e outros assados

Frango assado com marinada da Tia Pauline

1 frango inteiro (1,5-1,7 kg), aberto, sem o dorso (peça ao seu açougueiro para fazer isso, ou assista a um tutorial na internet)

Marinada
5 dentes de alho, picados grosseiramente
15 g de gengibre, sem casca e picado grosseiramente
50 ml de shoyu light
6-7 limões, espremidos para obter 110 ml de sumo
55 g de açúcar de palma, picado grosseiramente (ou açúcar mascavo claro)
75 ml de óleo de amendoim ou de girassol (se for de amendoim, gostamos da marca Lion)
1¾ de colher (chá) de pimenta em pó (picante)
4 colheres (chá) de sementes de coentro em pó
30 g de coentro: talos picados grosseiramente (20 g), folhas picadas grosseiramente para servir (10 g)
150 ml de leite de coco
25 ml de molho de peixe
sal

Como costuma acontecer com as melhores tias, a Tia Pauline não era de fato uma tia: era uma amiga da família da Helen, que migrou da Malásia para a Austrália na mesma época. Eles se reuniam no parque, jogavam críquete e faziam churrasco nas churrasqueiras públicas. O que era grelhado variava — asas ou coxas de frango eram os preferidos, camarões também —, mas a marinada era boa demais para mudar. Prepare mais marinada do que o necessário, se quiser: ela pode ser congelada para o futuro. Sirva com uma bela salada verde, um pouco de pak choi ou a salada de abacaxi sugerida na página seguinte, que também funciona muito bem.

Rende 4 porções

Coloque todos os ingredientes da marinada no liquidificador ou processador de alimentos, junto com ¾ de colher (chá) de sal. Bata bem, até ficar completamente homogêneo. Ponha o frango em um recipiente grande, com tampa, regue com a marinada e deixe na geladeira de um dia para o outro. Vire o frango uma ou duas vezes enquanto estiver marinando, para que todos os lados fiquem cobertos.

Preaqueça o forno de convecção a 185°C.

Coloque o frango, junto com metade da marinada, em uma assadeira de aproximadamente 24 × 32 cm. Asse por 30 minutos, regando uma ou duas vezes. Passados esses 30 minutos, regue com a marinada restante e continue a cozinhar por 25-30 minutos. Desligue o forno, mas deixe o frango descansar por 15 minutos, com a porta ligeiramente aberta.

Transfira o frango para uma travessa e despeje os sucos da assadeira em uma molheira. Finalize com as folhas de coentro e sirva acompanhado do molho.

Frango com especiarias da Steph

1 colher (chá) de grãos inteiros de pimenta-da-jamaica
2 folhas de louro, rasgadas grosseiramente
1½ colher (chá) de pimenta em pó (picante)
1½ colher (chá) de páprica
½ colher (chá) de canela em pó
½ colher (chá) de mix de especiarias (doce)
25 g de açúcar mascavo claro
1½ colher (sopa) de mel claro
1-2 pimentas jalapeño verdes, picadas finamente
1-2 pimentas Scotch bonnet (habanero) vermelhas, picadas finamente
1 cebola-roxa pequena, cortada em cubos de 1 cm (100 g)
2 cebolinhas, picadas finamente (30 g)
50 ml de azeite
1 kg de sobrecoxas de frango, com o osso e a pele
2 colheres (sopa) de vinagre de vinho branco
sal

Steph era uma chef jamaicana com quem Helen trabalhou há muitos anos em Melbourne. Um bocado de tempo se passou desde que a receita de assados com especiarias jamaicanas da Steph foi passada adiante — de mão em mão pela cozinha, rabiscada em um pedaço de papel —, mas Helen a guarda até hoje. Receitas, assim como cartões-postais, atravessam o mundo com o cheiro de um lugar de um lado e mensagens escritas do outro.

Servimos o frango com uma salada simples feita com meio repolho pequeno e um quarto de um abacaxi, ambos fatiados finissimamente, um pouco de coco ralado fresco, pimenta jalapeño fatiada, cebolinha, coentro e hortelã. É temperada com azeite, sumo de limão e xarope de Maple.

Rende 4 porções, com arroz e salada

Coloque a pimenta-da-jamaica e as folhas de louro em uma frigideira seca e toste-as por 1-2 minutos, até que as folhas de louro formem bolhas. Usando um pilão, triture-as até virar pó e despeje em uma tigela grande junto com todos os ingredientes restantes, exceto o frango e o vinagre. Adicione 1 colher (chá) de sal, misture e acrescente o frango. Massageie bem, para que todas as coxas fiquem revestidas, depois leve à geladeira, cobertas, por pelo menos 6 horas (ou de um dia para o outro).

Meia hora antes de assar, retire o frango da geladeira, acrescente o vinagre e misture bem.

Preaqueça o forno de convecção a 180°C.

Espalhe as sobrecoxas em uma assadeira grande forrada com papel-manteiga, com a pele voltada para cima. Asse por cerca de 45 minutos, girando a assadeira na metade do tempo, até as sobrecoxas ficarem crocantes e douradas. Retire do forno e deixe descansar por 10 minutos antes de servir.

Arroz de coco com molho de amendoim e relish de pepino

Relish de pepino e gengibre
125 ml de vinagre de arroz (ou outro vinagre branco)
80 g de açúcar
½ pepino, cortado em quatro no sentido do comprimento, sem sementes e fatiado finissimamente (200 g)
20 g de gengibre, sem casca e cortado à Julienne
1 pimenta vermelha (ou 2 pimentas-malaguetas, se preferir mais picante), cortadas ao meio, sem sementes e fatiadas finissimamente no sentido do comprimento
10 g de coentro, talos picados finamente, folhas rasgadas grosseiramente
1 limão, cortado em gomos, para servir
sal

Molho de amendoim
200 g de amendoim torrado sem sal
1 cebola, picada grosseiramente (150 g)
4 dentes de alho, picados grosseiramente
3-4 talos de capim-limão, apenas a parte branca, em fatias (20 g)
10 g de gengibre, sem casca e em fatias
60 g de sambal oelek
120 ml de óleo vegetal
450 ml de água
2 colheres (chá) de páprica
1 colher (chá) de sementes de coentro em pó
50 g de açúcar
80 g de purê de tamarindo (use o tamarindo concentrado comprado pronto ou prepare o seu a partir de um bloco de polpa)

Arroz de coco
500 g de arroz jasmim
400 ml de leite de coco
6 folhas de limão frescas, sem os talos e picadas finamente

Existem molhos de amendoim e molhos de amendoim. Por fim, existe o Molho de Amendoim da Helen. Ele leva um pouco mais de tempo para ser preparado do que as versões que usam manteiga de amendoim, mas vale a pena. Faça mais do que você precisa e tenha-o pronto para acompanhar frango grelhado ou assado (sugerimos o frango com sambal, na página ao lado), camarões, tofu — ou para temperar vegetais crus e escaldados. Da forma como é apresentado aqui — servido com arroz —, rende uma farta refeição vegana. *Foto no verso.*

Para adiantar: O molho de amendoim pode ser feito com até 5 dias de antecedência se guardado na geladeira, ou mais, se congelado. O relish dura na geladeira por até 2 dias.

Rende 4 porções

Primeiro, prepare o relish: coloque o vinagre e o açúcar em uma panela pequena, junto com 60 ml da água e ¼ de colher (chá) de sal. Ferva em fogo alto, reduza e deixe cozinhar por 1 minuto, mexendo uma ou duas vezes, até que o açúcar se dissolva. Retire do fogo e, depois de esfriar, acrescente o pepino, o gengibre, a pimenta e os talos de coentro. Transfira para um pote hermético e guarde na geladeira.

Em seguida, prepare o molho de amendoim. Coloque o amendoim em um processador de alimentos e bata até ficar picado finamente: processe bem, mas não até virar pó. Reserve.

Junte a cebola, o alho, o capim-limão, o gengibre e o sambal oelek no liquidificador ou processador de alimentos. Bata até obter um purê fino.

Despeje o óleo em uma frigideira média e leve ao fogo médio (parece muito óleo, mas é isso mesmo). Depois de 1 minuto, adicione o purê de capim-limão, reduza o fogo para médio-baixo e cozinhe por 25 minutos, mexendo sempre, até que a cor do molho fique mais intensa e comece a grudar no fundo. Adicione o amendoim picado e a água e deixe ferver em fogo médio-alto. Reduza o fogo para médio-baixo e cozinhe por 15 minutos, até que uma camada de óleo comece a boiar na superfície. Adicione a páprica, o coentro, o açúcar, o purê de tamarindo e ½ colher (chá) de sal e cozinhe por mais 5 minutos. Retire do fogo, espere esfriar e transfira para uma tigela. Deixe na geladeira até a hora de servir.

Coloque o arroz, o leite de coco e as folhas de limão em uma frigideira antiaderente de 28 cm (que tenha uma tampa bem justa) com 700 ml de água e 1¼ colher (chá) de sal. Leve ao fogo alto, mexendo de vez em quando. Assim que começar a ferver, reduza o fogo para o mínimo e deixe cozinhar por 30 minutos, tampado. Aumente o fogo para alto e continue cozinhando, ainda tampado, por mais 15 minutos, até o arroz formar uma crosta dourada no fundo. Retire a frigideira do fogo e deixe o arroz descansar por 5 minutos, sem mexer. Para desenformar, passe uma espátula flexível pelas bordas da frigideira, ponha um prato grande por cima e vire com cuidado.

Coe o relish — o líquido pode ser descartado — e acrescente as folhas de coentro. Aqueça o molho de amendoim e espalhe-o sobre o arroz. Finalize com o relish e sirva, acompanhado dos gomos de limão.

Frango com sambal

8 sobrecoxas de frango com osso, a pele ligeiramente talhada (1 kg)

Mix de especiarias
2 colheres (sopa) de sementes de coentro em pó
1½ colher (chá) de cominho em pó
1½ colher (chá) de cúrcuma em pó
1 colher (chá) de erva-doce, finamente esmagada
2 colheres (sopa) de xarope de Maple
2 colheres (sopa) de sumo de limão
1 colher (sopa) de sambal oelek
1½ colher (chá) de óleo de amendoim (ou outro óleo vegetal)
sal

Para servir
molho de amendoim (ver página anterior)
1 limão, cortado em gomos

Foto no verso.

Rende 4 porções

Misture todos os ingredientes do mix de especiarias e 1½ colher (chá) de sal em um saco hermético grande ou em um recipiente com tampa onde o frango caiba em uma única camada. Adicione as sobrecoxas, feche o saco (se for o caso) e massageie (se estiver usando um recipiente, utilize as mãos para massagear bem tudo), para que todos os pedaços fiquem recobertos. Leve à geladeira por pelo menos 4 horas (ou até 24 horas), mexendo algumas vezes, se possível.

Uma hora antes de assar, retire as sobrecoxas da geladeira.

Preaqueça o forno de convecção a 190°C.

Espalhe as sobrecoxas em uma assadeira grande forrada com papel-manteiga, com a pele voltada para cima, e leve ao forno por cerca de 40 minutos, regando algumas vezes, até dourar. Sirva com o molho de amendoim aquecido por cima, mais um pouco à parte, e os gomos de limão.

Frango assado com dukkah de folha de curry

Dukkah de folha de curry: uma mistura de qualquer uma/todas as quatro castanhas abaixo (basta manter o peso líquido total de 100 g)
25 g de castanhas-de-caju
25 g de amendoim cru sem casca
25 g de amêndoas branqueadas
25 g de avelãs branqueadas
1 colher (sopa) de sementes de coentro
60 ml de óleo vegetal
10 g de folhas de curry
25 g de chalotas fritas (compradas prontas)
½ colher (chá) de pimenta em flocos
sal

Frango assado
3 cebolas, cortadas em rodelas de 2 cm (540 g)
100 g de manteiga sem sal, em temperatura ambiente
1 frango médio (de cerca de 1,3 kg)
2 limões, cortados em quatro
1 cabeça de alho pequena, com casca e cortada ao meio na horizontal
sal e pimenta-do-reino preta

Descobrir uma nova forma de assar um frango — a melhor comida reconfortante caseira — é sempre uma alegria. Sirva com cenouras assadas (ver p. 106) ou qualquer outra raiz. Couve-lombarda na manteiga também é um ótimo acompanhamento.

Rende 4 porções

Preaqueça o forno de convecção a 160°C.

Primeiro, prepare o dukkah: espalhe as castanhas e as sementes de coentro em uma assadeira forrada com papel-manteiga e leve ao forno por 8-10 minutos. Retire do forno e deixe esfriar. Aumente a temperatura do forno de convecção para 220°C.

Coloque o óleo em uma frigideira pequena e leve ao fogo médio-baixo. Adicione as folhas de curry — afaste-se: elas vão fazer respingar óleo! — e frite por cerca de 30 segundos, até ficarem crocantes. Escorra em uma peneira pequena apoiada sobre uma tigela pequena, para guardar o óleo aromatizado. Espalhe as folhas sobre um prato forrado com papel-toalha e deixe esfriar. Depois de frias, reserve cerca de 10 folhas e coloque o restante em um processador de alimentos. Adicione todas as castanhas e as sementes de coentro torradas, junto com as chalotas fritas, a pimenta em flocos e ¼ de colher (chá) de sal. Bata na função pulsar até obter uma farofa grossa e transfira para uma tigela pequena.

Aumente a temperatura do forno de convecção para 190°C.

Arrume as rodelas de cebola em uma assadeira média ou caçarola, formando uma única camada.

Coloque 100 g do dukkah em uma tigela média com toda a manteiga e mexa com uma colher de pau até misturar bem.

Afaste delicadamente a pele do frango da carne usando os dedos ou uma colher (chá) pequena com o lado curvado para cima, deslizando suavemente sobre o peito e depois sobre as coxas e sobrecoxas. Enfie pequenos pedaços de manteiga com dukkah por debaixo da pele e, em seguida, massageie a pele para espalhar a manteiga. Tempere o frango com 1¼ colher (chá) de sal e alguns giros generosos do moedor de pimenta. Enfie metade dos quartos de limão e as duas metades de alho dentro da cavidade e coloque o frango na assadeira sobre as cebolas.

Leve ao forno por 1 hora e 10 minutos — cobrindo com papel-alumínio, se necessário — até dourar. Desligue o forno e deixe o frango lá dentro por mais 15 minutos (com a porta fechada). Transfira para uma travessa, finalize com as folhas de curry reservadas e sirva com os gomos de limão restantes e o dukkah.

Frango de verão à cacciatore com molho de ervas

1 kg de sobrecoxas de frango, com o osso e a pele
½ colher (chá) de orégano seco
½ colher (chá) de tomilho seco
1 colher (sopa) de azeite
400 g de tomates datterini (ou cereja), cortados ao meio
200 g de tomates italianos, cortados em quatro
1 colher (sopa) de vinagre de vinho branco
½ pão de fermentação natural, cortado em fatias, sem casca, torradas, depois rasgadas em pedaços de 4 cm (150 g)
sal e pimenta-do-reino preta

Molho de ervas
2 colheres (sopa) de gergelim torrado
½ colher (chá) de orégano seco
½ colher (chá) de tomilho seco
25 g de salsinha, picada grosseiramente
25 g de ciboulette, cortada em pedaços de 1 cm
3 dentes de alho, espremidos
100 ml de azeite
50 g de azeitonas verdes sem caroço, cortadas ao meio
10 g de folhas de hortelã, picadas grosseiramente
1 limão-siciliano: rale finamente a casca para obter 1½ colher (chá), depois esprema para obter 1 colher (chá) de sumo

Agradecemos a Jake Norman, da cozinha de testes de Ottolenghi, por este prato. Jake se inspirou em alguns lugares. Da Itália veio o cacciatore — ou "frango do caçador" —, um humilde ensopado com tomates e azeitonas. Outra inspiração foi a panzanella, a maravilhosa salada italiana de tomate e pão. O molho de ervas é uma versão mais fresca, com hortelã, da mistura de especiarias zaatar. Sugerimos aqui tomates datterini e italianos, mas use qualquer combinação que preferir ou encontrar.

Sirva acompanhado de uma salada de folhas, de batatas cozidas ou ambas. *Foto na página anterior.*

Rende 4 porções

Preaqueça o forno de convecção a 180°C.

Ponha o frango em uma tigela grande e esfregue com as ervas secas e ¾ de colher (chá) de sal. Leve uma frigideira alta e grande que possa ir ao forno ou uma caçarola, com tampa, ao fogo alto. Adicione o azeite, os tomates e ¼ de colher (chá) de sal. Refogue por 5 minutos, mexendo de vez em quando, até que os tomates comecem a se desfazer e a liberar seus sucos. Coloque o frango por cima dos tomates, com a pele voltada para cima, e acrescente o vinagre. Tampe e leve ao forno. Depois de 40 minutos, aumente a temperatura para 200°C, destampe e leve de volta ao forno por mais 20 minutos. Retire a panela do forno e transfira o frango para descansar em uma travessa. Volte com a panela mais uma vez ao forno por 10 minutos, até que o molho reduza um pouco e os tomates estejam chamuscados.

Enquanto isso, prepare o molho de ervas. Misture todos os ingredientes em uma tigela média, junto com ¼ de colher (chá) de sal e uma boa pitada de pimenta-do-reino. Misture bem e reserve.

Retire a panela do forno e misture os pedaços de pão. Ponha o frango por cima e regue a pele com um pouco dos líquidos. Finalize com uma boa quantidade de pimenta-do-reino, regue com o molho e sirva.

Arroz de forno com queijo, limão e manteiga de pimenta

8 cravos-da-índia
6 vagens de cardamomo, esmagadas
1 limão-siciliano: passe o descascador pela casca para obter tiras, depois esprema para obter 2 colheres (sopa) de sumo
125 g de ricota
150 g de feta, esfarelado
125 g de mozarela firme, ralada
25 g de parmesão, ralado
1 ovo, batido
400 g de arroz basmati, lavado e bem escorrido
75 g de azeitonas verdes sem caroço, cortadas ao meio
100 g de manteiga sem sal
½ colher (chá) de pimenta em flocos
¾ de colher (chá) de pimenta Aleppo em flocos
½ colher (chá) de sumagre
5 cebolinhas, cortadas na diagonal em pedaços de 1 cm (50 g)
sal

Há algo realmente reconfortante em uma travessa de arroz de forno. Adicione a quantidade certa de água, tampe bem, leve ao forno e esqueça. É tão acolhedor e delicioso quanto se espera que um arroz com queijo e repleto de pimenta e manteiga seja. É o acompanhamento perfeito para algo simples, como um frango assado, ou pode ser consumido como prato principal, com verduras refogadas. *Fotos no verso.*

Para adiantar: O arroz deve ser servido fresco, saído do forno, mas pode ser adiantado até o ponto imediatamente antes de adicionar a água quente e os aromáticos, se você quiser se antecipar.

Rende 6 porções

Preaqueça o forno de convecção a 200°C.

Despeje 750 ml de água em uma panela média e adicione o cravo-da-índia, o cardamomo, as tiras de limão-siciliano e 1½ colher (chá) de sal. Leve ao fogo médio-alto, espere ferver e retire do fogo.

Enquanto isso, coloque os quatro queijos e o ovo em uma tigela média e misture bem. Com as mãos, divida a mistura em 12 porções e forme bolinhas de aproximadamente 40 g cada. Não precisam ser perfeitas, pois vão se esparramar depois de misturadas ao arroz.

Espalhe o arroz em uma assadeira alta de 24 × 32 cm (ou uma frigideira que possa ir ao forno de 28 cm, com tampa) e distribua as azeitonas por cima. Acrescente a água quente e os aromáticos. Agite delicadamente a assadeira para distribuir o arroz por igual e, em seguida, coloque as bolinhas de queijo sobre o arroz. Feche bem a assadeira com papel-alumínio (ou tampe a frigideira), para reter o vapor, e leve ao forno por 25 minutos. Retire do forno e deixe descansar, ainda fechado, por 10 minutos.

Enquanto o arroz descansa, derreta a manteiga em uma panela média em fogo médio. Adicione a pimenta em flocos, a pimenta Aleppo e o sumagre e refogue por 2-3 minutos. Adicione a cebolinha e refogue por mais 20 segundos. Retire do fogo, acrescente o sumo de limão-siciliano e reserve.

Retire o papel-alumínio (ou a tampa) do arroz e espalhe a manteiga de pimenta por cima na hora de servir.

Frango branqueado com acelga e rayu de amendoim

4 peitos de frango pequenos (600 g)
20 ml de vinho de arroz Shaoxing
10 g de gengibre, sem casca e ralado fino
2 colheres (chá) de óleo de amendoim
1 pé de acelga grande, fatiado finissimamente (400 g)
20 g de folhas de manjericão, rasgadas
4 cebolinhas, fatiadas finamente na diagonal (60 g)
1-2 limões, cortados em gomos, para servir
sal

Rayu de amendoim
250 ml de óleo de amendoim (ou outro óleo neutro)
20 g de pimenta em flocos (de preferência a gochugaru coreana ou uma mistura de pimenta em flocos e pimentão em flocos em partes iguais)
120 g de amendoim torrado sem sal, picado grosseiramente no processador de alimentos
4 dentes de alho grandes, picados
4 colheres (sopa) de gergelim (35 g)
2 colheres (sopa) de shoyu
2 colheres (sopa) de açúcar
1 colher (chá) de sal marinho em flocos

Na culinária chinesa, "branquear" é um termo usado para descrever o preparo, geralmente de um frango inteiro, fervido em um caldo de vinho de arroz e aromáticos. É uma forma brilhante e muito simples de dar um sabor sutil à carne e de mantê-la suculenta.

A chave do sucesso está na temperatura do frango quando é mergulhado na água fervendo: ele precisa estar em temperatura ambiente, fora da geladeira por 30 minutos. Se estiver muito frio quando entrar, não vai cozinhar bem.

Para adiantar: O ideal é que o rayu de amendoim seja preparado 1 dia antes de servir, para que os sabores se fundam. Se precisar prepará-lo no dia, tudo bem: mesmo algumas horas de antecedência já ajudam. Ele dura por até 2 semanas na geladeira e fica ótimo com todo tipo de coisa: ovo frito, macarrão, arroz, talos de aipo.

Rende 4 porções

Para o rayu, coloque o óleo e a pimenta em flocos em uma panela pequena e leve ao fogo médio-baixo. Quando o óleo começar a borbulhar, acrescente o amendoim, o alho e o gergelim, cozinhe por 2 minutos e retire do fogo. Adicione o shoyu, o açúcar e o sal marinho em flocos, deixe esfriar e transfira para um pote com tampa.

Meia hora antes de cozinhar o frango, retire-o da geladeira.

Quando estiver quase pronto para cozinhar, encha uma panela grande (que tenha uma tampa bem justa) com 1,5 litro de água. Leve ao fogo médio-alto e, quando começar a ferver, acrescente os peitos de frango, mexa depressa, tampe imediatamente e desligue o fogo. Deixe assim, sem mexer, por 1 hora, depois escorra o frango e descarte a água do cozimento.

Quando estiver frio o suficiente para ser manuseado, rasgue o frango em pedaços compridos — descartando primeiro a pele — e coloque-os em uma tigela grande. Adicione o vinho de arroz Shaoxing, o gengibre, o óleo de amendoim e ½ colher (chá) de sal e deixe assentar por pelo menos 5 minutos. Na hora de servir, misture a acelga e a maior parte do manjericão e misture bem. Transfira para uma travessa e espalhe o rayu por cima. Finalize com a cebolinha e o manjericão restante e sirva com os gomos de limão.

Shawarma de forno com cebola caramelizada

Shawarma de forno
2 cebolas, raladas (265 g)
3 ovos, levemente batidos
3 dentes de alho, espremidos
1 colher (sopa) de cominho em pó
1 colher (sopa) de páprica
1½ colher (chá) de pimenta-da-jamaica em pó
1¼ colher (chá) de cúrcuma em pó
¼ de colher (chá) de pimenta-caiena em pó
125 g de trigo para quibe
750 g de carne de cordeiro (ou de boi) moída, 20% de gordura
1 abobrinha grande, ralada (200 g)
15 g de coentro, folhas e talos picados finamente, mais 5 g de folhas para servir
15 g de folhas de hortelã, picadas finamente, mais 5 g de folhas para servir
3 colheres (sopa) de azeite
sal e pimenta-do-reino preta

Cebola caramelizada
3 colheres (sopa) de azeite
3 cebolas, fatiadas finissimamente (480 g)
1 colher (chá) de açúcar
2 colheres (sopa) de xarope de romã
½ colher (chá) de canela em pó
½ colher (chá) de pimenta-da-jamaica em pó

Iogurte de romã
1 colher (sopa) de xarope de romã
300 g de iogurte grego natural
2 colheres (sopa) de sementes de romã, para servir (opcional)

Bolo de carne: o que o torna tão reconfortante é a textura, a lembrança de comê-lo quando éramos crianças ou a relativa facilidade — misturar tudo e levar ao forno — com que é feito? Como sempre, é um pouco de tudo. Este, em particular, é um golpe duplo para Yotam em termos de comida como memória e conforto. Além de comer muito bolo de carne quando era pequeno, ele também comia bastante shawarma. Com todo o sabor de um shawarma, mas na forma fácil de um bolo de carne, o resultado é um mergulho fundo no passado.

Para adiantar: O shawarma pode ser preparado e colocado na assadeira até 1 dia antes de ir ao forno. Depois de assado, ele dura alguns dias na geladeira: deixe-o voltar à temperatura ambiente ou aqueça antes de servir.

Rende 6 porções

Para o shawarma, junte a cebola, os ovos, o alho, as especiarias e o trigo em uma tigela média. Leve à geladeira por 1 hora, para hidratar e crescer. Adicione a carne moída, a abobrinha, o coentro, a hortelã, 2 colheres (sopa) do azeite, 1½ colher (chá) de sal e um giro generoso do moedor de pimenta e misture bem.

Enquanto isso, prepare a cebola caramelizada. Coloque o azeite em uma panela média e leve ao fogo médio-baixo. Adicione a cebola, o açúcar, ¾ de colher (chá) de sal e um pouco de pimenta-do-reino e cozinhe por 15-20 minutos, mexendo sempre, até ficar levemente caramelizada. Acrescente o xarope de romã e as especiarias e cozinhe por mais 5 minutos. Retire do fogo.

Misture o xarope de romã com o iogurte e reserve.

Preaqueça o forno de convecção a 180°C.

Leve uma frigideira antiaderente de ferro fundido de 28 cm ao fogo alto e, quando estiver bem quente, acrescente o restante do azeite e espalhe-o pela frigideira. Coloque a mistura do shawarma e, com os dedos, pressione ligeiramente e leve imediatamente ao forno. Asse por 20 minutos. Distribua a cebola caramelizada uniformemente por cima e volte ao forno por mais 10-12 minutos. Retire e deixe descansar por 15 minutos.

Espalhe por cima a hortelã e o coentro adicionais e as sementes de romã, se estiver usando. Sirva quente ou em temperatura ambiente, acompanhado do iogurte de romã.

Repolho assado com manteiga de missô

125 g de manteiga sem sal, em temperatura ambiente
1 dente de alho, sem casca, inteiro
2 colheres (chá) de missô branco
15 g de gengibre, sem casca e ralado fino
2 colheres (chá) de óleo de gergelim torrado
1 colher (chá) de vinagre de arroz (ou sumo de limão-siciliano)
2 colheres (sopa) de gergelim torrado, mais 1 colher (chá) para decorar
½ colher (chá) de pimenta em flocos
1 colher (sopa) de shoyu light
4 cebolinhas, fatiadas finissimamente (45 g)
2-3 pés de repolho (eles variam muito em tamanho), cortados em quatro no sentido do comprimento (cerca de 1,5 kg)
sal

Não é segredo nenhum o que faz com que o repolho fique tão reconfortante neste prato: meio tablete de manteiga. Sem nenhum constrangimento. Sirva com arroz no vapor ou macarrão, ou como acompanhamento de assados.

Para adiantar: A manteiga de missô e gergelim pode ser preparada com antecedência, se você quiser adiantar, e guardada na geladeira. Basta trazê-la à temperatura ambiente antes de usar.

Rende 4 porções

Preaqueça o forno de convecção a 180°C.

Coloque os oito primeiros ingredientes na tigela pequena do processador de alimentos, junto com 2 colheres (chá) do shoyu, metade da cebolinha e ¾ de colher (chá) de sal. Processe até ficar homogêneo e depois divida a mistura igualmente entre os pedaços de repolho, espalhando pelos lados cortados.

Arrume os pedaços de repolho, com os lados cortados para cima, em uma assadeira de cerca de 35 × 25 cm forrada com papel-manteiga. Feche bem a assadeira com papel-alumínio e leve ao forno por 50-60 minutos. Retire o papel-alumínio e aumente a temperatura do forno para 200°C. Misture a colher (chá) restante de shoyu com 1 colher (sopa) de água e despeje na assadeira. Asse por mais 15-20 minutos, até dourar bem.

Transfira o repolho para uma travessa e sirva com o restante da cebolinha e do gergelim por cima.

Couve-flor assada com hawaij e molho gribiche

90 ml de azeite
1 couve-flor grande, partida em floretes grandes (675 g), as folhas reservadas
3-4 chalotas-banana grandes, cortadas em quatro (225 g)
sal e pimenta-do-reino preta

Hawaij (mix de especiarias)
1½ colher (sopa) de sementes de coentro
1 colher (sopa) de sementes de cominho
¾ de colher (chá) de feno-grego
3 cravos-da-índia
sementes de 12 vagens de cardamomo
¾ de colher (chá) de cúrcuma em pó
¼ de colher (chá) de açúcar

Molho gribiche
25 g de uva-passa branca
2 colheres (sopa) de vinagre de maçã
60 ml de azeite
1½ colher (chá) de mostarda de Dijon
1 colher (chá) de mel claro
1 colher (chá) de hawaij (ver acima)
15 g de endro, picado finamente, mais alguns ramos para decorar
10 g de salsinha, picada finamente, mais algumas folhas para decorar
30 g de picles de pepino, fatiados finissimamente
4 ovos cozidos com a gema pastosa, frios, descascados e picados grosseiramente

O hawaij é uma mistura de especiarias iemenita intensa e quente. Costuma ser usado em sopas e ensopados, mas combina muito bem com o gribiche, um molho tipo maionese feito com ovos cozidos com a gema pastosa. Descobrimos que 7-8 minutos, para um ovo em temperatura ambiente entrando na água fervendo, é o tempo ideal para obter essa textura. As passas são uma adição pouco tradicional, mas bem-vinda.

Nota sobre a conservação: Você vai preparar mais hawaij do que precisa nesta receita, mas ele dura bem. Experimente também com outros vegetais assados.

Rende 4 porções

Preaqueça o forno de convecção a 230°C.

Junte todos os ingredientes do hawaij, exceto a cúrcuma e o açúcar, em uma panela pequena e leve ao fogo médio. Torre por 3-5 minutos, até ficar perfumado, depois transfira para um moedor de especiarias (ou pilão) e bata até obter um pó homogêneo. Acrescente a cúrcuma e o açúcar e coloque 1 colher (sopa) da mistura em uma tigela grande.

Adicione 90 ml de azeite ao hawaij na tigela, junto com 1 colher (chá) de sal e uma boa quantidade de pimenta moída. Misture e acrescente os floretes de couve-flor. Usando as mãos, mexa para recobrir com o azeite e espalhe em uma assadeira forrada com papel-manteiga. Adicione as chalotas, mexa para recobrir com o azeite e coloque na assadeira. Acrescente as folhas de couve-flor ao azeite que sobrou, mexa para recobrir e reserve.

Asse a couve-flor e as chalotas por 15 minutos, até começarem a dourar. Retire a assadeira do forno e vire a couve-flor e as chalotas. Adicione as folhas de couve-flor e leve ao forno por mais 10 minutos, até que tudo fique bem dourado e caramelizado em alguns pontos.

Enquanto isso, prepare o gribiche. Junte as uvas-passas, o vinagre e 1 colher (sopa) de água em uma panela pequena e leve ao fogo alto. Deixe ferver e retire do fogo para esfriar.

Coe as passas (reserve para depois) e ponha o vinagre em uma tigela média, junto com o azeite, a mostarda, o mel, 1 colher (chá) do hawaij, ¼ de colher (chá) de sal e um giro bem generoso do moedor de pimenta. Bata para misturar. Adicione o endro, a salsinha, o picles e os ovos picados. Misture delicadamente.

Arrume a couve-flor e as chalotas em uma travessa e espalhe o molho gribiche por cima. Acrescente as passas hidratadas e decore com o endro e a salsinha adicionais. Sirva quente ou em temperatura ambiente.

Arroz de forno com queijo, tomate e quiabo

700 g de quiabo, talos aparados (sem expor as sementes); metade picados em pedaços de 3 cm, o restante inteiro
600 g de tomates-cereja: 300 g cortados ao meio, o restante inteiro
250 g de arroz basmati, demolhado por 30 minutos em água
2 cravos-da-índia
1 pau de canela
50 g de manteiga sem sal, cortada em cubos de 2 cm
425 ml de água fervendo
60 ml de azeite
2 cebolas, fatiadas finissimamente (300 g)
1¼ colher (chá) de cardamomo em pó
2 colheres (chá) de cominho em pó
1½ colher (chá) de açúcar
5 dentes de alho, espremidos
1 pimenta dedo-de-moça verde, sem sementes e picada finamente
20 g de coentro, folhas e talos separados
1 colher (sopa) de extrato de tomate
1½ colher (sopa) de vinagre de vinho tinto
300 ml de caldo de frango (ou de legumes)
200 g de mozarela de búfala, rasgada grosseiramente
150 g de cheddar maduro, ralado
20 g de farinha de rosca (ou panko)
sal e pimenta-do-reino preta

Helen foi dona de um café em Melbourne, o Mortar and Pestle, e este prato é inspirado em um que fazia parte do cardápio. Era montado em camadas, dentro de uma forma de fundo removível, e desenformado como um bolo: a cara dos anos 1990! Embora a apresentação hoje pareça ultrapassada, o apelo de um arroz de forno com queijo é atemporal: absolutamente acolhedor e saboroso.

Para se divertir: Se você não tiver (ou não gostar!) de quiabo, vagem-francesa ou vagem-macarrão funcionam muito bem. Trabalhe com elas da mesma forma que faria com o quiabo, com metade picada e o restante inteiro.

Rende 6 porções

Preaqueça o forno a 220°C.

Leve uma frigideira grande, com tampa, ao fogo alto. Quando estiver bem quente, adicione os quiabos inteiros — você vai precisar fazer isso em duas levas — e deixe tostar por cerca de 5 minutos, até ficarem pretos em alguns pontos. Transfira para um prato e reserve. Coloque os tomates-cereja inteiros na frigideira e deixe tostar por cerca de 3 minutos, também até ficarem pretos em alguns pontos. Junte-os ao quiabo e limpe a frigideira com um papel-toalha.

Escorra o arroz e coloque-o em outra frigideira alta grande que possa ir ao forno, com tampa (ou uma assadeira de 25 × 33 cm). Adicione o cravo-da-índia, a canela, 40 g da manteiga, ¾ de colher (chá) de sal e um giro generoso do moedor de pimenta. Despeje a água fervendo e misture. Tampe e leve ao forno por 25 minutos. Retire do forno, mas mantenha tampado por mais 10 minutos para continuar a cozinhar no vapor. Mantenha o forno ligado.

Enquanto isso, despeje o azeite em uma panela limpa e leve ao fogo médio. Adicione as cebolas e cozinhe por 20-25 minutos, mexendo de vez em quando, até começarem a caramelizar. Adicione o cardamomo, o cominho, o açúcar, o alho, a pimenta, os talos de coentro, o extrato de tomate, 1½ colher (chá) de sal e um pouco de pimenta-do-reino e cozinhe por mais 2 minutos. Adicione o vinagre e deixe ferver por 30 segundos, depois acrescente o quiabo picado e os tomates-cereja cortados. Deixe cozinhar por 5 minutos e, então, acrescente o caldo. Espere ferver, reduza o fogo para médio-baixo e cozinhe por 15 minutos, com tampa, mexendo de vez em quando. Junte o quiabo e os tomates tostados à panela e misture. Cozinhe por 5 minutos tampado, e depois por mais 5 minutos destampado.

Destampe o arroz, descarte as especiarias inteiras e solte o arroz com um garfo. Acrescente a mozarela e polvilhe metade do cheddar ralado. Coloque o queijo restante em uma tigela pequena e adicione a farinha panko e os 10 g restantes de manteiga. Misture bem.

Despeje o refogado de quiabo e tomate sobre o arroz e cubra com a mistura de panko. Leve ao forno por 15 minutos, até dourar. Deixe esfriar por 10 minutos, espalhe as folhas de coentro por cima e sirva.

Bacalhau e funcho assados com feijão-fradinho e manteiga de 'nduja

60 ml de azeite
2-3 cabeças de funcho grandes, ramos aparados, cortadas ao meio e depois em 2-3 gomos, de acordo com o tamanho (600 g)
3 chalotas-banana, cortadas em quatro (180 g)
1 cabeça de alho, com casca e cortada ao meio na horizontal
1 lata de 400 g de feijão-fradinho (ou feijão-branco), escorrido e enxaguado
150 ml de caldo de frango (ou água)
125 ml de vermute seco (ou vinho branco)
4-5 filés de peixe branco, como bacalhau fresco, hadoque ou pescada, sem a pele (cerca de 500 g)
50 g de creme de leite fresco
5 g de ciboulette, picada finamente
1 limão-siciliano, cortado em gomos, para servir
sal e pimenta-do-reino preta

Manteiga de 'nduja
45 g de manteiga sem sal
25 g de pasta de 'nduja (fresca ou industrializada)
¾ de colher (chá) de pimenta Urfa em flocos
¾ de colher (chá) de pimenta chipotle em flocos
½ colher (chá) de páprica defumada

Legumes e peixes em um caldo de feijão rendem um prato extremamente reconfortante. É assim que um assado simples de uma noite de semana chega a outro patamar. Use o peixe que tiver à mão ou o de sua preferência: o salmão, por exemplo, funciona tão bem quanto os peixes brancos. Para quem come peixe, mas não carne, procure uma 'nduja vegana. Algumas são verdadeiramente boas, e uma alternativa brilhante. *Fotos também no verso.*

Para adiantar: A manteiga de 'nduja pode ser feita com até 3 dias de antecedência e guardada na geladeira: basta derreter em fogo baixo novamente antes de usar.

Rende 4 porções

Preaqueça o forno de convecção a 220°C. Corte um círculo de papel-manteiga de aproximadamente 27 cm de diâmetro.

Coloque o azeite em uma caçarola rasa de 28 cm, com tampa, e leve ao fogo médio-alto. Adicione o funcho, as chalotas e o alho e refogue por cerca de 6 minutos, até que os vegetais comecem a grudar no fundo em alguns pontos. Adicione o feijão-fradinho, o caldo, o vermute, 1 colher (chá) de sal e alguns giros do moedor de pimenta. Misture delicadamente e espere ferver. Ponha o círculo de papel-manteiga por cima, tampe e leve a caçarola ao forno. Asse por 30 minutos, até que os vegetais estejam cozidos e macios. Retire a tampa e o papel-manteiga, acrescente um pouco mais de água ou de caldo, se parecer seco, e leve de volta ao forno por mais 10-15 minutos, até que os vegetais estejam dourados em alguns pontos.

Enquanto isso, misture todos os ingredientes da manteiga de 'nduja em uma panela pequena e leve ao fogo médio-baixo. Deixe fervilhar, mexendo e amassando a 'nduja com as costas de uma colher para incorporá-la à manteiga, e retire do fogo.

Tempere o peixe com ½ colher (chá) de sal (ao todo, não para cada filé!) e alguns giros do moedor de pimenta, e espalhe 1½ colher (chá) de manteiga de 'nduja sobre cada filé. Retire a caçarola do forno, disponha o peixe por cima da mistura e leve-a de volta ao forno, sem tampa, por mais 7-10 minutos, até que o peixe esteja cozido.

Retire a caçarola do forno e deixe descansar por 5 minutos, depois deposite colheradas de creme de leite fresco entre o funcho e o peixe. Espalhe a manteiga de 'nduja restante por cima e finalize com a ciboulette. Sirva com os gomos de limão-siciliano ao lado.

Salmão assado à puttanesca

200 g de vagem-francesa, aparada
6 cebolinhas, cortadas em três no sentido do comprimento (75 g)
200 g de tomates-cereja, cortados ao meio
6 filés de salmão, com a pele (cerca de 720 g)
sal e pimenta-do-reino preta

Azeite de tomate e anchova
85 ml de azeite
8 anchovas, picadas finamente
2½ colheres (sopa) de extrato de tomate
1 colher (chá) de pimenta em flocos
2 colheres (chá) de sementes de coentro, levemente esmagadas em um pilão
8 dentes de alho, fatiados finissimamente
2 limões-sicilianos confitados, a polpa e as sementes descartadas, a casca picada finamente (20 g)
2 colheres (chá) de xarope de Maple

Molho puttanesca
60 g de azeitonas Kalamata sem caroço, cortadas ao meio
60 g de alcaparras, picadas grosseiramente
1 limão-siciliano confitado, a polpa e as sementes descartadas, a casca fatiada finissimamente (10 g)
10 g de folhas de manjericão, picadas grosseiramente
10 g de folhas de salsinha, picadas grosseiramente
2 colheres (sopa) de azeite
2 colheres (chá) de sumo de limão-siciliano

Se você preparar o azeite de tomate e anchova de véspera, poderá se deliciar com o fato de um jantar no meio da semana ficar pronto em talvez 20 minutos. O método de cocção descomplicado — um viva para a assadeira! — somado aos sabores marcantes — um viva para a puttanesca! — são uma combinação de sucesso.

Rende 4 porções

Primeiro, prepare o azeite de tomate e anchova: junte o azeite, as anchovas e o extrato de tomate em uma frigideira pequena e leve ao fogo médio. Assim que começar a ferver, deixe cozinhar por 5 minutos, mexendo de vez em quando. Adicione a pimenta em flocos e as sementes de coentro e cozinhe por mais 1 minuto, até ficar perfumado. Retire do fogo e acrescente o alho, o limão-siciliano confitado e o xarope de Maple. Misture e deixe esfriar.

Preaqueça o forno de convecção a 220°C.

Coloque a vagem, a cebolinha e os tomates em uma assadeira grande forrada com papel-manteiga. Regue com 3 colheres (sopa) do azeite de tomate e anchova, junto com ¼ de colher (chá) de sal e um giro bem generoso do moedor de pimenta. Misture e leve ao forno por 12-13 minutos, até que a vagem e o tomate comecem a amolecer e dourar um pouco. Enquanto isso, ponha os filés de salmão em uma travessa e, com uma colher, regue (bem como todos os sólidos) com o restante do azeite de tomate e anchova. Depois que a vagem e o tomate tiverem passado os primeiros 12-13 minutos no forno, acomode os filés de salmão entre eles e leve a assadeira de volta ao forno por mais 8 minutos. Retire do forno e deixe descansar por 5 minutos.

Enquanto o salmão estiver no forno, misture todos os ingredientes do molho puttanesca em uma tigela pequena e tempere com um giro bem generoso do moedor de pimenta. Despeje metade do molho sobre o salmão e sirva quente (ou em temperatura ambiente, que também funciona), com o restante do molho à parte.

Dals, ensopados, curries

Dal de lentilha vermelha com batata e funcho

2 colheres (chá) de sementes de mostarda-preta ou marrom
2 colheres (chá) de sementes de cominho
2 colheres (chá) de erva-doce
1 colher (chá) de sementes de nigela
½ colher (chá) de feno-grego
3 pimentas vermelhas secas inteiras
3 dentes de alho, sem casca, inteiros
10 g de gengibre, sem casca e picado grosseiramente
1 pimenta dedo-de-moça verde, picada grosseiramente
1 cebola, picada grosseiramente (180 g)
4 colheres (sopa) de ghee (ou azeite, para manter a receita vegana)
20 folhas de curry
1 cabeça de funcho grande, cortada em cubos de 2,5 cm (300 g)
2 batatas (de uma variedade rica em amido), sem casca e cortadas em cubos de 2,5 cm (300 g)
2 tomates grandes, cortados em cubos de 2 cm (120 g)
1 colher (chá) de cúrcuma em pó
150 g de lentilhas vermelhas partidas (masoor dal), lavadas e demolhadas em bastante água por 1 ou 2 horas, depois escorridas
130 g de feijão-mungo partido (moong dal), lavado e demolhado na mesma tigela que as lentilhas, depois escorrido
200 ml de leite de coco, mais 2-3 colheres (sopa) para finalizar
800 ml de água
1 colher (sopa) de sumo de limão
10 g de folhas de coentro, picadas grosseiramente, mais algumas folhas inteiras para decorar
sal

Para servir
1 limão, cortado em gomos
arroz ou pão roti

O dal é o tipo de receita de que cada um tem a sua versão, aprimorada ao longo dos anos, mas que é familiar o suficiente para ser preparado um pouco diferente a cada vez, dependendo do que houver na despensa. A combinação de funcho e batata é a que Helen adotou, a partir dos curries da Malásia, com sua significativa população de indianos. A combinação de dois tipos de leguminosas funciona muito bem, com as lentilhas se desfazendo e o feijão mantendo um pouco da textura. Sirva com arroz ou pão roti.

Para adiantar: O dal pode ser preparado com até 3 dias de antecedência e guardado na geladeira, pronto para ser aquecido. Ele engrossa depois que esfria, mas basta adicionar um pouco de água na hora de reaquecer para afinar. O tarka — a infusão em azeite ou ghee adicionada sobre o dal pouco antes de servir — deve sempre ser feito no último minuto, para que esteja quente e fresco.

Nota sobre a demolha: Se quiser, deixe as lentilhas e o feijão de molho de um dia para o outro. Isso só vai aumentar a suavidade do resultado; é perfeitamente aceitável deixá-los de molho por apenas 1 ou 2 horas.

Rende 6 porções

Misture a mostarda, o cominho, a erva-doce, a nigela e o feno-grego em uma tigela pequena e acrescente as pimentas secas.

Junte o alho, o gengibre, a pimenta dedo-de-moça verde e a cebola na tigela pequena do processador de alimentos e bata na função pulsar até ficar finamente picado.

Coloque 3 colheres (sopa) de ghee em uma frigideira grande, com tampa, e leve ao fogo médio-alto. Adicione as especiarias, reservando 2 colheres (chá) para servir, e metade das folhas de curry. Cozinhe por 1-2 minutos, mexendo, até ficar perfumado.

Reduza o fogo para médio e despeje a mistura de cebola na panela, junto com o funcho. Cozinhe por 20 minutos, mexendo regularmente, até que o funcho esteja quase transparente e comece a dourar. Adicione a batata, o tomate, a cúrcuma, a lentilha e o feijão. Misture delicadamente, deixe cozinhar por 2 minutos e acrescente o leite de coco, a água e 2¼ colheres (chá) de sal. Misture, deixe ferver e reduza o fogo. Cozinhe em fogo baixo, tampado, por cerca de 45 minutos, mexendo de vez em quando. Destampe, aumente um pouco o fogo até fervilhar e continue cozinhando por mais 15 minutos, mexendo regularmente, até que as lentilhas estejam completamente macias e o dal engrosse. Junte o sumo de limão e o coentro e reserve.

Na hora de servir, coloque a colher (sopa) restante de ghee em uma frigideira pequena e adicione as especiarias reservadas e as folhas de curry restantes. Cozinhe por 1 minuto, até ficar perfumado, e despeje sobre o dal. Finalize com o leite de coco reservado, espalhe as folhas de coentro por cima e sirva com gotas de sumo de limão.

Oyakodon: mãe e filho

50 ml de óleo de girassol
3 cebolas, cortadas em rodelas de 1 cm (500 g)
800 g de filés de sobrecoxa de frango, sem a pele, cortados em pedaços de 4-5 cm
3 dentes de alho, espremidos
30 g de gengibre, sem casca e ralado fino
150 ml de vinho de arroz Shaoxing
80 ml de mirin
220 ml de dashi (ou caldo de frango)
100 ml de shoyu
6 ovos
4 cebolinhas, fatiadas finissimamente (50 g)
10 g de folhas de coentro
1 folha de alga nori, esfarelada (opcional)

Para servir
arroz de grão curto cozido
20 g de gengibre, sem casca e cortado à Julienne
shichimi togarashi

Em japonês, *oya* significa "progenitor", *ko* significa "filho", e *don* é a abreviatura de *donburi*, que significa "tigela". Junte os três e você terá a pura comida afetiva japonesa: tão reconfortante quanto promete a combinação de ovos + arroz + caldo de frango + comer na tigela. A "mãe e o filho" — a galinha e o ovo — são cozidos juntos, o que faz desta receita um exemplo fácil de prato de uma só panela. *Fotos também no verso.*

Rende 4-6 porções

Despeje o óleo em uma frigideira grande, com tampa, e leve ao fogo alto. Adicione as cebolas e refogue por cerca de 5 minutos, mexendo sempre, até começarem a ficar translúcidas. Adicione o frango e cozinhe por mais 8-10 minutos, mexendo de vez em quando: o objetivo é selar o frango sem que ele doure muito. Adicione o alho e o gengibre, continue a cozinhar por mais 1 minuto, e acrescente o vinho de arroz Shaoxing. Raspe e misture todos os pontos marrons que ficarem grudados no fundo da frigideira.

Misture o mirin, o dashi e o shoyu e adicione à frigideira. Deixe ferver, reduza o fogo para médio-baixo e cozinhe por cerca de 25 minutos, mexendo de vez em quando, até o frango ficar macio.

Mexa os ovos com uma faca: o objetivo é partir as gemas e as claras para que algumas se misturem, mas outras ainda fiquem inteiras. Despeje-os delicadamente sobre o frango, a cebola e o caldo fervente, tomando cuidado para não misturar: os ovos devem flutuar na superfície, como uma jangada. Deixe cozinhar por 1 minuto, tampe e cozinhe por mais 2 minutos, até que o ovo esteja levemente firme: deve haver listras brancas e amarelas em algumas partes, ou seja, não deve estar totalmente mexido.

Desligue o fogo e deixe descansar por alguns minutos, tampado, antes de espalhar a cebolinha, o coentro e a alga nori (se estiver usando) por cima.

Divida o arroz em tigelas individuais e use uma colher grande para servir o frango e o caldo. Coloque-os sobre o arroz, tentando manter o ovo por cima. Finalize com o gengibre e uma boa pitada de shichimi togarashi.

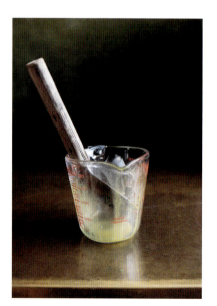

Barriga de porco no shoyu com ovos e tofu

600 g de barriga de porco, com a pele, cortada em cubos de 2 cm (sem separar as camadas de carne e de gordura)

2 colheres (sopa) de óleo vegetal

3 cebolinhas, cortadas ao meio no sentido do comprimento (45 g)

1 cabeça de alho, os dentes descascados e ligeiramente esmagados

15 g de gengibre, com casca e fatiado finissimamente no sentido do comprimento

1 pau de canela

2 anises-estrelados

1 folha de louro

1 colher (chá) de cinco especiarias chinesas

1½ colher (sopa) de vinho de arroz Shaoxing

60 ml de shoyu light

2 colheres (sopa) de shoyu escuro

4 ovos

2 colheres (sopa) de xarope de Maple

1 colher (sopa) de vinagre de arroz (ou outro vinagre branco)

100 g de puffs de tofu, cortados em pedaços de 2-3 cm (ou 200 g de tofu firme, cortado em cubos)

arroz jasmim cozido no vapor, para servir

sal e pimenta-do-reino preta

Picles rápido de pepino

1 pepino, cortado ao meio no sentido do comprimento, sem as sementes e fatiado finissimamente (200 g)

2 colheres (chá) de vinagre de arroz

2 colheres (sopa) de mirin

2 cebolinhas, finamente fatiadas (20 g)

5 g de folhas de hortelã, picadas grosseiramente

5 g de folhas de coentro, picadas grosseiramente

Esta é uma receita de uma panela só tamanho família, tradicional em todos os lares chineses, servida com arroz jasmim no vapor. A base de shoyu é familiar e reconfortante para as crianças, enquanto a infusão de aromáticos a torna saborosa e interessante. Cozida lentamente, a gordura da barriga de porco derrete e emulsiona, deixando o molho rico.

Para adiantar: Esta receita não só pode ser preparada com 1 ou 2 dias de antecedência, como também se beneficia disso. Deixá-la na geladeira de um dia para o outro faz com que uma camada de gordura se forme na superfície: basta retirá-la, se quiser, antes de reaquecer.

Rende 4 porções

Encha uma panela média com cerca de 650 ml de água, adicione a barriga de porco e deixe ferver. Reduza o fogo para médio-baixo. Cozinhe por 5 minutos, retirando qualquer espuma que se formar, e escorra em uma peneira apoiada sobre uma tigela — o objetivo é guardar o líquido.

Despeje o óleo em uma caçarola média (ou frigideira alta), com tampa, e leve ao fogo médio-alto. Adicione a barriga de porco escorrida e cozinhe por 5 minutos, virando de vez em quando, até dourar. Acrescente a cebolinha, o alho, o gengibre, a canela, os anises-estrelados, a folha de louro e ½ colher (chá) de pimenta-do-reino esmagada na hora. Deixe cozinhar por 1 minuto, depois adicione as cinco especiarias e o vinho de arroz Shaoxing. Cozinhe por alguns segundos e acrescente os dois shoyus, ½ colher (chá) de sal e o líquido reservado do cozimento: deve ser em torno de 600 ml. Deixe ferver e reduza o fogo para muito baixo. Cozinhe em fogo baixo, com tampa, por cerca de 2 horas, até que a carne de porco esteja quase desmanchando: o molho deve ser ralo, não grosso.

Enquanto isso, ponha os ovos em uma panela pequena e cubra com água fria. Leve ao fogo médio-alto e, quando começar a ferver, marque 4 minutos. Escorra os ovos e lave-os em água fria da torneira até esfriarem o suficiente para serem descascados.

Junte o xarope de Maple e o vinagre de arroz à carne de porco, misture bem, e então adicione o tofu e os ovos descascados inteiros. Misture delicadamente, empurrando os ovos para que fiquem cobertos pelo líquido. Deixe cozinhar, parcialmente tampado, em fogo baixo por 20 minutos, regando os ovos de vez em quando. O líquido vai reduzir, mas deve permanecer ralo.

Então prepare o picles de pepino: misture o pepino, o vinagre de arroz e o mirin em uma tigela pequena com ¼ de colher (chá) de sal. Na hora de servir, junte a cebolinha, a hortelã e o coentro.

Retire a barriga de porco do fogo e deixe descansar por 10 minutos antes de servir. Apesar de terem ótima aparência, os aromáticos não são comestíveis — por isso, ou deixe-os na panela ou descarte-os.

Ensopado de abóbora, tamarindo e coco

80 ml de óleo vegetal (ou de coco)
1 colher (chá) de mostarda-preta em grãos
2 cebolas grandes, cortadas em cubinhos (400 g)
5 g de folhas de curry
6 dentes de alho, espremidos
1 pimenta jalapeño verde, picada finamente (20 g)
1 colher (chá) de cúrcuma em pó
1 colher (chá) de pimenta em pó (picante)
1 colher (chá) de páprica
1½ colher (chá) de sementes de coentro em pó
1 abóbora de pescoço grande, sem casca e cortada em pedaços de 4 cm (750 g)
120 ml de concentrado de tamarindo, misturado com 250 ml de água fervente
150 ml de leite de coco
25 g de jagra, ralado grosso (ou açúcar mascavo escuro)
5 g de folhas de coentro, picadas grosseiramente, para servir
sal

Há um tipo distinto de comida reconfortante para cada estação, mas existe algo particularmente reconfortante nos pratos que fazem mais sentido no outono. Aqui, a abóbora, o tamarindo e o coco vão muito bem juntos. O doce e suave da abóbora da estação, o azedinho do tamarindo e o cremoso do coco rendem um ensopado de outono perfeitamente acolhedor. Sirva com pão chato (ver página ao lado) ou naan, ou com arroz basmati no vapor. *Fotos no verso.*

Para adiantar: Tal como acontece com muitos ensopados, este dura bem por 1 ou 2 dias. O sabor vai até melhorando devido ao tempo para se misturar.

Rende 4 porções

Coloque o óleo em uma frigideira alta grande, com tampa, e leve ao fogo médio-alto. Adicione as sementes de mostarda e, quando elas começarem a estourar, acrescente as cebolas e as folhas de curry. Refogue por 20-25 minutos — as cebolas precisam desse tempo todo para ficarem realmente douradas —, mexendo de vez em quando e reduzindo o fogo caso comecem a grudar. Adicione o alho, a pimenta e as especiarias e refogue por cerca de 2 minutos, até ficar perfumado.

Junte a abóbora, a água de tamarindo e 1 colher (chá) de sal. Misture com delicadeza e deixe cozinhar por cerca de 45 minutos, tampado, em fogo baixo, até que os pedaços de abóbora estejam macios, mas sem se desfazer. Acrescente o leite de coco e o jagra, misture delicadamente e cozinhe por mais 5-10 minutos, destampado, ou até que parte da abóbora, mas não toda, comece a se desfazer. Espalhe o coentro picado por cima e sirva.

Pão chato de cominho e coentro

250 g de farinha de trigo, mais um pouco para polvilhar
50 g de farinha de trigo integral
1¼ colher (chá) de sementes de cominho, tostadas e grosseiramente esmagadas
1¼ colher (chá) de sementes de coentro, tostadas e grosseiramente esmagadas
100 g de ghee (ou manteiga), 50 g cortados em pedaços de mais ou menos 2 cm, 50 g derretidos para pincelar
180 ml de água fervente
sal

Preparar um pão chato é, sem dúvida, muito fácil. É um processo relativamente rápido (devido ao curto tempo de descanso necessário e ao cozimento ligeiro na frigideira, sobre o fogão), e, uma vez adquirido o hábito de prepará-los, passamos a fazer sem pensar. São uma companhia muito útil — viram sanduíches, servem para limpar o prato! — para todo tipo de refeição. Ficam deliciosos com o ensopado de abóbora, tamarindo e coco (ver página ao lado). *Fotos no verso.*

Rende 6 pães

Coloque as farinhas e as especiarias em uma tigela média, junto com ¾ de colher (chá) de sal. Misture bem e adicione os 50 g de ghee cortados grosseiramente. Despeje a água quente direto sobre a ghee, para que comece a derreter. Com um garfo, misture delicadamente — a farinha deve ficar umedecida por igual —, depois, com as mãos, reúna a massa. Sove uma ou duas vezes, para compactar, e forme uma bola. Volte com a massa para a tigela, cubra com um pano de prato limpo ou filme plástico reutilizável e deixe descansar em temperatura ambiente por no mínimo 30 minutos (ou até 4 horas).

Divida a massa em 6 pedaços iguais e molde cada pedaço em uma bola. Cubra e deixe descansar enquanto a frigideira aquece.

Leve uma frigideira grande antiaderente (ou de ferro fundido) ao fogo alto. Prepare uma grade com um pano de prato limpo por cima.

Trabalhando com uma bola de cada vez, abra-as sobre uma superfície levemente enfarinhada para formar um círculo de cerca de 20 cm.

Ponha a massa na panela bem quente e cozinhe por 2-3 minutos ou até ver bolhas de tamanhos variados surgirem na superfície. Vire o pão — ele deve ter algumas manchas marrons e pretas em alguns pontos —, pincele com a ghee derretida e cozinhe por mais 20-30 segundos.

Coloque o pão chato quente sobre o pano de prato e dobre as bordas do pano para mantê-lo aquecido. Repita com a massa restante e sirva o mais rápido possível.

Curry de cúrcuma fresca e pimenta-do-reino com camarões e aspargos

145 ml de creme de coco
400 ml de leite de coco
25 g de açúcar de palma, picado grosseiramente (ou açúcar mascavo claro)
20 ml de molho de peixe
500 g de aspargos, cortados em pedaços de 3 cm, as pontas reservadas
500 g de camarão cru, sem casca
arroz jasmim cozido no vapor, para servir

Relish de pepino e gengibre
125 ml de vinagre de arroz (ou outro vinagre branco)
80 g de açúcar
½ pepino, cortado em quatro no sentido do comprimento, sem sementes e fatiado finíssimamente (200 g)
20 g de gengibre, sem casca e cortado à Julienne
1 pimenta vermelha (ou 2 pimentas-malaguetas, se preferir mais picante), cortadas ao meio, sem sementes e fatiadas finíssimamente no sentido do comprimento
10 g de coentro, talos picados finamente, folhas rasgadas grosseiramente
1 limão, cortado em gomos, para servir
sal

Pasta de especiarias
5 g de pimentas vermelhas secas (ou mais, se desejar)
½ colher (chá) de grãos de pimenta-do-reino branca, tostados e grosseiramente moídos
2 colheres (chá) de sementes de coentro, tostadas e grosseiramente moídas
1-2 chalotas, picadas grosseiramente (60 g)
4 dentes de alho, picados grosseiramente
20 g de talos de coentro, picados grosseiramente
10 g de cúrcuma fresca, sem casca e picada grosseiramente
1 colher (sopa) de creme de coco

Esta receita tem tudo o que queremos em um curry: o brilho (da cúrcuma), o picante e aromático (da pimenta-do-reino), o substancial (dos camarões) e o fresco (dos aspargos). Ela usa um método tradicional tailandês de preparo em que a pasta de especiarias é cozida em creme de coco por tanto tempo que o óleo se separa. Isso cria uma base rica para um curry de sabor profundo. Substitua o camarão por frango ou tofu, ou prepare uma versão vegetariana com os seus vegetais preferidos, deixando o molho de peixe de fora.

Para adiantar: O relish fica melhor se preparado 1 dia antes e mantido na geladeira. Deixe para acrescentar as folhas de coentro na hora de servir.

Rende 4 porções

Primeiro, prepare o relish: coloque o vinagre e o açúcar em uma panela pequena, junto com 60 ml da água e ¼ de colher (chá) de sal. Ferva em fogo alto, reduza e deixe cozinhar por 1 minuto, mexendo uma ou duas vezes, até que o açúcar se dissolva. Retire do fogo e, depois de esfriar, acrescente o pepino, o gengibre, a pimenta e os talos de coentro. Transfira para um pote hermético e guarde na geladeira.

Para fazer a pasta de especiarias, ponha as pimentas secas em uma tigela pequena, despeje água fervendo até cobrir e deixe hidratar por alguns minutos. Coloque a pimenta-do-reino branca e as sementes de coentro na tigela pequena de um processador de alimentos, junto com a chalota, o alho, os talos de coentro, a cúrcuma, o creme de coco, a pimenta hidratada e 1 colher (sopa) do líquido da hidratação da pimenta. Processe até obter uma pasta lisa, raspando algumas vezes as laterais da tigela.

Coloque 145 ml do creme de coco em uma panela média e leve ao fogo médio-alto. Quando ferver, adicione a pasta de especiarias e deixe cozinhar por 15-20 minutos, mexendo sempre, até ficar espesso, coagulado e oleoso. Adicione o leite de coco, o açúcar, o molho de peixe e ¼ de colher (chá) de sal. Misture delicadamente e deixe ferver. Acrescente os talos dos aspargos, cozinhe por 4 minutos, então adicione os camarões e as pontas dos aspargos. Deixe por mais 3-5 minutos, até que os camarões estejam cozidos, e sirva.

Curry de atum com capim-limão e galanga

600 ml de leite de coco
250 ml de água
450 g de pak choi baby
450 g de atum (em lata, peso escorrido)

Pasta de especiarias
2 talos de capim-limão, a parte branca picada grosseiramente (25 g), os talos mais fibrosos reservados para o curry
2 chalotas-banana, picadas grosseiramente (100 g)
25 g de gengibre, sem casca e picado grosseiramente
20 g de galanga, sem casca e picada grosseiramente (ou 10 g a mais de gengibre)
20 g de cúrcuma fresca, sem casca e picada grosseiramente
3 dentes de alho, sem casca, inteiros
8 folhas de limão grandes, o centro mais duro removido de 4 delas, as outras inteiras reservadas para o curry
25 g de açúcar de palma (ou açúcar mascavo claro)
2 pimentas vermelhas, sem sementes e picadas grosseiramente
50 g de coentro, picado grosseiramente
2 colheres (sopa) de sumo de limão
2 colheres (sopa) de óleo de amendoim (ou outro óleo vegetal)
sal

Para servir (uma ou todas as opções abaixo)
kicap manis (ou shoyu doce)
molho de pimenta
30 g de chalotas fritas (compradas prontas)
10 g de folhas de coentro, picadas grosseiramente
arroz jasmim (ou basmati) cozido no vapor
1 limão, cortado em gomos

"Atum em lata" e "curry" podem não parecer uma boa combinação para algumas pessoas, mas experimente! Esta receita foi apresentada a Helen pela primeira vez por um cozinheiro chamado Andreas, que trabalhava em seu café em Melbourne. Todos se revezavam para preparar as refeições dos funcionários. Embora a maioria não fosse muito longe — apenas alimentando e reabastecendo a equipe —, a de Andreas (um prato que sua mãe indonésia costumava preparar para ele) era tão boa que foi promovida ao cardápio. *Fotos também no verso.*

Fazendo em quantidade: Helen e a equipe do café costumavam preparar a pasta de especiarias (que apelidaram de "gororoba para macarrão"!) em grande volume, para ser utilizada em todo tipo de prato. Era a base do macarrão salteado (daí o apelido); misturada a frango moído para fazer hambúrguer; e adicionada à mistura para bolinhos de peixe. Mesmo que você não tenha seu próprio café, vale a pena preparar a pasta de especiarias com sobra, para usar de outras formas parecidas.

Rende 4 porções

Coloque todos os ingredientes da pasta de especiarias no liquidificador ou no processador de alimentos, junto com 1½ colher (chá) de sal e 3 colheres (sopa) de água. Bata até obter uma pasta fina. A textura não ficará tão boa quando feita no processador, mas funciona.

Transfira a pasta para uma frigideira alta grande e adicione 250 ml do leite de coco. Deixe ferver em fogo médio-alto, reduza para médio-baixo e cozinhe por 45-50 minutos, sem tampa, mexendo de vez em quando (principalmente no final), até ficar espesso. Adicione 250 ml da água, os 350 ml restantes de leite de coco, os talos de capim-limão e as 4 folhas inteiras de limão. Mexa, espere voltar a fervilhar e continue cozinhando, sem tampa, mexendo de vez em quando, por 10 minutos.

Enquanto isso, leve uma panela com água e sal para ferver e adicione o pak choi. Cozinhe por 1 minuto, escorra e acrescente ao curry, junto com o atum. Cozinhe em fogo baixo por 2 minutos, apenas para aquecer. Sirva o curry em tigelas e regue com kicap manis, molho de pimenta e uma pitada de sal. Espalhe as chalotas crocantes e as folhas de coentro por cima, e sirva com o arroz no vapor e um gomo de limão ao lado.

Curry de frango e folha de limão com macarrão

3 colheres (sopa) de curry malaio em pó para frango (ou curry Madras em pó suave)
1 colher (sopa) de páprica
½ colher (chá) de pimenta em pó
100 ml de água fria
2 colheres (sopa) de óleo de girassol
1 cebola, fatiada finissimamente (180 g)
4 dentes de alho, fatiados finamente
10 g de gengibre, sem casca e ralado fino
15 g de talos de coentro, picados finamente (guarde as folhas para decorar)
2 colheres (chá) de camarão fermentado em pó (ou 1 colher [chá] de pasta de camarão fermentado ou 2 colheres [sopa] de molho de peixe)
720 g de filés de sobrecoxa de frango sem a pele, cortados em pedaços de 4-5 cm
8 folhas de limão frescas
500 ml de leite de coco (se precisar abrir mais de uma embalagem, o que não for usado pode ser congelado)
15 g de jagra, ralado grosso (ou 2 colheres [chá] de açúcar mascavo escuro)
sal

Para servir
120 g de vagem-francesa, aparada, cortada ao meio na diagonal
100 g de broto de feijão fresco
425 g de macarrão com ovos fresco (tipo Hokkien)
20 g de chalotas fritas (compradas prontas)
2 limões, cortados em gomos

Toda família malaia tem uma versão deste curry. Geralmente, é feito com pedaços de frango com osso, batata e folha de curry, e servido com arroz no vapor. Nossa versão usa folhas de limão — elas deixam o curry mais vivo e azedinho, em vez de terroso —, e macarrão em vez de arroz. As sobras ficam deliciosas no dia seguinte, melhor ainda se acompanhadas de uma fatia de pão branco torrado.

Nota sobre os ingredientes: O camarão fermentado em pó é de longe a forma mais fácil de usar este ingrediente de odor inusitado, pois basta adicioná-lo ao curry. No entanto, é mais fácil encontrá-lo na forma de pasta, que precisa ser tostada antes de usar. Para isso, embrulhe bem em papel-alumínio e leve ao forno. Outra opção é usar molho de peixe.

Rende 4 porções

Junte o curry em pó, a páprica e a pimenta em pó em uma tigela pequena. Adicione a água, misture até formar uma pasta grossa e reserve.

Coloque o óleo em uma wok ou panela grande, com tampa, e leve ao fogo médio. Adicione a cebola, o alho, o gengibre e os talos de coentro e refogue por 10-12 minutos, mexendo regularmente, até tudo ficar macio, mas sem dourar. Acrescente a pasta de curry e o camarão fermentado e cozinhe por 1 minuto, mexendo sempre, depois junte o frango e as folhas de limão. Aumente o fogo para médio-alto e cozinhe por 5 minutos, mexendo sempre, até que os pedaços de frango estejam bem envoltos pela mistura de temperos. Adicione água fria apenas o suficiente para cobrir o frango — cerca de 300 ml — e reduza o fogo para médio-baixo. Deixe cozinhar, parcialmente tampado, por 40 minutos ou até que o frango esteja macio. Junte o leite de coco, o jagra e 2 colheres (chá) de sal. Cozinhe por mais 5 minutos e retire do fogo.

Na hora de servir, leve uma panela grande com água para ferver e acrescente a vagem. Escalde por 3 minutos e então, com uma escumadeira grande, retire-a da água. Mantendo a panela no fogo, escalde o broto de feijão por 30 segundos e junte-o à vagem. Ainda com a água fervendo, acrescente o macarrão, cozinhe por 1 minuto (ou de acordo com as instruções da embalagem, se for seco) e escorra.

Distribua o macarrão em tigelas, espalhe o curry de frango por cima e finalize com o broto de feijão e a vagem. Salpique algumas chalotas fritas crocantes e sirva com uma rodela de limão para espremer.

Almôndegas de frango com batata e limão

Almôndegas
- **4 cebolinhas**, picadas grosseiramente (40 g)
- **15 g de folhas de hortelã**
- **15 g de coentro** (folhas e talos)
- **2 dentes de alho**, espremidos
- **500 g de carne de frango moída**
- **1 ovo**, batido
- **425 g de batatas** (de uma variedade rica em amido), sem casca, raladas finamente e espremidas em um pano de prato limpo para tirar todo o líquido (cerca de 250 g)
- **1 colher (chá) de cominho em pó**
- **30 g de farinha de rosca** (convencional ou panko)
- **2 colheres (sopa) de azeite**, para fritar
- **sal e pimenta-do-reino preta**

Molho de iogurte
- **150 g de iogurte grego natural**
- **10 g de folhas de hortelã**
- **10 g de coentro** (folhas e talos)

Caldo
- **3 colheres (sopa) de azeite**, mais um pouco para finalizar
- **1 cebola grande**, fatiada finíssimamente (200 g)
- **4-5 talos de aipo**, cortados em pedaços de 2 cm (200 g), folhas picadas grosseiramente (40 g)
- **2 limões-sicilianos**: passe o descascador pela casca para obter 2 tiras, depois esprema para obter 60 ml de sumo
- **550 g de batatas** (de uma variedade rica em amido), sem casca e cortadas em cubos de 3 cm (450 g)
- **8 dentes de alho**, fatiados finíssimamente
- **½ colher (chá) de cúrcuma em pó**
- **1 colher (sopa) de cominho em pó**
- **1½ colher (chá) de canela em pó**
- **500 ml de caldo de frango** (ou água)
- **1 colher (chá) de açúcar**
- **20 g de coentro** (folhas e talos), picado grosseiramente

A ideia de conforto do Yotam pode facilmente ser materializada em uma almôndega, ou em uma travessa de almôndegas, para ser mais preciso. A palavra hebraica "ktsitsa" abrange almôndegas, hambúrgueres, bolinhos — qualquer coisa, na verdade, que seja picada ou moída para formar uma massa pegajosa, moldada e depois cozida. Uma ktsitsa pode ser de carne ou vegetariana, ensopada ou frita, virar recheio de pão chato ou servida em um prato. Em todos os casos, a textura macia e a capacidade de voltar à forma original depois de pressionada (graças à adição de amido à mistura) são fundamentais — caso contrário, seria um hambúrguer. Sirva com arroz, trigo ou cuscuz.

Para adiantar: As almôndegas podem ser preparadas de véspera e guardadas na geladeira, para firmar, e cozidas com todo o restante no dia. As sobras ficam ótimas reaquecidas no dia seguinte: o caldo vai estar um pouco mais grosso por causa da batata, portanto acrescente um pouco de água ou de caldo ao aquecer, se quiser.

Rende 4 porções

Primeiro prepare as almôndegas: coloque a cebolinha, a hortelã, o coentro e o alho na tigela pequena do processador de alimentos e bata até ficar finamente picado. Transfira para uma tigela média e adicione os ingredientes restantes da almôndega, com exceção do azeite, junto com 1½ colher (chá) de sal e bastante pimenta-do-reino. Misture bem e, com as mãos úmidas, forme 16 bolinhas de aproximadamente 50 g cada. Leve à geladeira por 30 minutos, para firmar.

Enquanto isso, junte todos os ingredientes do molho de iogurte na mesma tigela pequena do processador de alimentos, com ¼ de colher (chá) de sal e um pouco de pimenta-do-reino. Processe até ficar homogêneo. Transfira para uma tigela pequena e reserve na geladeira.

Coloque as 2 colheres (sopa) de azeite em uma frigideira grande, com tampa, e leve ao fogo médio-alto. Quando estiver bem quente, sele as almôndegas de todos os lados por 10 minutos. Retire da frigideira e reserve.

Na mesma frigideira, acrescente as 3 colheres de azeite do caldo. Adicione a cebola, os pedaços de aipo, a casca de limão-siciliano, 1 colher (chá) de sal e um giro bem generoso do moedor de pimenta. Refogue por 7 minutos, para amolecer, depois acrescente as batatas e o alho e refogue por mais 7 minutos, até começar a dourar. Adicione as especiarias e refogue por 1 minuto, então acrescente o sumo de limão-siciliano, o caldo de frango, o açúcar e as folhas de aipo. Espere ferver e ponha cuidadosamente as almôndegas no caldo. Cozinhe em fogo baixo, tampado, por 25-30 minutos, até que as almôndegas estejam cozidas e o líquido fique ligeiramente mais grosso. Retire do fogo, misture cuidadosamente o coentro e deixe descansar por 5 minutos.

Para servir, regue as almôndegas com azeite e espalhe um pouco do molho de iogurte por cima, com o restante à parte.

Cordeiro ensopado com feijão-branco e iogurte

2 colheres (chá) de sementes de coentro, tostadas e grosseiramente esmagadas
2½ colheres (chá) de sementes de cominho, tostadas e grosseiramente esmagadas
¼ de colher (chá) de sal marinho em flocos
800 g de pescoço de cordeiro, cortado no sentido da largura em pedaços de 2 cm de espessura
60 ml de azeite
2 cebolas, cortadas em quatro (285 g)
2 folhas de louro
1 limão-siciliano: passe o descascador pela casca para obter 6-7 tiras finas, depois corte em gomos para servir
6 dentes de alho, ligeiramente esmagados
4 anchovas, picadas finamente
1 colher (sopa) de folhas de tomilho, picadas finamente
1 colher (sopa) de folhas de alecrim, picadas finamente
250 g de tomates-cereja
75 ml de vinho branco
500 ml de caldo de frango
1 pote de 700 g de feijão-branco de boa qualidade, escorrido e enxaguado
150 g de iogurte grego natural
10 g de salsinha, picada grosseiramente, para decorar
sal e pimenta-do-reino preta

Conforto, para alguns, vai ter sempre a ver com textura. Partindo dessa noção, muitas vezes ele se traduz em coisas macias, se desmanchando; o oposto da rigidez. O caso aqui é bem esse, um ensopado de cordeiro cozido lentamente e com feijão-branco macio e cremoso. Sirva com uma salada verde simples e o pão crocante de sempre.

Para adiantar: Pode ser preparado integralmente com 1 ou 2 dias de antecedência — os sabores só melhoram — e reaquecido em fogo baixo na hora de servir.

Rende 4 porções

Preaqueça o forno de convecção a 170°C.

Misture todas as sementes de coentro e 2 colheres (chá) das sementes de cominho em uma tigela pequena e reserve. Ponha o cominho restante em uma tigela pequena separada, junto com o sal marinho em flocos, e reserve.

Coloque o cordeiro em uma tigela grande com ½ colher (chá) de sal e um giro generoso do moedor de pimenta. Misture.

Despeje 2 colheres (sopa) do azeite em uma frigideira grande de ferro fundido, com tampa, e leve ao fogo médio-alto. Quando estiver bem quente, adicione metade do cordeiro — não encha demais a frigideira — e cozinhe por cerca de 6 minutos, virando, para que todos os lados formem uma crosta. Transfira para uma travessa, acrescente mais 1 colher (sopa) de azeite e repita com o restante.

Coloque a última colher (sopa) azeite na frigideira, reduza o fogo para médio e acrescente a cebola, o louro, a casca de limão-siciliano e o alho. Refogue por 6 minutos, mexendo algumas vezes, até que as cebolas dourem um pouco. Adicione as anchovas, a mistura de sementes de coentro e de cominho, o tomilho, o alecrim e metade do tomate. Cozinhe por 1 minuto e então volte com o cordeiro para a frigideira. Cozinhe por mais 1 minuto e adicione o vinho. Deixe ferver por 30 segundos e adicione o caldo, ¾ de colher (chá) de sal e um giro generoso do moedor de pimenta. Mexa, aumente o fogo para médio-alto e espere ferver. Tampe e leve ao forno por 1 hora e meia, até o cordeiro ficar bem macio e o líquido reduzir um pouco.

Retire o cordeiro do forno e junte o feijão e o tomate que sobraram. Mexa, tampe e leve de volta ao forno por mais 20 minutos. Retire a frigideira do forno e deixe descansar por 15 minutos.

Na hora de servir, mexa bem o ensopado antes de colocar colheradas de iogurte por cima. Finalize com a mistura de cominho e sal e com a salsinha. Sirva com os gomos de limão-siciliano ao lado.

Linguiça e lentilha com creme de leite fresco e mostarda

300 g de lentilha de Puy seca
3 colheres (sopa) de azeite
600 g de linguiça defumada estilo polonesa, cozida
1 cebola grande, picada finamente (180 g)
2 talos de aipo, picados finamente (150 g)
1 pimentão verde, sem sementes e cortado em cubos de 1 cm (140 g)
3 dentes de alho, espremidos
1 colher (sopa) de folhas de tomilho, picadas grosseiramente
1 folha de louro
2 maços de acelga suíça, talos cortados em cubos de 1 cm, folhas rasgadas grosseiramente (400 g)
1 colher (sopa) de extrato de tomate
2 colheres (chá) de cominho em pó
1 litro de caldo de frango
20 g de salsinha, picada grosseiramente
50 g de cebola frita (comprada pronta), para servir (opcional)
sal e pimenta-do-reino preta

Creme de leite fresco com mostarda
75 g de creme de leite fresco
1½ colher (chá) de mostarda de Dijon
1½ colher (chá) de mostarda à antiga

Esta combinação clássica de lentilha e linguiça costuma ser preparada com linguiças italianas com ervas. Adoramos usar as linguiças polonesas defumadas, que emprestam seu sabor característico a todo o prato.

Para adiantar: Dura 1 ou 2 dias na geladeira, caso você queira preparar com antecedência ou haja sobras.

Rende 6 porções

Lave bem as lentilhas e deixe de molho em bastante água fria.

Misture todos os ingredientes do creme de leite fresco com mostarda e guarde na geladeira.

Coloque ½ colher (sopa) do azeite em uma caçarola grande, com tampa, e leve ao fogo médio-alto. Adicione a linguiça e frite por 5 minutos, sem tampa, virando para que todos os lados fiquem dourados. Transfira para uma travessa. Deixe o azeite na caçarola.

Adicione as 2½ colheres (sopa) de azeite restantes e, mantendo o fogo médio, acrescente a cebola, o aipo e o pimentão verde. Refogue por 12-15 minutos, mexendo de vez em quando, até que os vegetais comecem a dourar. Junte o alho, o tomilho, a folha de louro e os talos de acelga (as folhas são para depois) e continue a refogar por mais 2-3 minutos. Adicione o extrato de tomate e o cominho e cozinhe por mais 1 minuto.

Escorra as lentilhas e coloque-as na caçarola junto com o caldo, 1½ colher (chá) de sal e um giro bem generoso do moedor de pimenta. Espere ferver, reduza o fogo e deixe cozinhar por 30 minutos, tampado, até que as lentilhas estejam cozidas. Usando um mixer de mão, bata as lentilhas em um dos cantos da caçarola por cerca de 30 segundos, para desfazer algumas delas. Adicione as folhas de acelga e misture.

Ponha as linguiças de volta na caçarola e cozinhe por 10 minutos, até que as folhas murchem e as linguiças estejam bem aquecidas. Junte a salsinha e divida em seis tigelas. Coloque o creme de leite fresco com mostarda por cima, seguido das cebolas crocantes, se estiver usando, e sirva.

Macarrão, arroz, tofu

Macarrão de chá verde com abacate e rabanete

25 g de alga wakame seca (ou uma embalagem de salada de vegetais marinhos)
200 g de macarrão de chá verde (ou soba)
2 colheres (chá) de óleo de gergelim
1 abacate maduro, sem casca e em fatias
3 cebolinhas, fatiadas finissimamente (45 g)
10 g de folhas de manjericão
1 colher (sopa) de gergelim (uma mistura de branco e preto vai bem), tostado

Picles de rabanete com saquê
80 g de rabanetes, fatiados finissimamente
2 colheres (sopa) de vinagre de arroz (ou de vinho branco)
1 colher (sopa) de açúcar
2 colheres (chá) de saquê (ou vinho de arroz Shaoxing)
sal

Molho de limão e shoyu
50 ml de sumo de limão-siciliano
50 ml de vinagre de arroz (ou de vinho branco)
75 ml de shoyu light
2 colheres (sopa) de mirin
15 g de gengibre, sem casca e ralado fino
1 dente de alho, espremido

Um macarrão frio em um dia quente é tão reconfortante quanto um macarrão quente em um dia frio. É a forma como são comidos — segurando a tigela com uma das mãos, os pauzinhos ou o garfo com a outra, e a cabeça ligeiramente abaixada; é a textura — escorregadia e substanciosa; é a forma como abraçam todas as outras texturas e sabores que se desdobram na mesma tigela.

Para adiantar: Todos os componentes podem ser preparados com antecedência — o macarrão e o rabanete com até 2 dias, o molho com até 3 — e guardados separados, na geladeira, para que o prato seja montado em apenas 1 minuto.

Nota sobre os ingredientes: A alga wakame tem um sabor de mar interessante, que combina muito bem com o abacate. A textura também é ótima: escorregadia, crocante e firme ao mesmo tempo. É fácil de ser encontrada, mas, como alternativa, uma salada de vegetais marinhos também funciona.

Rende 4 porções

Prepare o picles de rabanete com 2 dias de antecedência (ou no mínimo 30 minutos). Coloque os rabanetes em uma tigela média e adicione ¾ de colher (chá) de sal. Usando as mãos, massageie suavemente por 1 ou 2 minutos e, em seguida, adicione os ingredientes restantes do picles. Transfira para uma tigela pequena ou pote e guarde na geladeira.

Reidrate as algas: leva 30 minutos em água fria (que é a melhor opção) ou 10 minutos em água quente. Depois de reidratadas, escorra e rasgue grosseiramente os pedaços maiores e reserve na geladeira.

Junte todos os ingredientes do molho de limão e shoyu em um pote grande com tampa de rosca e agite para misturar. Deixe na geladeira.

Leve uma panela grande com água para ferver. Adicione o macarrão, mexa e cozinhe por 3 minutos. Adicione água fria suficiente para interromper o processo de fervura e continue cozinhando por mais 2 minutos. Escorra e enxágue em água fria corrente. Escorra novamente, depois transfira para uma tigela grande e acrescente o óleo de gergelim, misturando com as mãos. Cubra e leve à geladeira para esfriar.

Na hora de servir, use as mãos para soltar e separar o macarrão e adicione todo o molho, os rabanetes escorridos, a alga, o abacate, a cebolinha e o manjericão. Misture delicadamente e transfira para uma travessa alta ou tigela rasa. Espalhe o gergelim tostado por cima e sirva.

Nasi goreng com camarão e vagem

3 colheres (sopa) de óleo de amendoim, mais 60 ml para fritar os ovos
200 g de vagem-francesa, aparada e cortada em pedaços de 3 cm
¼ de colher (chá) de açúcar
2 chalotas-banana grandes, em rodelas (140 g)
750 g de arroz de grão longo cozido (3 embalagens de arroz pronto)
10 g de folhas de manjericão tailandês, mais um pouco para decorar
4 ovos
50 g de chalotas fritas (compradas prontas), para servir

Kicap
1½ colher (sopa) de sumo de limão
1½ colher (sopa) de molho de peixe
3 colheres (sopa) de shoyu escuro
3 colheres (sopa) de açúcar mascavo escuro
2 pimentas-malaguetas, sem sementes (se preferir), finamente fatiadas
sal

Pasta de especiarias
2 pimentas vermelhas suaves, sem sementes e cortadas grosseiramente (cerca de 25 g)
1 chalota, picada grosseiramente (80 g)
4 anchovas
3 dentes de alho, sem casca, inteiros
6 folhas de limão grandes, a parte central descartada, enroladas e cortadas em tirinhas
1 colher (sopa) de açúcar
1 colher (sopa) de molho de peixe
1 colher (sopa) de sumo de limão
150 g de camarão cru sem casca

O segredo de qualquer prato de arroz frito é usar arroz frio, previamente cozido (e um ovo frito por cima, claro). É perfeito para aproveitar sobras, mas também pode ser feito com arroz comprado pronto, cozido a vapor. Basta colocar na frigideira quente direto da embalagem.

Para adiantar: Tanto o kicap quanto a pasta de especiarias podem ser preparados com até 3 dias de antecedência.

Rende 4 porções

Coloque todos os ingredientes do kicap em um pote com tampa de rosca, junto com ⅛ de colher (chá) de sal. Agite para misturar e reserve.

Reúna todos os ingredientes da pasta de especiarias, exceto os camarões, na tigela pequena do processador de alimentos, junto com 1 colher (chá) de sal. Processe até formar um purê, então acrescente os camarões. Processe até ficar finamente picado, mas não completamente liso e uniforme.

Em seguida, prepare o arroz: leve uma frigideira alta grande ou wok, com tampa, ao fogo alto. Quando estiver bem quente, adicione 1 colher (sopa) do óleo e a vagem. Adicione ¼ de colher (chá) de sal e o açúcar, mexa uma vez e cozinhe por 1 minuto sem mexer muito: a vagem deve queimar um pouco. Transfira a vagem para um prato.

Reduza o fogo para médio-alto e leve a frigideira de volta ao fogo. Adicione as 2 colheres (sopa) restantes do óleo, depois as chalotas e refogue por 5 minutos, mexendo sempre, até dourar de leve. Adicione a pasta de especiarias e refogue por 5 minutos, mexendo de vez em quando. Mantenha o fogo alto e acrescente o arroz cozido (não leve ao micro-ondas) e mexa até que os grãos estejam uniformemente cobertos com a pasta de especiarias. Cozinhe por 5 minutos, mexendo de vez em quando, até que o arroz comece a dourar em alguns pontos. Adicione a vagem e o manjericão. Mexa, tampe e mantenha aquecido enquanto frita os ovos.

Leve uma frigideira grande e antiaderente ao fogo médio-alto. Adicione o óleo e, quando estiver bem quente, frite os ovos até as bordas ficarem crocantes e a gema ainda estiver um pouco mole.

Divida o arroz entre quatro tigelas, ponha um ovo frito por cima de cada uma e regue com o kicap. Espalhe algumas folhas de manjericão rasgadas em volta do ovo, finalize com a chalota frita e sirva.

Lámen rápido de macarrão com cogumelos

300 g de cogumelos-de-paris, sem os talos, limpos e grosseiramente quebrados em 4-5 pedaços
1 colher (sopa) de óleo de amendoim (ou de girassol)
2 colheres (sopa) de vinho de arroz Shaoxing (ou saquê)
2 ninhos de 85 g de macarrão instantâneo
2 folhas de nori, para servir

Molho de cebolinha
6 cebolinhas, finamente fatiadas (60 g)
1 dente de alho, picado finamente
10 g de gengibre, sem casca e picado finamente
1 colher (chá) de shichimi togarashi (ou ½ colher [chá] de pimenta em flocos)
50 ml de óleo de amendoim (ou de girassol)
2 colheres (sopa) de shoyu escuro
1 colher (sopa) de mel claro
1 colher (sopa) de molho de peixe
1 colher (sopa) de sumo de limão

Queríamos ter batizado esta receita de "Lámen de 10 minutos", mas, mesmo em nosso cozimento mais adiantado e concentrado, estávamos levando cerca de 15 minutos, então não foi possível! De qualquer forma, ele é super-rápido e muito saboroso. É um prato ao qual recorremos sempre. Também fica ótimo servido frio.

Nota sobre os ingredientes: O shoyu escuro é importante aqui. Ele é mais espesso, mais escuro e menos salgado que o shoyu light.

Rende 2 porções

Primeiro, prepare o molho de cebolinha: junte a cebolinha, o alho, o gengibre e a shichimi togarashi em uma tigela pequena refratária. Coloque o óleo em uma frigideira pequena e leve ao fogo médio. Esquente até o ponto de fumaça — deve levar cerca de 2 minutos — e retire do fogo. Imediatamente (e com muito cuidado), despeje o óleo sobre a mistura de cebolinha e mexa. Deixe descansar por 10 minutos, para os sabores despertarem e se mesclarem, depois acrescente o shoyu, o mel, o molho de peixe e o sumo de limão. Reserve.

Enquanto isso, ponha os cogumelos em um processador de alimentos e bata cerca de dez vezes na função pulsar, até estarem picados finamente: tudo bem se sobrarem alguns pedaços maiores.

Leve uma frigideira grande ao fogo médio-alto e acrescente o óleo, seguido dos cogumelos picados. Refogue por 12-15 minutos, mexendo sempre, até que os cogumelos amoleçam e escureçam e a maior parte da umidade tenha evaporado. Adicione o vinho de arroz — ele vai evaporar quase imediatamente — e desligue o fogo.

Encha uma panela média até a metade com água e leve para ferver em fogo alto. Quando ferver, adicione o macarrão e cozinhe por 2 minutos (ou de acordo com as instruções da embalagem) até ficar mole. Escorra o macarrão e junte-o imediatamente aos cogumelos. Misture com delicadeza, acrescente o molho de cebolinha e mexa o macarrão para revesti-lo.

Divida em duas tigelas. Esfarele uma folha de nori sobre cada porção e sirva.

Peixe com gengibre e arroz

6 filés de robalo (ou outro peixe branco), com a pele, cortados no sentido da largura
1 colher (chá) de amido de milho
1 colher (sopa) de óleo de gergelim
15 g de manteiga sem sal
7-8 cebolinhas, partes branca e verde fatiadas finissimamente e mantidas separadas (95 g)
20 g de gengibre, sem casca, e metade picada finamente, metade cortada à Julienne
2 dentes de alho, picados finamente
300 g de arroz jasmim
500 ml de caldo de frango
2 colheres (sopa) de óleo de girassol

Molho de pimenta e gengibre
3 pimentas vermelhas, sem sementes e picadas grosseiramente
2 dentes de alho, sem casca, inteiros
10 g de gengibre, sem casca e picado grosseiramente
2 colheres (sopa) de açúcar
2 colheres (sopa) de sumo de limão
50 ml de água
1 colher (chá) de sal

Marinada para o peixe
1 colher (sopa) de vinho de arroz Shaoxing (ou saquê)
1 colher (sopa) de molho de ostra
1 colher (chá) de shoyu light
30 ml de água
¾ de colher (chá) de açúcar
sal e pimenta-do-reino branca moída

Esta receita de uma panela só é uma ótima forma de preparar peixe, que cozinha no vapor sobre o arroz. Faça o molho e a marinada com antecedência, e tudo fica pronto muito mais rápido. Sirva com verduras refogadas.

Para adiantar: O molho de pimenta e gengibre pode ser feito com até 3 dias de antecedência, guardado em um pote com tampa de rosca. Funciona como base do molho de pimenta e gengibre usado no cucur udang (ver p. 76), caso você esteja planejando cardápios e queira dobrar esta receita, adicionando o óleo de gergelim na hora de preparar o cucur udang.

Rende 4 porções

Junte todos os ingredientes do molho de pimenta e gengibre em um liquidificador pequeno (ou na tigela pequena do processador de alimentos). Processe até formar um molho líquido. Transfira para uma tigela e reserve até a hora de servir: rende mais do que você vai precisar aqui, o que não é um problema.

Em seguida, prepare a marinada para o peixe: coloque o vinho de arroz Shaoxing, o molho de ostra, o shoyu, a água, o açúcar, ¼ de colher (chá) de sal e ¼ de colher (chá) de pimenta-do-reino branca moída em uma tigela pequena e misture até dissolver.

Arrume o peixe em uma tigela rasa e regue com a marinada. Adicione o amido de milho, misture para recobrir o peixe e reserve.

Para o arroz, coloque o óleo de gergelim e a manteiga em uma frigideira grande (de cerca de 26 cm de largura), com tampa bem justa. Leve ao fogo médio-baixo, acrescente a parte branca da cebolinha, o gengibre picado finamente e o alho e refogue por cerca de 6 minutos, até tudo ficar macio e começar a dourar. Adicione o arroz e mexa por alguns minutos, depois acrescente o caldo e 1 colher (chá) de sal. Aumente o fogo para alto, espere ferver, mexa e reduza imediatamente para o mais baixo possível. Cozinhe por 15 minutos, bem tampado para reter o vapor, até que o arroz esteja quase pronto. Trabalhando rápido, destampe a panela e ponha cuidadosamente o peixe por cima do arroz, sem sobrepor os pedaços, e regue com o que sobrou da marinada na tigela. Tampe bem novamente e deixe por mais 12 minutos, até que o peixe esteja cozido. Retire do fogo e deixe descansar por 5 minutos, coberto.

Espalhe o gengibre cortado à Julienne e a parte verde da cebolinha por cima do peixe. Na hora de servir, aqueça o óleo de girassol em uma panela pequena. Quando estiver bem quente, despeje o óleo sobre o peixe, cozinhando assim levemente a cebolinha e o gengibre. Sirva o peixe e o arroz com o molho de pimenta ao lado.

Tofu frio com molho picante de gergelim

50 g de gergelim
2 colheres (sopa) de açúcar
2 dentes de alho, picados finamente
100 ml de shoyu light
2 colheres (sopa) de óleo de gergelim torrado
1 colher (sopa) de vinagre preto Chinkiang (ou vinagre de malte)
1 colher (sopa) de shichimi togarashi
3 cebolinhas, finamente fatiadas (30 g)
2 blocos de tofu macio

Para decorar
1 cebolinha, finamente fatiada (10 g)
alguns ramos de coentro
1 pimenta vermelha suave, fatiada finissimamente
2 colheres (sopa) de chalotas fritas (compradas prontas; amendoins ou castanhas-de-caju salgados picados grosseiramente também funcionam)

Fresca e untuosa, esta receita leve, mas saborosa, é um conforto frio em um dia quente de verão. Sirva de entrada ou como um prato principal vegano.

Nota sobre os ingredientes: O vinagre preto Chinkiang tem uma adorável nota doce e maltada que confere complexidade a este molho simples à base de shoyu, mas o vinagre de malte também funciona. Se você for a um mercado especializado em produtos chineses, haverá uma grande variedade de tofu. Se vir tofu "macio", entenda o seguinte: ele corta com muito mais facilidade do que o tofu firme, que pode esfarelar.

Para adiantar: O molho pode ser preparado com até 3 dias de antecedência e mantido na geladeira. Com essa etapa feita, bastam 5 minutos para levar o prato à mesa.

Rende 4 porções

Coloque o gergelim em uma frigideira pequena e leve ao fogo baixo. Torre por cerca de 6 minutos, mexendo a frigideira regularmente, até dourar. Transfira para um pilão (ou moedor de especiarias), adicione o açúcar e amasse até ficar bem moído. Ponha em uma tigela média e adicione todos os ingredientes restantes, exceto o tofu (e as decorações). Misture.

Retire o tofu da embalagem, coloque-o em uma tigela grande e rasa e corte-o em fatias ou cubos grandes e retos. Regue com o molho e decore com a cebolinha, o coentro, a pimenta e as chalotas fritas.

Canja de galinha

Caldo
1 frango pequeno (de cerca de 1,1 kg)
50 g de gengibre, sem casca e ligeiramente esmagado
15 grãos de pimenta-do-reino preta
3 chalotas-banana, sem casca e cortadas ao meio no sentido do comprimento (170 g)
5 dentes de alho, sem casca e ligeiramente esmagados
20 g de talos de coentro (reserve as folhas para finalizar)
sal

Canja
200 g de arroz jasmim
2 colheres (sopa) de óleo de gergelim torrado
2 chalotas-banana, picadas finamente (155 g)
25 g de gengibre, sem casca e ralado fino para obter 1 colher (sopa)
3 dentes de alho, espremidos
1,75 litro de caldo de frango (ver acima)
30 ml de molho de peixe

Para finalizar (uma ou todas as opções abaixo)
4 cebolinhas, finamente fatiadas (40 g)
40 g de cebola frita (comprada pronta)
25 g de gergelim torrado
20 g de folhas de coentro (dos talos usados acima)
100 g de broto de feijão
1 colher (chá) de grãos de pimenta-do-reino branca, esmagados (não use moída)
1-2 pimentas vermelhas, fatiadas finissimamente
óleo de pimenta crocante (comprado pronto, ou veja a p. 136 para a receita de rayu de amendoim)
1 limão, cortado em gomos, para servir

Esta é uma comida reconfortante em muitas camadas. A textura calmante do frango e do arroz; o caldo, que toca a alma; uma refeição servida em uma tigela, com uma colher ou pauzinhos. É o tipo de coisa que comemos quando precisamos de algo aconchegante e alegre, e é um prato que leva Helen direto para casa. As crianças também adoram: você pode simplesmente tirar a pimenta-do-reino e o óleo de pimenta no final.

Para adiantar: A canja fica melhor feita na hora, mas o frango pode ser cozido e desfiado de véspera. Você vai precisar reaquecê-lo antes de servir ou misturá-lo à canja quente em vez de colocá-lo por cima.

Rende 4 porções

Ponha o frango em uma panela média ou caçarola funda, com o peito para cima. Adicione 3-3,5 litros de água: o objetivo é apenas cobrir o frango. Adicione todos os outros ingredientes do caldo, junto com 1 colher (chá) de sal, e leve para ferver em fogo médio-alto. Quando começar a ferver, reduza o fogo e cozinhe em fogo baixo por 1 hora e meia. Retire a espuma algumas vezes e não deixe o caldo ferver em nenhum momento. Para conferir se está pronto, puxe delicadamente uma das coxinhas da asa: ela deve começar a se soltar. Desligue o fogo e, com uma escumadeira grande, retire o frango do caldo e transfira para uma travessa grande e alta. Reserve para esfriar.

Coloque o arroz em uma peneira e lave bem até a água sair limpa. Deixe escorrer. Despeje o óleo de gergelim em uma panela grande e leve ao fogo médio. Adicione as chalotas e o gengibre e refogue por 5 minutos, mexendo algumas vezes, até ficarem macios. Adicione o alho e ¼ de colher (chá) de sal, refogue por mais 2 minutos e acrescente o arroz. Misture, depois coe 1,75 litro do caldo de frango sobre o arroz (os vegetais podem ser descartados, e o caldo restante utilizado em outros pratos ou congelado). Cozinhe em fogo médio por 30 minutos, sem tampa, mexendo regularmente, até o arroz ficar macio e começar a se desmanchar: deve ter a consistência de um mingau de aveia. Acrescente o molho de peixe.

Enquanto a canja cozinha, desosse o frango e rasgue a carne em pedaços.

Para servir, divida a canja em quatro tigelas grandes de sopa, ponha o frango desfiado por cima e as finalizações. Sirva com um gomo de limão.

Tofu mapo com cogumelos e kimchi

300 g de cogumelos variados (uma mistura de cogumelos-de-paris, shiitake e cogumelo-ostra, por exemplo), talos e chapéus grosseiramente partidos em 3-4 pedaços
2 colheres (sopa) de óleo de amendoim (ou de girassol)
6 cebolinhas, finamente fatiadas (85 g), partes branca e verde mantidas separadas
4 dentes de alho, picados finamente
20 g de gengibre, sem casca e picado finamente
2 colheres (sopa) de vinho de arroz Shaoxing
3 colheres (sopa) de doubanjiang (pasta de soja fermentada)
1½ colher (sopa) de shoyu light
1 colher (sopa) de shoyu escuro
300 ml de caldo de legumes (ou água)
1 colher (sopa) de fécula de batata (ou amido de milho), dissolvida em 2 colheres (sopa) de água
150 g de kimchi, picado grosseiramente
800 g de tofu macio (não é o mesmo que tofu firme), cortado em cubos de mais ou menos 3 cm
2 colheres (chá) de óleo de gergelim torrado
½ colher (chá) de pimenta Sichuan, tostada e grosseiramente esmagada
arroz cozido no vapor, para servir

Depois de comprados e cortados os ingredientes, esta refeição leva menos de 15 minutos para ficar pronta. Em termos de relação esforço-benefício, também é maravilhosa, com muitas coisas acontecendo em termos de sabor (elevado) e textura (maravilhosamente macia). Tradicionalmente, o tofu mapo — prato muito apreciado em Sichuan — é feito com carne (bovina ou suína) moída. Aqui, usamos cogumelos. É uma refeição vegana complexa, para ser servida com bastante arroz (tradicional ou jasmim) no vapor. As sobras ficam ótimas nos dias seguintes, portanto, mesmo que você esteja cozinhando apenas para uma ou duas pessoas, faça a receita inteira.

O nome "mapo", segundo a história, vem da esposa de um dono de restaurante da dinastia Qing, no final do século XIX, que costumava cozinhar grandes porções de tofu para os trabalhadores que frequentavam o local. Seu rosto, marcado por cicatrizes de varíola, lhe rendeu o apelido ma po, "mulher com marcas de varíola". Centenas de anos depois, seu prato continua vivo em inúmeras versões.

Rende 4-6 porções

Ponha os pedaços de cogumelo em um processador de alimentos e bata cerca de 10 vezes na função pulsar, até ficarem finamente picados.

Coloque o óleo em uma frigideira grande antiaderente e leve ao fogo médio. Adicione a parte branca da cebolinha, junto com o alho e o gengibre. Refogue por 2-3 minutos, até ficarem macios, e então adicione os cogumelos picados. Aumente o fogo para médio-alto e cozinhe por 8-9 minutos, mexendo de vez em quando, até que os cogumelos amoleçam e a maior parte da umidade tenha evaporado.

Acrescente o vinho de arroz Shaoxing, o doubanjiang e os shoyus light e escuro. Deixe ferver, reduza o fogo e cozinhe por 1 minuto, mexendo, para misturar. Adicione o caldo, a mistura de fécula de batata e cozinhe por 1 minuto, até engrossar levemente. Adicione o kimchi e depois junte o tofu, misturando delicadamente, para aquecê-lo.

Transfira para uma tigela grande de servir e finalize com o óleo de gergelim, a pimenta Sichuan e a parte verde reservada da cebolinha.

Massa, polenta, batata

Macarrão com pesto, vagem tostada e batata

55 g de folhas de manjericão
50 g de pinoles
1 dente de alho, espremido
100 ml de azeite
40 g de parmesão, ralado fino
180 g de vagem-francesa, aparada
1 limão-siciliano: rale finamente a casca, depois esprema para obter 1 colher (sopa) de sumo
250 g de trofie (ou orecchiette ou cavatelli)
300 g batatas novas, sem casca e cortadas em cubos de mais ou menos 2 cm (250 g)
sal e pimenta-do-reino preta

Esta é a versão da nossa colega Katja Tausig da clássica combinação da Ligúria de macarrão, pesto, vagem e batata. Carboidratos em dobro se encarregam do conforto; tostar a vagem é o diferencial.

Rende 4 porções

Para fazer o pesto, ponha 45 g do manjericão no processador de alimentos, junto com os pinoles, o alho, ⅛ de colher (chá) de sal e um bom giro do moedor de pimenta. Bata algumas vezes na função pulsar, raspe as laterais da tigela e bata novamente até obter uma pasta grossa. Com o processador ligado, adicione lentamente 80 ml de azeite, só até incorporar. Adicione 30 g do parmesão e bata na função pulsar para misturar. Reserve.

Aqueça uma frigideira em fogo alto. Coloque a vagem em uma tigela, junto com ½ colher (chá) do azeite e ⅛ de colher (chá) de sal e misture bem. Quando a frigideira estiver bem quente, adicione as vagens — em 2-3 levas — e grelhe por cerca de 5 minutos, virando, para que todos os lados fiquem tostados e macios. Retire do fogo e, quando estiverem frias o suficiente para serem manuseadas, corte as vagens ao meio e transfira-as para uma tigela. Adicione a colher de azeite restante, as raspas e o sumo de limão-siciliano, os 10 g restantes de folhas de manjericão e ⅛ de colher (chá) de sal.

Enquanto isso, encha uma panela média até três quartos com água bem salgada e leve para ferver. Adicione o macarrão à água fervendo, cozinhe por cerca de 5 minutos, e acrescente as batatas. Cozinhe por mais 7 minutos, até que as batatas estejam cozidas e a massa fique al dente. Escorra, reservando 4 colheres (sopa) da água. Leve o macarrão e as batatas de volta para a panela, junte o pesto e a água reservada do cozimento e misture delicadamente.

Para servir, transfira o macarrão para uma tigela grande. Espalhe as vagens por cima, seguidas do parmesão restante.

Orecchiette com cebola caramelizada, avelã e sálvia crocante

105 ml de azeite
20 g de folhas de sálvia
2 cebolas, fatiadas finissimamente (320 g)
250 g de orecchiette (ou casarecce ou conchiglie pequeno)
700 ml de água, em temperatura ambiente
1½ colher (sopa) de sumo de limão-siciliano
50 g de avelãs, grosseiramente picadas
sal e pimenta-do-reino preta

Esta é uma daquelas receitas "mágicas" que parecem tomar forma quando você não tem muita coisa na despensa. Também parece muito mais do que a soma de suas partes, rendendo um jantar rápido e delicioso em um dia de semana qualquer.

Para se divertir: Aqui outras castanhas funcionam tão bem quanto as avelãs — particularmente nozes ou amêndoas —, por isso use o que tiver em casa.

Rende 4 porções

Coloque o azeite em uma frigideira alta de 28 cm, com tampa, e leve ao fogo médio-alto. Quando estiver bem quente, adicione as folhas de sálvia e frite por 4 minutos, mexendo sempre, até que fiquem verde-escuras e crocantes. Escorra-as em uma peneira apoiada sobre uma tigela pequena. Ponha 2 colheres (sopa) do azeite reservado em uma frigideira pequena e reserve.

Volte com a frigideira para o fogo médio, despeje o restante do azeite reservado e, quando estiver bem quente, acrescente as cebolas. Refogue por cerca de 25 minutos, mexendo sempre, até dourar, mas sem ficar muito escuras. Coloque o macarrão na frigideira, junto com a água, 1¼ colher (chá) de sal e ½ colher (chá) de pimenta moída na hora. Misture bem e cozinhe em fogo baixo, tampado, por 20 minutos, até que o líquido seja absorvido e a massa fique al dente. Junte o sumo de limão-siciliano, tempere com uma boa pitada de pimenta e reserve.

Leve a frigideira pequena (com o azeite) ao fogo médio, adicione as avelãs picadas e frite delicadamente por 2-3 minutos, até dourar. Espalhe as avelãs e o azeite por cima da massa, depois as folhas crocantes de sálvia frita e sirva quente, direto da frigideira.

Linguine com manteiga de missô, shiitake e espinafre

190 g de linguine (ou espaguete)
1 colher (sopa) de azeite
100 g de manteiga sem sal, gelada, cortada em cubos de 2 cm
1 chalota-banana, picada finamente (75 g)
150 g de cogumelos shiitake frescos, grosseiramente fatiados
3 dentes de alho, espremidos
50 g de missô branco
1 colher (chá) de shoyu light
1 colher (sopa) de vinagre preto Chinkiang (ou vinagre de malte)
150 g de folhas de espinafre baby
sal e pimenta-do-reino preta

Para servir
shichimi togarashi (ou pimenta em flocos)
gomos de limão ou de limão-siciliano

A manteiga, o missô e a água do cozimento combinam-se para formar uma emulsão e revestir o linguine no mais reconfortante de todos os molhos. É absolutamente cremoso sem o uso de creme de leite e perfeito para um jantar fácil no meio da semana.

Nota sobre os ingredientes: A sugestão de adicionar togarashi — a mistura japonesa de 7 especiarias — dá um toque fusion e funciona bem, mas um pouco de pimenta em flocos e uma (boa!) quantidade de pimenta-do-reino preta também funcionam brilhantemente.

Rende 2 porções

Leve uma panela grande com 2 litros de água para ferver. Adicione 1 colher (chá) de sal, coloque o macarrão e cozinhe até ficar al dente. Escorra, guardando 200 ml da água do cozimento.

Enquanto isso, coloque o azeite e 15 g da manteiga em uma frigideira grande e leve ao fogo médio-alto. Adicione a chalota e refogue por cerca de 5 minutos, até ficar macia, mas sem dourar. Acrescente o shiitake, junto com um bom giro do moedor de pimenta, e cozinhe por cerca de 7 minutos, até que os líquidos evaporem e os cogumelos comecem a dourar. Adicione o alho, o missô, o shoyu e o vinagre e mexa por cerca de 30 segundos para incorporar. Acrescente a água reservada do cozimento, misture bem e deixe ferver. Reduza o fogo para médio e, mantendo a mistura fervendo, acrescente os 85 g de manteiga restantes, 1 cubinho de cada vez, mexendo sempre, até o molho emulsionar e engrossar um pouco: deve levar cerca de 3 minutos.

Despeje o macarrão cozido na frigideira, misture por 30 segundos e adicione o espinafre. Misture por 1 minuto, até o espinafre murchar, depois sirva com uma pitada generosa de shichimi togarashi (ou pimenta em flocos e um pouco mais de pimenta-do-reino) e os gomos de limão ou limão-siciliano ao lado.

Rigatoni ao ragu bianco

15 g de cogumelos selvagens secos, hidratados em 250 ml de água fervendo por 30 minutos
15 g de manteiga sem sal
1 colher (sopa) de azeite
1 cebola, cortada em cubinhos (180 g)
2 cenouras, sem casca e cortadas em cubinhos (180 g)
2 talos de aipo, cortados em cubinhos (100 g)
400 g de carne bovina moída, 10-15% de gordura
400 g de carne de porco moída
300 ml de caldo de frango
360 g de rigatoni (ou spirali)
sal e pimenta-do-reino preta

Pasta de batata
1 batata (de uma variedade rica em amido), sem casca e grosseiramente cortada em cubos (160 g)
2 dentes de alho grandes, picados grosseiramente
6 folhas de sálvia, picadas finamente
1 colher (sopa) de folhas de alecrim, picadas finamente
½ colher (chá) de pimenta em flocos (opcional)
4 anchovas, picadas grosseiramente

Para servir
1 colher (sopa) de casca de limão-siciliano, ralada finamente (de 2 limões)
15 g de salsinha, picada finamente
20 g de parmesão, ralado fino

Pergunte a um italiano o que é comida reconfortante para ele; não estranhe se ele não fizer ideia do que você está falando. "Toda comida é reconfortante", provavelmente será a resposta. Com uma culinária tão rica em massas, risotos e polenta, é fácil perceber de onde vem essa ideia. Ainda assim, se considerarmos comida reconfortante a comida que sustenta e nutre, então o rigatoni ao ragu bianco — comum no norte da Itália (e muitas vezes preparado pelo pai italiano do Yotam quando os filhos eram pequenos) — conta como uma receita italiana particularmente reconfortante. É discreta, fácil e restauradora. Sirva com macarrão, como fazemos aqui, ou sobre polenta macia (ver p. 220). *Foto no verso.*

Rende 4 porções generosas

Primeiro, prepare a pasta de batata: junte a batata, o alho, a sálvia, o alecrim, a pimenta em flocos e as anchovas em um processador de alimentos e processe até obter uma pasta grossa. Transfira para uma tigela e reserve. Não se preocupe se desbotar um pouco.

Coe os cogumelos (reserve o líquido), pique-os grosseiramente e reserve. Coe o líquido mais uma vez (descartando qualquer sedimento arenoso) e reserve também.

Coloque a manteiga e o azeite em uma panela média, com tampa, e leve ao fogo médio. Quando estiver bem quente, adicione a cebola, a cenoura e o aipo e refogue por 10 minutos, até ficarem macios. Aumente o fogo para alto, acrescente as carnes moídas e cozinhe por 10-12 minutos, mexendo delicadamente, até dourar: a carne não deve se partir completamente, então não mexa com muita força. Adicione a pasta de batata, junto com 1½ colher (chá) de sal e uma boa quantidade de pimenta-do-reino preta moída. Cozinhe por 2 minutos, então adicione os cogumelos, junto com o líquido da hidratação e o caldo. Deixe ferver, reduza o fogo e cozinhe por 1 hora e meia, parcialmente tampado, até o molho engrossar.

Cozinhe o macarrão em água fervente com sal até ficar al dente e misture com o ragu. Misture as raspas de limão-siciliano com a salsinha e espalhe por cima. Finalize com o parmesão.

Bolonhesa da Helen

75 ml de óleo de amendoim
1 cebola, cortada em cubinhos (180 g)
1 cenoura grande, sem casca e cortada em cubinhos (125 g)
1 talo de aipo, cortado em cubinhos (75 g)
2 anises-estrelados
1 pau de canela
2 folhas de louro
1½ colher (chá) de pimenta Sichuan, grosseiramente esmagada em um pilão
1 colher (chá) de erva-doce, grosseiramente esmagada em um pilão
500 g de carne de porco moída (ou bovina, ou uma mistura das duas)
3 dentes de alho, espremidos
40 g de gengibre, sem casca e picado finamente
2 colheres (sopa) de vinho de arroz Shaoxing
100 g de doubanjiang (pasta de soja fermentada)
50 ml de shoyu light
310 ml de água
1 colher (sopa) de amido de milho
7 cebolinhas, finamente fatiadas (75 g)
360 g de pappardelle

Pepino temperado
1 pepino grande, cortado em palitinhos (310 g)
2 colheres (sopa) de vinagre de arroz
1 colher (chá) de mel claro
1 colher (chá) de óleo de gergelim
sal

Para servir
5 g de folhas de coentro, rasgadas grosseiramente
1½ colher (sopa) de gergelim torrado

Macarrão à bolonhesa: muitos de nós crescemos com uma versão específica, que então se transforma na versão "normal" em relação à qual todas as outras são avaliadas. Qualquer pessoa cuja opção padrão seja uma versão italiana ou anglófona do prato ficará encantada com o bolonhesa da Helen.

Adaptada de um molho do livro *All Under Heaven*, de Carolyn Phillips, esta receita obtém muito da profundidade e do sabor do doubanjiang — uma pasta picante feita de soja fermentada, favas e pimenta. É um ingrediente-chave em muitos pratos de Sichuan e pode ser encontrada em mercearias asiáticas ou na internet. *Foto no verso.*

Rende 4 porções

Coloque o óleo em uma panela média, com tampa, e leve ao fogo médio-alto. Quando estiver bem quente, adicione a cebola, a cenoura, o aipo, os anises-estrelados, o pau de canela e as folhas de louro. Refogue por 5 minutos, mexendo sempre, depois acrescente a pimenta Sichuan e a erva-doce. Cozinhe por mais 5 minutos, mexendo de vez em quando, até os vegetais começarem a dourar. Retire a panela do fogo e, com uma escumadeira, transfira os vegetais para um prato, deixando o óleo e quaisquer outros sedimentos na panela.

Volte com a panela para o fogo médio-alto e acrescente a carne, o alho e o gengibre. Cozinhe por 5-7 minutos, mexendo de vez em quando, até a carne dourar levemente. Adicione o vinho de arroz Shaoxing, cozinhe por 1 minuto, então adicione o doubanjiang, o shoyu e 250 ml da água. Mexa bem, tampe parcialmente e cozinhe em fogo médio-baixo por cerca de 25 minutos, mexendo de vez em quando.

Enquanto o molho de carne cozinha, misture o amido de milho aos 60 ml de água restantes e reserve.

Ponha os vegetais cozidos de volta no molho, junto com a cebolinha e a pasta de amido de milho. Cozinhe por 5 minutos, sem tampa.

Enquanto isso, coloque todos os ingredientes do pepino temperado em uma tigela pequena. Adicione ¼ de colher (chá) de sal, misture bem e reserve.

Cozinhe o pappardelle em água fervente com sal até ficar al dente, depois divida em quatro tigelas. Sirva o molho de carne por cima e um pouco do pepino temperado. Finalize com o coentro e o gergelim, com o pepino restante à parte.

Estrogonofe de almôndega

500 g de tagliatelle (ou pappardelle ou linguine)
50 g de manteiga sem sal
2 colheres (chá) de sementes de papoula

Almôndegas
70 g de pão dormido, sem casca, o miolo rasgado grosseiramente
100 ml de leite
1 colher (sopa) de azeite
1 cebola, picada finamente (180 g)
2 dentes de alho, espremidos
500 g de carne moída (bovina ou de porco), pelo menos 15% de gordura
2 colheres (chá) de mostarda de Dijon
1 ovo
5 g de endro, picado finamente
1 colher (chá) de casca de limão-siciliano, ralada finamente
60 ml de azeite, para fritar
sal e pimenta-do-reino preta

Molho de cogumelos
3 chalotas-banana, fatiadas finissimamente (200 g)
3 dentes de alho, espremidos
50 g de manteiga sem sal
400 g de cogumelos-de-paris pequenos, cortados em quatro
3 colheres (sopa) de conhaque (ou brandy)
1½ colher (chá) de páprica defumada picante
1½ colher (sopa) de extrato de tomate
1 colher (sopa) de mostarda de Dijon
1 colher (sopa) de molho inglês
650 ml de caldo de carne
150 g de sour cream (ou creme de leite fresco)

Para servir
125 g de picles de pepino com endro, picado grosseiramente
10 g de endro, picado grosseiramente

Amamos a riqueza (e a levada retrô!) do estrogonofe de filé, mas nem sempre essa é a melhor forma de alimentar uma multidão! Aqui, pegamos a riqueza do estrogonofe e o transformamos em almôndegas. Isso não só eleva a carne a outro patamar: ela praticamente vira puro conforto na tigela. Servimos com massa italiana, mas macarrão oriental funciona tão bem quanto, assim como arroz, risone ou purê de batata.

Para adiantar: Com exceção do macarrão, esta receita pode ser preparada com 1 dia de antecedência.

Rende 6 porções

Primeiro, prepare as almôndegas: ponha o pão e o leite em uma tigela grande e reserve, por cerca de 5 minutos, para hidratar.

Coloque a colher (sopa) de azeite em uma frigideira pequena e leve ao fogo médio. Adicione a cebola e refogue por 8-10 minutos, mexendo algumas vezes, até ficar macia. Acrescente o alho, refogue por 1 minuto e transfira para uma tigela média. Deixe a mistura esfriar um pouco e junte-a à tigela de pão hidratado com todos os demais ingredientes para as almôndegas, menos o azeite, mais 1 colher (chá) de sal e um pouco de pimenta-do-reino. Misture bem e modele 26 bolas de 30 g cada. Deixe na geladeira, cobertas, até a hora de cozinhar.

Coloque 2 colheres (sopa) do azeite em uma frigideira alta grande e leve ao fogo médio-alto. Quando estiver bem quente, adicione metade das almôndegas e frite por 8 minutos, até dourarem e ficarem bem cozidas, mexendo delicadamente a panela para virá-las. Transfira para uma travessa e repita com o restante, adicionando mais 2 colheres (sopa) de azeite. Coloque-as na travessa com as outras almôndegas e reserve.

A seguir, prepare o molho de cogumelos. Sem lavar a frigideira e mantendo o fogo médio-alto, adicione as chalotas e refogue por 5-7 minutos, mexendo algumas vezes, até começar a caramelizar. Adicione o alho, refogue por 1 minuto e transfira a mistura para uma tigela média.

Adicione metade da manteiga à mesma frigideira e leve ao fogo médio-alto. Adicione metade dos cogumelos, junto com ¼ de colher (chá) de sal, e cozinhe por 6 minutos, resistindo à vontade de mexer demais, até que todos os líquidos tenham evaporado e os cogumelos fiquem bem dourados. Coloque-os na mesma tigela das chalotas e reserve, enquanto repete com a manteiga e os cogumelos restantes e mais ¼ de colher (chá) de sal.

Volte com as chalotas e os cogumelos para a frigideira, ainda em fogo médio-alto, até ferver. Adicione o conhaque e deixe borbulhar por alguns segundos, depois adicione a páprica, o extrato de tomate, a mostarda, o molho inglês e o caldo de carne. Espere ferver, reduza o fogo e cozinhe em fogo baixo por 15 minutos, até reduzir para dois terços do volume inicial. Adicione o sour cream, as almôndegas, ½ colher (chá) de sal e um pouco de pimenta-do-reino e deixe por 5 minutos, até que as almôndegas estejam cozidas.

Enquanto isso, cozinhe o macarrão em água fervente com sal até ficar al dente. Escorra e coloque-o de volta na panela, então acrescente a manteiga e as sementes de papoula. Misture delicadamente até derreter a manteiga. Divida o macarrão em seis tigelas e ponha as almôndegas e o molho por cima. Finalize com o picles picado e o endro e sirva.

Frango com risone e funghi em uma panela só

3-4 pimentas cascabel (ou ancho) (25 g)
4 paus de canela
30 g de funghi porcini seco
1,1 litro de água fervendo
1 frango inteiro (1,5 kg)
2 limões-sicilianos: 1 cortado ao meio, o outro cortado em 4 gomos, para servir
60 ml de azeite
500 g de aipo, cortado na diagonal em pedaços de 4 cm
2 cebolas, cortadas em 8
6 dentes de alho, fatiados finissimamente
8 ramos de tomilho
320 g de risone
5 g de salsinha, picada grosseiramente, para servir
sal e pimenta-do-reino preta

Cozinhar o frango como fazemos aqui deixa a carne mais macia, mas nossa parte preferida, na verdade, é o risone, que absorve todos os sucos do frango. Sirva com seu molho de pimenta preferido.

Rende 4 porções generosas

Preaqueça o forno de convecção a 180°C.

Coloque as pimentas e os paus de canela em uma frigideira pequena e seca em fogo médio-alto. Deixe por 8 minutos, até ficar perfumado e tostado, depois transfira para uma tigela grande com o funghi. Adicione a água fervendo, tampe com um prato e deixe descansar por pelo menos 15 minutos.

Enquanto isso, seque o frango com papel-toalha e tempere com ½ colher (chá) de sal e uma boa quantidade de pimenta-do-reino. Enfie metade de um limão-siciliano na cavidade.

Coloque 2 colheres (sopa) do azeite em uma panela grande de ferro fundido, com tampa, e leve ao fogo médio-alto. Adicione o frango e doure de todos os lados, por cerca de 7 minutos no total. Transfira o frango para uma travessa e despeje as 2 colheres de azeite restantes na panela, junto com o aipo e a cebola. Refogue por 6 minutos, até dourar levemente. Adicione o alho e o tomilho e refogue por mais 1 minuto. Retorne com o frango para a panela, com o peito voltado para cima, despeje os cogumelos hidratados e o líquido, junto com os aromáticos, 2 colheres (chá) de sal e um bom giro do moedor de pimenta. Espere ferver, tampe e leve ao forno por 50 minutos. Retire do forno e acrescente o risone, inserindo um pouco na cavidade do frango. Tampe novamente e leve ao forno por mais 20 minutos, até que o risone esteja cozido e tenha absorvido a maior parte do líquido.

Aumente a temperatura do forno para 200°C, destampe a panela e leve-a ao forno por mais 10 minutos ou até dourar por cima. Deixe esfriar um pouco, cerca de 10-15 minutos.

Esprema a outra metade do limão-siciliano, espalhe a salsinha por cima e sirva direto da panela, acompanhado dos gomos de limão-siciliano.

Lasanha de abobrinha e funcho

6-7 abobrinhas grandes, fatiadas finissimamente (1,5 kg)

3 cabeças de funcho grandes, fatiadas finissimamente (1 kg)

2 maços de cebolinha, finamente fatiados (175 g)

265 ml de azeite

4 dentes de alho, espremidos

45 g de alcaparras, picadas grosseiramente

1½ colher (chá) de erva-doce, tostada e grosseiramente esmagada

50 g de endro, picado grosseiramente

30 g de salsinha, picada grosseiramente

1 limão-siciliano grande: rale finamente a casca para obter 1 colher (chá), depois esprema para obter 3 colheres (sopa) de sumo

150 ml de caldo de legumes (ou água)

½ colher (chá) de mel claro

25 g de sementes de abóbora, tostadas

300 g de massa fresca para lasanha

sal e pimenta-do-reino preta

Creme de ricota
250 g de ricota
175 g de pecorino romano, ralado fino
125 g de mozarela de búfala, picada grosseiramente
80 ml de creme de leite fresco

Graças a Verena, temos a lasanha vegetariana pela qual todos esperavam. Os vegetais passam um tempo relativamente longo no forno antes de o prato ser montado, o que proporciona um sabor extremamente rico e concentrado. O molho branco, por outro lado, toma muito menos tempo do que o habitual: é uma versão sem cozimento, que leva segundos para ficar pronta. *Foto no verso.*

Rende 8 porções

Preaqueça o forno de convecção a 240°C.

Coloque as abobrinhas, o funcho e a cebolinha em uma tigela grande, junto com 150 ml do azeite, 2¼ colheres (chá) de sal e um giro generoso do moedor de pimenta. Misture bem e espalhe em duas assadeiras grandes forradas com papel-manteiga. Leve ao forno por 40 minutos, girando as assadeiras e remexendo bem na metade do tempo.

Retire as duas assadeiras do forno e junte os vegetais em uma só. Adicione o alho, as alcaparras, a erva-doce, 25 g do endro, 20 g da salsinha e 1 colher (sopa) de sumo de limão-siciliano e misture bem. Volte com essa assadeira ao forno por mais 10 minutos.

Reduza o forno de convecção para 180°C, acrescente o caldo aos legumes e deixe por mais 5 minutos. Transfira com cuidado para uma tigela e reserve.

A seguir, prepare o pesto: coloque o endro, a salsinha e o suco de limão-siciliano restantes e as raspas de limão-siciliano na tigela pequena do processador de alimentos. Adicione 100 ml de azeite, o mel, as sementes de abóbora tostadas e ¼ de colher (chá) de sal e processe para misturar. Transfira para uma tigela pequena e reserve.

Para o creme de ricota, junte a ricota, 125 g do pecorino e toda a mozarela na tigela grande do processador de alimentos. Adicione o creme de leite e ⅛ de colher (chá) de sal e bata até ficar bem homogêneo.

Arrume uma pequena porção dos vegetais em uma assadeira de 20 × 30 cm, apenas o suficiente para formar uma fina camada no fundo. Disponha uma camada de folhas de lasanha por cima (corte-as para caber na assadeira) e espalhe um terço dos vegetais restantes por cima, seguido de 6 colheres (sopa) do creme de ricota (basta passar ligeiramente) e 1½ colher (sopa) de pesto. Polvilhe com cerca de ½ colher (sopa) de pecorino e repita as camadas mais duas vezes, até terminar com uma camada de massa. Espalhe o creme de ricota restante por cima e polvilhe com o restante do pecorino. Regue com a colher (sopa) restante de azeite e leve ao forno por 40-45 minutos, girando a assadeira na metade do tempo, até dourar bem. Deixe descansar por 20-30 minutos antes de servir com o restante do pesto ao lado.

Lasanha de ragu de linguiça para um

1 colher (sopa) de azeite
4 linguiças frescas, apenas a carne retirada das tripas (250 g)
1 cenoura pequena, picada finamente (50 g)
1-2 chalotas, picadas finamente (70 g)
½ colher (chá) de folhas de tomilho
10 g de folhas de orégano
3 dentes de alho, espremidos
1 colher (chá) de erva-doce, ligeiramente esmagada
200 g de tomates em lata, espremidos
200 ml de água fervendo
3 folhas de massa fresca (ou seca) para lasanha (130 g)
125 g de mozarela de búfala
sal e pimenta-do-reino preta

A imagem que costumamos ter da lasanha é uma grande travessa servida para uma mesa cheia. No entanto, queríamos uma versão para uma pessoa só, que foi a que nossa brilhante colega Chaya Pugh fez para uma coluna do *Guardian* com o tema "porções individuais". Contém todo o sabor da lasanha sem todo o tempo de preparo (nem a multidão!). E não se preocupe com a ausência de quinas, achando que vai perder as bordinhas crocantes: as folhas de lasanha dobradas são perfeitas para obter esse resultado. Se quiser uma versão vegetariana, troque a linguiça por tofu firme ou cogumelos. *Foto no verso.*

Rende 1 porção, com sobras

Coloque o azeite em uma frigideira pequena que possa ir ao forno e leve ao fogo médio-alto. Quando estiver bem quente, acrescente a carne da linguiça, a cenoura, as chalotas, o tomilho e três quartos do orégano. Cozinhe por cerca de 15 minutos, mexendo sempre, até dourar levemente, usando uma colher para separar os pedaços da carne. Acrescente o alho e a erva-doce e cozinhe por 2 minutos, até ficar perfumado. Junte os tomates e cozinhe por 5 minutos, até borbulhar. Adicione a água fervendo, um bom giro do moedor de pimenta e ½ colher (chá) de sal. Reduza o fogo para médio e deixe cozinhar por cerca de 10 minutos, até o molho engrossar e ficar brilhoso.

Preaqueça o forno na temperatura mais alta da função grill.

Encha uma panela média com 1 litro de água, adicione 1 colher (sopa) de sal e leve ao fogo médio-alto. Quando começar a ferver, adicione as folhas de lasanha e cozinhe por 2 minutos (ou 6-8 minutos, se usar a massa seca). Escorra e reserve.

Rasgue ou corte as folhas de lasanha ao meio e misture-as ao ragu. Cozinhe por 2 minutos, mexendo de vez em quando, até que a massa amoleça e esteja bem coberta pelo molho. Com uma colher, levante e arrume as folhas de forma que fiquem dobradas, como um lenço aninhado no molho. Rasgue grosseiramente a mozarela e arrume-a entre as camadas de massa e por cima da lasanha.

Leve ao forno por cerca de 6 minutos, até o queijo gratinar e algumas folhas de lasanha ficarem com as pontas crocantes.

Retire do forno e sirva com o restante do orégano por cima.

Macarrão com tomate e berinjela em uma panela só

60 ml de azeite
2 berinjelas, cortadas em quatro no sentido do comprimento, depois cada quarto cortado ao meio no sentido da largura (500 g)
350 g de tomates-cereja, metade cortados ao meio e metade inteiros
1 lata de 400 g de tomate picado
1 colher (chá) de orégano seco
20 g de folhas de manjericão, rasgadas grosseiramente, mais algumas folhas para servir
6 dentes de alho, fatiados finissimamente
1 pimenta vermelha, cortada ao meio no sentido do comprimento, mas com o talo intacto
2 colheres (sopa) de extrato de tomate
1 colher (chá) de açúcar
100 g de manteiga sem sal, cortada em cubos de 2 cm
250 g de fusilloni seco (ou outra massa grande, como paccheri)
400 ml de água fervendo
10 g de salsinha, picada grosseiramente
40 g de parmesão, ralado fino
sal e pimenta-do-reino preta

Esta é a nossa versão da versão da nossa antiga colega Noor Murad do famoso molho de tomate amanteigado de Marcella Hazan. A pista está no nome: parece que tomates cozidos lentamente em quase meio tablete de manteiga são mesmo o jeito de preparar o mais reconfortante e delicioso dos molhos. Curiosamente, o sabor não é tão amanteigado: apenas sedoso, aveludado e rico. Se você tem filhos que, assim como os da Tara, ainda não estão convencidos da maravilha que é uma berinjela assada, este prato também funciona muito bem sem ela.

Rende 4 porções

Preaqueça o forno de convecção a 200°C.

Em uma frigideira grande que possa ir ao forno, com tampa, coloque o azeite, as berinjelas, 1 colher (chá) de sal e um bom giro do moedor de pimenta. Misture bem e arrume as berinjelas com a pele voltada para baixo. Leve ao forno por 30 minutos, até dourar bastante e começar a grudar em alguns pontos.

Adicione todos os ingredientes restantes à frigideira, exceto a salsinha e o parmesão, junto com ¾ de colher (chá) de sal e um bom giro do moedor de pimenta. Misture bem e leve ao forno por mais 30 minutos, com tampa, até que os tomates estejam cozidos e a massa tiver amolecido. Não se preocupe se a massa não ficar completamente coberta por líquido nesta fase.

Depois que a massa estiver no forno por 30 minutos, misture bem e volte com a frigideira ao forno por mais 10-15 minutos, sem tampa, até que o molho tenha aderido à massa e comece a grudar em alguns pontos. Deixe descansar por 10 minutos antes de servir, com a salsinha, o parmesão e as folhas de manjericão espalhados por cima.

Peru à Cinderela

250 g de filé de peito de peru (ou frango), sem a pele
1½ colher (sopa) de farinha de trigo (ou de arroz)
1½ colher (sopa) de azeite
30 g de manteiga sem sal
10 folhas de sálvia
1 dente de alho, espremido
100 ml de vinho branco seco
1 folha de louro
2 colheres (sopa) de alcaparras, picadas grosseiramente
1 limão-siciliano: rale finamente a casca para obter 1 colher (chá), depois esprema para obter 1 colher (sopa) de sumo
50 ml de caldo de frango (ou água)
5 g de salsinha, picada finamente
sal e pimenta-do-reino preta

Polenta
125 ml de leite
90 g de farinha para polenta
15 g de parmesão, ralado fino

Este é um prato que Lily, irmã da Helen, preparou pela primeira vez para ela e que Helen sempre pede quando vai jantar na casa da irmã. Lily, seguindo uma receita de Jill Dupleix, que usa frango em vez de peru, serve acompanhado de pappardelle ou de purê de batata cremoso. O nome vem da transformação pela qual passa o peru, do seu início esfarrapado (depois de batido e desfiado) até o desfecho rico, depois de adicionados o vinho e a manteiga.

Rende 2 porções

Bata o peito de peru para achatá-lo o mais fino possível — colocá-lo entre duas folhas de papel-manteiga antes de amassar com um rolo de cozinha funciona bem: deve ficar com cerca de 3 mm de espessura. A seguir, rasgue os filés em pequenos "trapos" de cerca de 4 cm. Coloque a farinha em um prato grande, junto com ¼ de colher (chá) de sal e um bom giro do moedor de pimenta. Adicione os pedaços de peito de peru e misture bem com as mãos.

Em uma frigideira grande, ponha o azeite e metade da manteiga e leve ao fogo alto. Quando estiver bem quente, adicione as folhas de sálvia e frite-as por 1 minuto, até ficarem crocantes. Transfira para um prato forrado com papel-toalha. Mantenha a frigideira no fogo e adicione os pedaços de peru sem sobrepô-los. Frite por 2½ minutos, virando na metade do tempo, para que ambos os lados dourem um pouco: eles não serão cozidos por completo nesta etapa. Transfira para um prato e reserve.

Ainda com a frigideira no fogo, acrescente o alho e refogue por alguns segundos. Adicione o vinho, a folha de louro e as alcaparras e deixe ferver em fogo alto. Cozinhe por 2 minutos, até engrossar um pouco. Acrescente as raspas e o sumo de limão-siciliano, o caldo de frango e os 15 g restantes de manteiga. Espere retomar fervura, misture, deixe ferver por 1 minuto, então leve os pedaços de peru de volta à frigideira, junto com a salsinha, uma pitada de sal e um pouco de pimenta-do-reino. Misture e desligue o fogo, mas deixe na panela para manter aquecido enquanto prepara a polenta.

Para a polenta, despeje o leite em uma panela pequena. Adicione 250 ml de água e leve ao fogo alto. Depois de ferver, acrescente a farinha, mexendo continuamente enquanto despeja, até a polenta engrossar e ficar lisa, o que leva cerca de 5 minutos. Por fim, acrescente o parmesão, ¼ de colher (chá) de sal e alguns giros do moedor de pimenta.

Sirva a polenta em duas tigelas rasas e coloque o peru por cima. Esfarele grosseiramente as folhas de sálvia frita e sirva.

Polenta assada com abobrinha e harissa verde

550 g de abobrinhas, cortadas na diagonal em pedaços de 3-4 cm (500 g)
3 colheres (sopa) de azeite
1 limão-siciliano: passe o descascador pela casca para obter 8 tiras finas
450 ml de caldo de frango (ou água)
300 ml de leite
1 dente de alho, espremido
150 g de farinha para polenta
100 g de parmesão, ralado
75 g de manteiga sem sal
125 g de Taleggio (ou Reblochon), rasgado grosseiramente
5 g de ciboulette, cortada em pedaços de 2-3 cm, para servir
sal e pimenta-do-reino preta

Harissa verde
2 pimentões verdes (275 g)
3 cebolinhas (40 g)
2 pimentas dedo-de-moça verdes
3 dentes de alho, sem casca, inteiros
20 g de salsinha, picada grosseiramente, mais um pouco para servir
20 g de coentro, picado grosseiramente
1½ colher (chá) de sementes de cominho, tostadas e grosseiramente esmagadas
1½ colher (chá) de sementes de coentro, tostadas e grosseiramente esmagadas
1 limão-siciliano: rale finamente a casca para obter 1 colher (chá), depois esprema para obter 1½ colher (sopa) de sumo
1 colher (chá) de xarope de Maple
90 ml de azeite
¾ de colher (chá) de sal

Esta receita rende um incrível prato principal vegetariano, servido com uma salada simples de folhas, e também funciona como acompanhamento para todo tipo de coisa. É algo a se ter na manga se estiver cozinhando para amigos que não comem glúten.

Rende 4 porções

Preaqueça o forno de convecção a 220°C.

Comece pela harissa. Aqueça uma frigideira em fogo alto até ficar bem quente. Adicione os pimentões e grelhe por 20 minutos, até ficarem bem tostados e enrugados. Transfira para uma tigela, cubra com um prato e deixe cozinhar no vapor. Repita com a cebolinha e as pimentas dedo-de-moça verdes (3 minutos para a cebolinha, 5 para as pimentas) e depois, por fim, com os dentes de alho por 1 ou 2 minutos. Quando tudo estiver frio o suficiente para ser manuseado, mas ainda quente, retire (e descarte) as peles e sementes do pimentão. Pique-o grosseiramente e ponha na tigela pequena do processador de alimentos. Pique grosseiramente a cebolinha e a pimenta e coloque-as no processador de alimentos, junto com os demais ingredientes da harissa. Processe até ficar homogêneo, depois transfira para uma tigela e reserve.

Enquanto isso, arrume as abobrinhas em uma assadeira, junto com o azeite, metade das tiras de limão-siciliano, ½ colher (chá) de sal e alguns giros do moedor de pimenta. Leve ao forno por 25 minutos, mexendo algumas vezes, até ficar dourado e macio. Retire do forno.

Para a polenta, junte o caldo, o leite, o alho e as tiras de limão-siciliano restantes em uma panela média e leve ao fogo alto. Assim que começar a ferver, acrescente a farinha continuamente, mexendo ao mesmo tempo. Reduza o fogo e cozinhe por cerca de 3 minutos, mexendo sempre, até a polenta engrossar, mas ainda ficar mole. Retire do fogo e adicione o parmesão, a manteiga, ¾ de colher (chá) de sal e um pouco de pimenta-do-reino. Transfira para uma assadeira rasa redonda, com cerca de 24 cm de diâmetro, e espalhe uniformemente. Salpique o Taleggio por cima da polenta e leve ao forno por 15 minutos, até o queijo gratinar e a polenta esquentar uniformemente.

Misture bem metade da harissa com a abobrinha. Espalhe a abobrinha por cima da polenta e finalize com a salsinha e a ciboulette adicionais picadas. Sirva com o restante da harissa ao lado.

Salada de batata da Verena

500 g de batatas (de uma variedade pobre em amido)
75 ml de azeite
1 cebola pequena, picada finamente (125 g)
1 dente de alho, espremido
175 ml de caldo de frango
2 colheres (chá) de mostarda de Dijon
2 colheres (sopa) de vinagre de maçã
½ colher (chá) de pimenta-do-reino preta, grosseiramente esmagada em um pilão
15 g de ciboulette: 10 g picados finamente e 5 g cortados em pedaços de 1,5 cm
75 g de pancetta defumada em cubos
1 colher (chá) de páprica
¼ de pepino, fatiado no sentido do comprimento, sem sementes e cortado em cubinhos de 0,5 cm (100 g)
sal

Tendo sido criada na Alemanha, Verena se lembra de duas vertentes quando se trata de salada de batata: a da maionese e a do azeite/caldo. Esta é uma versão à base de azeite/caldo, predominante no sul da Alemanha, especificamente na Suábia e na Baviera. É menos pesada e grudenta do que a variedade com maionese: sua cremosidade vem do amido liberado pelas batatas enquanto elas descansam por algumas horas no caldo quente. Fugimos da tradição e adicionamos um pouco de pancetta (porque... por que não?) e um frescor bem-vindo do pepino picado.

Rende 4 porções

Coloque as batatas em uma panela média que tenha tampa. Adicione água apenas o suficiente para cobri-las, tempere generosamente com sal e leve ao fogo médio-alto. Deixe ferver, reduza o fogo para médio-baixo e cozinhe, com tampa, por 20-25 minutos, até ficarem macias. Escorra e, quando esfriarem o suficiente para serem manuseadas, descasque e corte-as em rodelas de 0,5 cm de espessura. Reserve em uma tigela média.

Coloque 2 colheres (sopa) do azeite em uma frigideira média e leve ao fogo médio. Adicione a cebola e refogue por 12-15 minutos, mexendo regularmente, até caramelizar. Acrescente o alho e o caldo, deixe ferver e retire do fogo. Adicione a mostarda, o vinagre, 1¼ colher (chá) de sal, a pimenta-do-reino e mais 2 colheres (sopa) de azeite. Misture bem e despeje a mistura sobre as batatas. Mexa delicadamente, mas bastante: vai parecer muito líquido (e algumas batatas vão se quebrar), mas isso é normal. Deixe descansar por cerca de 2 horas, para que as batatas absorvam metade do caldo, e junte a ciboulette picada fino.

Enquanto isso, passe um papel-toalha na frigideira e leve-a ao fogo médio-alto. Adicione a pancetta, reduza para médio-baixo e frite por 10-12 minutos, mexendo de vez em quando, até que fique crocante. Com uma escumadeira, transfira para um prato forrado com papel-toalha — deixe cerca de 1 colher (sopa) de gordura na panela — e reserve. Depois de esfriar, pique finamente a pancetta em pedacinhos.

Adicione a colher (sopa) restante de azeite à gordura da frigideira, junto com a páprica. Mexa por cerca de 30 segundos, até ficar perfumado, e retire do fogo.

Na hora de servir, adicione o pepino à salada de batata e transfira para uma travessa. Espalhe a pancetta por cima, junto com a ciboulette. Finalize com o azeite de páprica e sirva.

Batata frita caseira à moda indonésia

1 chalota-banana, picada grosseiramente (60 g)
6 dentes de alho, sem casca, inteiros
2 talos de capim-limão, apenas a parte branca, picada grosseiramente (20 g)
1 pimenta-malagueta (se preferir menos picante, deixe de fora)
2 pimentas vermelhas, sem sementes e picadas grosseiramente
2 colheres (sopa) de ketchup
2 colheres (sopa) de sumo de limão
100 ml de água
75 ml de óleo de amendoim (ou de girassol)
2 colheres (sopa) de açúcar de palma picado grosseiramente (ou açúcar refinado)
100 g de maionese
1 kg de batatas para assar (de uma variedade rica em amido), com casca, cortadas em gomos de 3 cm
5 g de folhas de coentro, para decorar
sal

Quando morava em Melbourne, havia um popular café indonésio que Helen costumava frequentar. Ele vendia porções e mais porções de batatas em cubos para hordas de estudantes com saudades de casa. Helen sempre presumiu que aquelas batatas, pegajosas, doces e picantes, eram batatas-doces. Só quando se mudou para Londres (ela própria com saudades das batatas fritas feitas para os que estavam com saudades) entrou em contato com o chef para pedir a receita. E descobriu que eram batatas normais cozidas, salteadas em uma pasta de temperos. Esta é a nossa homenagem a essas batatas fritas.

Para adiantar: A pasta de temperos pode ser preparada com 1 semana de antecedência e guardada na geladeira. Depois de assadas, é melhor consumir as batatas o mais rápido possível.

Rende 4 porções como lanche

Preaqueça o forno de convecção a 220°C.

Junte os oito primeiros ingredientes no liquidificador (ou em uma tigela e use um mixer de mão). Bata até obter um purê liso.

Coloque 1 colher (sopa) do óleo em uma frigideira pequena antiaderente e leve ao fogo médio. Adicione a pasta de temperos e cozinhe por cerca de 30 minutos, mexendo regularmente (sobretudo ao final desse tempo), até a pasta engrossar e escurecer. Adicione o açúcar e cozinhe por mais 2 minutos, para dissolver e caramelizar. Retire do fogo, ponha um terço da pasta em uma tigela pequena e deixe esfriar, depois acrescente a maionese. Guarde na geladeira até a hora de servir. Mantenha o restante da pasta na frigideira.

Enquanto isso, arrume os gomos de batata em uma assadeira grande forrada com papel-manteiga. Adicione os 60 ml de óleo restantes junto com 1 colher (chá) de sal. Misture bastante com as mãos e espalhe formando uma única camada, sem sobrepor as batatas. Feche bem a assadeira com papel-alumínio e leve ao forno por 25 minutos. Retire o papel-alumínio, vire as batatas e continue a assar, descobertas, por mais 25 minutos, virando outra vez na metade desse tempo, até começarem a dourar. Adicione o restante da pasta de temperos, mexa para que as batatas fiquem uniformemente recobertas, e leve de volta ao forno por mais 5-10 minutos, até dourar.

Transfira as batatas para uma travessa e espalhe as folhas de coentro por cima. Sirva com a maionese temperada ao lado.

Batatas assadas crocantes com alecrim e zaatar

2,5 kg de batatas (de uma variedade rica em amido), sem casca e cortadas em pedaços irregulares de 4-5 cm
2 colheres (sopa) de sal fino
3 ramos de alecrim grandes: 1 inteiro e 2 picados finamente
150 ml de óleo de girassol
2 colheres (sopa) de farinha de arroz (que não seja da variedade glutinosa)
1 colher (chá) de sal marinho em flocos
2 colheres (sopa) de zaatar

Batatas assadas são um prato que consta eternamente nas listas das 10 melhores comidas reconfortantes de todos os tempos. Todo mundo tem um segredo que faz das suas batatas assadas as melhores do mundo. O nosso é a farinha de arroz (farinha de sêmola também funciona), que dá à parte de fora uma camada extra de crocância. Para melhorar a textura, corte as batatas em pedaços irregulares — quanto mais bordas, melhor — e as escalde com antecedência. Quanto mais secas estiverem, mais crocantes vão ficar!

Rende 6-8 porções como acompanhamento

Coloque as batatas em uma panela grande e despeje água fria até cobri-las. Adicione o sal fino, junto com o ramo inteiro de alecrim, e leve para ferver em fogo alto. Reduza o fogo para médio-alto e cozinhe por 10-15 minutos ou até que as batatas possam ser facilmente perfuradas com uma faca afiada. Escorra bem, descarte o alecrim e ponha as batatas de volta na panela seca. Reserve por pelo menos 15 minutos.

Preaqueça o forno de convecção a 220°C.

Despeje o óleo em uma assadeira grande e leve ao forno por 10 minutos, para aquecer. Adicione a farinha de arroz às batatas e misture com delicadeza, para que elas fiquem revestidas e com as bordas levemente mais enfarinhadas. Coloque as batatas na assadeira com óleo quente, tomando cuidado para não respingar. Usando uma espátula, espalhe-as e leve ao forno por 50 minutos, virando cuidadosamente na metade do tempo, até dourarem e ficarem crocantes. Adicione o alecrim picado, misture e leve de volta ao forno por mais 3 minutos. Por fim, retire as batatas e junte o sal em flocos e o zaatar. Misture bem e sirva em uma travessa grande.

Aligot com bastante alho, tomilho e alho-poró

4 alhos-porós grandes, cortados em rodelas de 1 cm (560 g)
4-5 chalotas-banana, sem casca e cortadas em quatro (300 g)
1 cabeça de alho, os dentes sem casca e ligeiramente esmagados
60 ml de azeite
2-3 maços de cebolinha, cortados em quatro no sentido do comprimento (250 g)
1½ colher (sopa) de folhas de tomilho, picadas
75 g de manteiga sem sal
350 ml de creme de leite fresco
100 ml de leite
3 ramos de alecrim
2-3 ramos de tomilho
1,2 kg de batatas (de uma variedade rica em amido), sem casca e cortadas grosseiramente em pedaços de 3 cm (1 kg)
1½ colher (sopa) de mostarda de Dijon
250 g de Comté, ralado grosso
120 g de cheddar, ralado grosso
5 g de ciboulette, picada finamente, para decorar
sal e pimenta-do-reino preta

Topping
15 g de manteiga sem sal, derretida
20 g de farinha de rosca (ou panko)

Purê de batata cremoso, queijo derretido, alhos macios em cocção lenta e ervas lenhosas: no que diz respeito aos requisitos para constar em um livro chamado NOSTALGIA, esta receita parece estar quase trapaceando.

Rende 8 porções

Preaqueça o forno de convecção a 210°C.

Arrume o alho-poró, as chalotas e metade dos dentes de alho em uma assadeira forrada com papel-manteiga. Despeje 3 colheres (sopa) do azeite e adicione ¾ de colher (chá) de sal e um giro do moedor de pimenta. Misture bem e leve ao forno por 20 minutos. Adicione a cebolinha, as folhas de tomilho picadas, a colher (sopa) restante de azeite e mais um bom giro do moedor de pimenta. Misture bem e leve ao forno por mais 15 minutos, até que tudo esteja bem dourado. Reserve.

Prepare o topping misturando a manteiga derretida e a farinha panko em uma tigela pequena. Reserve.

Esmague os dentes de alho restantes e coloque-os em uma panela pequena, com tampa, junto com a manteiga, o creme de leite, o leite e os ramos de alecrim e tomilho. Leve ao fogo médio e, pouco antes de ferver, desligue o fogo, tampe e deixe em infusão.

Ponha as batatas em uma panela grande, com tampa, e encha com água apenas o suficiente para cobri-las. Leve ao fogo médio-alto, acrescente 2 colheres (chá) de sal e deixe ferver. Cozinhe por 20-25 minutos, parcialmente tampado, até ficarem macias. Escorra, coloque-as de volta na panela e amasse bem até não sobrar nenhum grumo.

Reaqueça o creme com infusão de alho: as ervas podem ser descartadas. Deixe as batatas em fogo baixo e, um terço de cada vez, acrescente o creme às batatas. Bata com uma colher de pau até que o creme seja totalmente incorporado, depois acrescente a mostarda. Adicione os queijos, um punhado de cada vez, e bata bem até as batatas ficarem brilhosas, sedosas e elásticas. Adicione ¼ de colher (chá) de sal e um bom giro do moedor de pimenta, e espalhe o purê em uma assadeira refratária grande.

Preaqueça o forno na temperatura média-alta da função grill e distribua a mistura de alho-poró sobre as batatas. Espalhe o topping por cima e leve ao forno por 5 minutos, até começar a dourar. Polvilhe a ciboulette por cima e sirva.

Salmão defumado assado com batata e funcho

200 ml de leite
425 ml de creme de leite fresco
2 **anchovas**, picadas finamente
3 **dentes de alho**, com casca e ligeiramente esmagados
1 **limão-siciliano**: passe o descascador pela casca para obter tiras
2 **colheres (chá) de erva-doce**, finamente moída
850 g **de batatas Yukon Gold** (ou asterix), sem casca e cortadas em rodelas de 0,5 cm (700 g)
1-2 **cabeças de funcho grandes**, fatiadas finissimamente (300 g)
4 **gemas**
10 g **de ramos de endro**, picados grosseiramente
20 g **de ciboulette**, picada finamente
20 g **de folhas de salsinha**, picadas finamente
1½ **colher (sopa) de manteiga sem sal**, em temperatura ambiente
200 g **de salmão defumado em fatias**, rasgadas grosseiramente
sal e pimenta-do-reino preta

Molho de limão e manteiga
2 **colheres (sopa) de sumo de limão-siciliano**
2 **colheres (chá) de alcaparras**, picadas grosseiramente
40 g **de manteiga sem sal**, gelada, cortada em cubos

Este prato evoluiu de uma receita de laxpudding que Yotam publicou há algum tempo no *Guardian*. O laxpudding é a comida caseira sueca por excelência, em geral servida com grandes quantidades de manteiga derretida, pão crocante, salada de folhas e um copo de cerveja. Adicionar o funcho deixa a textura levemente mais pedaçuda, o que adoramos. Ele torna a receita menos pesada sem prejudicar nenhuma de suas credenciais de comida reconfortante. Sirva como prato principal. A salada de folhas é obrigatória. O pão crocante e a cerveja ficam por sua conta.

Rende 4 porções

Preaqueça o forno de convecção a 170°C.

Junte o leite, o creme de leite, as anchovas, o alho, as tiras de limão-siciliano e a erva-doce em uma panela pequena. Cozinhe em fogo muito baixo por 10 minutos, mexendo de vez em quando e pressionando os sólidos para liberar o sabor, com cuidado para não deixar ferver. Retire do fogo.

Coloque a batata e o funcho em uma panela média e cubra com água fria e salgada. Espere ferver e deixe cozinhar por 6-7 minutos, até tudo ficar macio. Escorra e reserve.

Em uma tigela grande, misture as gemas com ¾ de colher (chá) de sal e um bom giro do moedor de pimenta. Coe a mistura de leite infundida sobre as gemas, pressionando os sólidos contra a peneira. Bata para misturar.

Misture todas as ervas em uma tigela pequena. Transfira 2 colheres (sopa) em uma tigela pequena para o molho de manteiga e reserve.

Unte uma assadeira refratária — de cerca de 26 cm — com ½ colher (sopa) de manteiga. Espalhe um terço da batata e do funcho por toda a base e tempere com um pouco de pimenta-do-reino. Salpique metade das ervas e coloque metade do salmão defumado por cima. Repita com metade da batata e do funcho restantes (e mais pimenta-do-reino), todo o salmão e a outra metade das ervas. Termine com uma última camada de batata e funcho e espalhe com cuidado a mistura de gema. Tempere com mais um pouco de pimenta-do-reino e passe a colher (sopa) restante de manteiga. Leve ao forno por 45 minutos, até que o creme esteja firme e dourado. Retire do forno e deixe descansar por 10 minutos.

Enquanto isso, leve o sumo de limão-siciliano ao fogo médio-alto em uma panela pequena e espere ferver. Deixe borbulhar por 1 minuto, depois adicione as alcaparras e a manteiga, alguns pedaços por vez. Misture com um batedor até ficar homogêneo e cremoso, retire do fogo e junte as ervas reservadas, com um pouco de pimenta-do-reino. Espalhe por cima do assado e sirva quente.

Batatas recheadas com berinjela e tahine verde

4 batatas grandes (de uma variedade para assar), furadas algumas vezes com um garfo
1½ colher (chá) de azeite
chutney de manga (ou molho amba), para servir
sal e pimenta-do-reino preta

Picles rápido de repolho-roxo
1 colher (sopa) de açúcar
½ colher (chá) de grãos de pimenta-do-reino preta
125 ml de água
125 ml de vinagre de vinho branco
200 g de repolho-roxo, fatiado finissimamente

Berinjela
850 g de berinjela (2-4, dependendo do tamanho)
60 ml de azeite
1 colher (chá) de cominho em pó
½ colher (chá) de cúrcuma em pó

Tahine verde
15 g de folhas de hortelã, mais um pouco para servir
25 g de folhas de salsinha
2 dentes de alho, sem casca, inteiros
1 colher (chá) de cominho em pó
1 pimenta dedo-de-moça verde, sem sementes
50 ml de sumo de limão-siciliano
150 g de tahine
100 ml de água fria

Nós nos propusemos um desafio com esta receita: seríamos capazes de deixá-la rica e reconfortante como as batatas recheadas costumam ser — em grande parte devido às quantidades de cheddar e manteiga que contêm — e ao mesmo tempo mantê-la vegana? Graças ao tahine, a resposta é sim! É um molho naturalmente cremoso: um verdadeiro amigo para quem quer dar uma boa dose de cremosidade a pratos veganos. Lembra um pouco o sabih — o sanduíche recheado com cubos de berinjela assada que Yotam comia desde pequeno —, o que duplica a sensação de conforto.

Rende 4 porções

Primeiro, prepare o picles de repolho. Coloque o açúcar, os grãos de pimenta-do-reino e a água em uma panela pequena, junto com 2 colheres (chá) de sal. Leve para ferver em fogo médio-baixo e cozinhe por 1 minuto, mexendo. Retire do fogo e deixe descansar por 10 minutos. Coe para uma tigela média (os grãos de pimenta podem ser descartados) e acrescente o vinagre. Adicione o repolho, mergulhe-o todo na mistura, cubra e leve à geladeira. Essa etapa pode ser feita com até 3 dias de antecedência.

Preaqueça o forno de convecção a 200°C.

Arrume as batatas em uma assadeira forrada com papel-manteiga e regue com o azeite, tempere com sal e pimenta-do-reino e leve à prateleira mais baixa do forno. Asse por 1 hora-1 hora e 15 minutos, até que estejam cozidas e a casca bastante enrugada.

Enquanto isso, com um descascador de legumes, descasque as berinjelas de cima para baixo, em tiras alternadas, para que fiquem com uma aparência listrada. Corte-as em cubos de aproximadamente 3 cm e ponha em uma tigela grande, junto com o azeite, o cominho, a cúrcuma, 1 colher (chá) de sal e um pouco de pimenta-do-reino. Misture e espalhe em uma assadeira forrada com papel-manteiga. Coloque em uma prateleira alta do forno e asse por 40 minutos, mexendo uma ou duas vezes, até dourar.

Para fazer o tahine verde, junte todos os ingredientes no liquidificador, com 1 colher (chá) de sal e um pouco de pimenta-do-reino. Bata até ficar liso e transfira para uma tigela.

Quando as batatas estiverem cozidas, faça um corte grande em forma de X no meio de cada uma. Usando um pano de prato limpo, esprema a batata para abrir o corte. Insira uma boa colherada de tahine verde no meio, seguido pela berinjela. Escorra o picles de repolho-roxo e espalhe um punhado por cima. Finalize com algumas folhas de hortelã, rasgadas grosseiramente, e sirva com o chutney de manga e mais tahine verde ao lado.

235

Tortas, salgados, pão

Boureka de café da manhã com espinafre

50 ml de azeite
50 g de manteiga sem sal, derretida
7 folhas de massa filo de boa qualidade (270 g)
1 colher (chá) de gergelim
1 colher (chá) de sementes de nigela

Recheio
1 colher (sopa) de azeite
15 g de manteiga sem sal
1 cebola, picada finamente (150 g)
1 dente de alho, espremido finamente
500 g de espinafre congelado, descongelado e bem espremido (200 g)
2 cebolinhas, finamente fatiadas (30 g)
20 g de endro, picado
1 colher (chá) de hortelã seca
30 g de pinoles, tostados e picados grosseiramente
1 ovo, ligeiramente batido
125 g de feta, esfarelado
125 g de ricota
sal e pimenta-do-reino preta

Molho de tahine
80 g de tahine
60-75 ml de água
1 colher (sopa) de sumo de limão-siciliano
1 dente de alho, espremido
⅛ de colher (chá) de cominho em pó

Molho de tomate e harissa
2-3 tomates, picados (200 g)
25 g de pasta de harissa rosa
1 colher (sopa) de azeite

Para servir (uma ou todas as opções abaixo)
ovos cozidos
pepino em rodelas
azeitonas verdes

Yotam cresceu comendo bourekas, em todos os formatos e tamanhos, com todo tipo de recheio. Eram um item básico em todas as grandes reuniões de família, sempre na mesa para serem comidas com as mãos. São também uma opção fantástica de café da manhã ou brunch, servidas com uma seleção de extras: ovos cozidos, pepino em rodelas, azeitonas verdes, pedaços de queijo feta. Sugerimos alguns dos nossos molhos preferidos — um de tahine, cremoso, e um de tomate, fresco —, mas fique à vontade para experimentar. *Fotos no verso.*

Para adiantar: A boureka pode ser montada 1 dia antes de assar e guardada na geladeira até ir para o forno.

Rende 6 porções

Em uma frigideira média, coloque o azeite e a manteiga para o recheio e leve ao fogo médio. Quando estiver bem quente, acrescente a cebola e refogue por 10 minutos, mexendo de vez em quando, até ficar macia e começar a dourar. Adicione o alho, refogue por mais 2 minutos e transfira para uma tigela grande. Adicione o espinafre e espere esfriar antes de juntar todos os ingredientes restantes do recheio, ¾ de colher (chá) de sal e um pouco de pimenta-do-reino. Misture bem e reserve.

Preaqueça o forno de convecção a 180°C.

Tenha em mãos uma assadeira de 38 × 25 cm e um pedaço de papel-manteiga cortado do mesmo tamanho.

Na hora de montar, misture os 50 ml de azeite e a manteiga derretida em uma tigela pequena. Você vai precisar trabalhar rápido, para que a massa filo não seque.

Disponha um pedaço de massa filo em uma superfície grande e limpa, com o lado mais curto voltado para você. Mergulhe um pincel de cozinha na mistura de manteiga derretida e azeite e pincele uma tira de 5 cm ao longo do lado direito. Coloque outra folha de massa, de forma que se sobreponha à tira untada com manteiga e o lado esquerdo da segunda folha fique colado ao lado direito da primeira folha. Repita com uma terceira folha. Depois de unir as três folhas de massa — veja a foto no verso —, pincele tudo com a mistura de azeite e manteiga.

Deixando uma borda de 5 cm na base e nas laterais da massa, arrume metade da mistura de espinafre formando um tronco longo e fino ao longo da parte inferior da folha. Enrole a massa sobre o recheio, de modo a formar uma "salsicha" comprida, dobrando as laterais (cerca de ¼ do total) para dentro para selar as pontas. Repita todo o processo novamente com mais três folhas de massa e o restante da mistura de espinafre.

Pegue um dos rolos e o enrole cuidadosamente em torno dele mesmo, de modo a formar uma espiral (não se preocupe se começar a quebrar quando você começar a enrolar: você pode remendar mais tarde). Junte a ponta do segundo rolo ao final do primeiro e continue a enrolar para fazer uma espiral ainda maior. Deslize a espiral sobre a folha de papel-manteiga e, em seguida, levante-a ou deslize-a cuidadosamente para a assadeira. Use a folha restante de massa filo para remendar quaisquer buracos, se necessário, e pincele tudo generosamente com a mistura restante de manteiga e azeite. Polvilhe com gergelim e sementes de nigela e leve ao forno por 50-60 minutos, até dourar bem. Deslize com delicadeza o papel-manteiga para uma grade e deixe esfriar por 20 minutos.

Enquanto isso, prepare os dois molhos (e os demais acompanhamentos). Misture todos os ingredientes do molho de tahine em uma tigela pequena, junto com ¼ de colher (chá) de sal, e bata até ficar homogêneo, adicionando um pouco mais de água se necessário, até obter a consistência de creme de leite. Coloque todos os ingredientes do molho de tomate na tigela pequena do processador de alimentos, com ¼ de colher (chá) de sal. Processe até ficar liso.

Sirva a boureka, os molhos e os acompanhamentos, tudo junto.

Amanteigados de cebola e queijo

250 ml de água morna
1 colher (sopa) de açúcar
1 sachê de fermento biológico seco instantâneo (7 g)
350 g de farinha de trigo forte, mais um pouco para untar
150 g de cheddar maduro, ralado
175 g de manteiga sem sal, em temperatura ambiente
4 cebolinhas, picadas grosseiramente (50 g)
1 colher (sopa) de sementes de papoula
sal e pimenta-do-reino preta

Esta receita leva Verena de volta às férias com a família em acampamentos na Escócia: a um lugar chamado Naim, mais especificamente, a leste de Inverness. Como qualquer pessoa que tenha acampado na Escócia sabe, obter conforto a partir do clima pode não ser tão garantido quanto com a comida, que é o que na maioria das vezes torna o ato de acampar (na chuva!) aconchegante. Estes amanteigados são o que a mãe da Verena comprava na loja do camping para o café da manhã, junto com manteiga e geleia. Também conhecidos como amanteigados de Aberdeen, de onde vêm, são um misto de pão e croissant, salgados, feitos tradicionalmente com banha. Aqui temperamos com cebola e manteiga. São o acompanhamento perfeito para uma tigela de sopa quente ou podem ser comidos como um café da manhã tardio. A barraca e a chuva são opcionais. *Fotos também no verso.*

Para adiantar: Para assá-los na hora no café da manhã, as instruções são dadas no método de preparo a seguir. Eles também podem ser congelados depois de assados e reaquecidos.

Rende 12 amanteigados

Junte a água, o açúcar e o fermento na tigela grande da batedeira, equipada com o gancho para massa. Bata e deixe descansar por 5-10 minutos, até formar uma espuma. Acrescente a farinha, com 1¼ colher (chá) de sal, e bata em velocidade média-alta por 7-10 minutos, até ficar homogêneo e elástico. Com as mãos levemente untadas, forme uma bola lisa com a massa, coloque-a novamente na tigela e reserve, coberta, em temperatura ambiente, por cerca de 1 hora ou até dobrar de tamanho. Nesta fase, a massa pode ser guardada em um recipiente fechado na geladeira durante a noite, caso você queira adiantar.

Coloque metade do queijo na tigela pequena do processador de alimentos, junto com a manteiga, a cebolinha, ¼ de colher (chá) de sal e um bom giro do moedor de pimenta. Bata até ficar homogêneo, depois passe para uma tigela pequena e reserve em temperatura ambiente.

Transfira a massa crescida para uma superfície limpa e bem untada com farinha. Abra, formando um retângulo de 26 × 40 cm, então, com o lado menor voltado para você, adicione um terço da manteiga e use as costas de uma colher para espalhá-la pelos dois terços superiores da massa. Dobre o terço inferior para cima, de modo que cubra metade da massa, depois dobre o terço superior, como uma dobra de carta. Você deve ficar com um retângulo de cerca de 25 × 15 cm. Dê um quarto de volta na massa (de forma que o lado mais curto fique sempre voltado para você), cubra com um pano de prato limpo e deixe descansar por 20 minutos. Repita o processo de espalhar, abrir e dobrar mais duas vezes, girando a massa e deixando-a descansar por 20 minutos entre cada etapa.

Após a última dobra, deixe descansar por mais 15 minutos e depois abra novamente, formando um retângulo de 26 × 40 cm. Corte a massa ao meio e divida cada metade em seis retângulos menores, totalizando

12 pedaços. Divida-os entre duas assadeiras grandes forradas com papel-manteiga, cubra com um pano de prato limpo e deixe crescer por mais 20-30 minutos ou até aumentarem bem de tamanho. (Se estiver preparando com antecedência, depois que os 12 pedaços forem colocados nas assadeiras, espalhe o queijo restante e as sementes de papoula por cima, feche bem a assadeira com papel-alumínio — não há necessidade de deixar crescer pelos últimos 20-30 minutos — e deixe na geladeira durante a noite. Na manhã seguinte, tire da geladeira e retire o papel-alumínio. Deixe em temperatura ambiente enquanto preaquece o forno de convecção a 200°C. Asse conforme as instruções a seguir, acrescentando mais 3 minutos ao tempo total.)

Preaqueça o forno de convecção a 200°C.

Mergulhe os dedos na farinha e empurre-os suavemente em cada amanteigado, para criar buraquinhos. Espalhe os 75 g restantes de cheddar e as sementes de papoula por cima.

Leve ao forno por 15 minutos, depois gire as assadeiras e continue a assar por mais 3-5 minutos, até crescer e dourar bem. Transfira para uma grade e espere esfriar por 10 minutos antes de servir, ainda quente.

Rolinhos de linguiça à moda alemã com molho de mostarda e mel

¼ de colher (chá) de grãos de pimenta-do-reino branca

¼ de colher (chá) de grãos de pimenta-do-reino preta

1 colher (chá) de sementes de coentro

2 colheres (chá) de semente de alcaravia

1¼ colher (chá) de manjerona seca (ou tomilho seco)

¾ de colher (chá) de gengibre em pó

1 colher (chá) de macis em pó (ou noz-moscada)

½ colher (chá) de mostarda inglesa em pó

50 g de pretzels salgados, grosseiramente esfarelados

60 ml de leite

1 ovo, batido, ½ colher (sopa) reservada para pincelar

1 colher (sopa) de azeite

30 g de manteiga sem sal

2 cebolas, picadas grosseiramente em cubos de 1 cm (325 g)

2 colheres (chá) de açúcar mascavo escuro

350 g de carne de porco para linguiças de boa qualidade (ou então compre linguiças de porco e retire a carne das tripas)

15 g de ciboulette, picada finamente

1 embalagem de massa folhada à base de manteiga (320 g)

farinha, para untar

sal

Molho de mel e mostarda

3 colheres (sopa) de mostarda amarela (gostamos da marca French's)

1½ colher (sopa) de maionese

1 colher (sopa) de mel claro

15 g de ciboulette, picada finamente

Para descobrir quais receitas são sugeridas pela Verena, a presença de manteiga e massa são uma boa pista, assim como o uso de mostarda. Esta aqui não é exceção: inspirada em tudo o que ela associa aos embutidos alemães — as especiarias da bratwurst, o molho de mostarda, os pretzels —, é uma celebração de todas as coisas maravilhosas que podem servir de recheio a uma massa folhada à base de manteiga.

Para adiantar: Os rolinhos podem ser feitos 1 dia antes de serem assados e guardados na geladeira (ou por mais tempo, se congelados).

Rende 6 porções

Junte os grãos das pimentas, as sementes de coentro e 1 colher (chá) da alcaravia em uma frigideira média e leve ao fogo médio-alto. Toste por 1 minuto, até ficar perfumado, depois transfira para um moedor de especiarias (ou pilão). Bata até obter um pó semifino e, em seguida, adicione as especiarias restantes, mais a mostarda em pó e ¾ de colher (chá) de sal. Reserve.

Em uma tigela, misture os pretzels, o leite e o ovo e deixe amolecer.

Coloque o azeite e a manteiga na mesma frigideira e leve ao fogo médio-alto. Adicione as cebolas, junto com ¼ de colher (chá) de sal, e refogue por 15 minutos, mexendo sempre, até amolecerem e começarem a caramelizar. Acrescente o açúcar e cozinhe por mais 5 minutos, mexendo algumas vezes, até caramelizar completamente. Reserve para esfriar.

Adicione a carne da linguiça à tigela que contém a mistura do pretzel, com a ciboulette, as especiarias e a cebola refogada. Misture bem.

Misture todos os ingredientes do molho e reserve.

Preaqueça o forno de convecção a 200°C.

Desenrole a massa folhada e coloque-a sobre uma superfície levemente enfarinhada. Corte-a ao meio, no sentido do comprimento, para obter duas tiras longas e largas, com cerca de 11,5 × 38 cm. Disponha metade da mistura da carne em forma de tronco longo no centro de uma das tiras e, em seguida, levante uma das pontas da massa sobre a carne. Pincele a borda livre restante com um pouco do ovo reservado, levante e puxe ligeiramente para cima e sobre a massa, sobrepondo um pouco, para garantir que grude. Repita com o restante da massa e da carne e, em seguida, enrole cada rolo de modo que a emenda fique para baixo. Pincele tudo com o ovo batido, espalhe a colher (chá) restante da alcaravia por cima e, em seguida, talhe levemente a parte de cima de cada rolo, deixando cerca de 2 cm de distância entre cada talho. Arrume os rolos em uma assadeira grande forrada com papel-manteiga e leve ao forno por 32-35 minutos, girando a assadeira na metade do tempo, até dourar.

Retire do forno e deixe esfriar por 15 minutos antes de cortar em 12 porções. Sirva quente ou em temperatura ambiente, acompanhado do molho.

Tortinhas de batata, queijo e chermoula

500 g de batatas (de uma variedade rica em amido), sem casca e cortadas em cubos de 1 cm
3 cebolas, cortadas grosseiramente em cubos (500 g)
2 dentes de alho, com casca
2 colheres (chá) de cominho em pó
1½ colher (chá) de azeite
40 g de manteiga sem sal, cortada em cubos
75 g de azeitonas verdes sem caroço, picadas grosseiramente
4½ colheres (sopa) de chermoula
200 g de cheddar maduro, ralado
20 g de coentro, picado grosseiramente
2 cebolinhas, finamente fatiadas (30 g)
4 colheres (sopa) de creme de leite fresco
2½ receitas de massa de cream cheese (ver p. 254), ou 3 embalagens de 320 g de massa folhada à base de manteiga
farinha, para untar
1 ovo
1½ colher (chá) de sementes de nigela, para finalizar
sal e pimenta-do-reino preta

Estas tortinhas são a nossa versão da torta de queijo com batata e cebola, com um toque extra de sabor da chermoula. A chermoula é um tempero potente do Norte da África que adoramos. É bom tê-la sempre à mão, para ser adicionada a ingredientes como berinjela ou abóbora antes de assar. *Fotos também no verso.*

Prepare todas as tortinhas, mesmo que você só vá servir algumas na primeira rodada. Elas podem ser preparadas até a última etapa, congeladas e assadas direto do freezer sempre que você quiser uma. Se for o caso, basta acrescentar 5 minutos, mais ou menos, ao tempo de forno.

Rende 12 tortinhas

Preaqueça o forno de convecção a 190°C.

Disponha as batatas, a cebola, o alho, o cominho, o azeite e a manteiga em uma assadeira grande forrada com papel-manteiga. Adicione 1½ colher (chá) de sal e um bom giro do moedor de pimenta e misture. Asse por 35-40 minutos, mexendo uma ou duas vezes, até tudo ficar cozido e bem dourado. Deixe esfriar e transfira para uma tigela. Junte as azeitonas, a chermoula, o cheddar, o coentro, a cebolinha e o creme de leite fresco. Misture e reserve.

Corte a massa ao meio e, trabalhando com uma metade de cada vez (guarde a outra na geladeira) sobre uma superfície bem enfarinhada, abra até formar um retângulo de aproximadamente 50 × 30 cm com 2-3 mm de espessura. Usando um aro ou prato de 18 cm de diâmetro, corte quatro círculos e coloque-os em uma assadeira forrada com papel-manteiga. Leve à geladeira enquanto repete o processo com a outra metade da massa. Enrole e guarde as sobras: você poderá fazer mais quatro círculos com elas.

Reduza a temperatura do forno de convecção a 180°C.

Bata o ovo em uma tigela pequena. Pegue os primeiros quatro círculos de massa e coloque um pouco menos de 100 g de recheio no centro de cada círculo. Pincele metade da borda da massa com o ovo e dobre por sobre o recheio, até encontrar a borda oposta. Aperte/torça firmemente as bordas de forma decorativa (ou use os dentes de um garfo), pincele a superfície com o ovo batido e espalhe as sementes de nigela por cima. Com uma faca pequena, faça três talhos de 1 cm de largura no meio de cada tortinha para permitir que o vapor saia. Leve à geladeira enquanto repete o processo com os círculos restantes.

Arrume as tortinhas em assadeiras grandes (no máximo seis por assadeira) forradas com papel-manteiga e leve ao forno por 30-35 minutos, girando as assadeiras na metade do tempo, até dourar. Deixe esfriar por alguns minutos nas assadeiras antes de transferir para uma grade para esfriar ainda mais. Sirva quentes ou em temperatura ambiente.

Torta de carne com alho negro e baharat

3 colheres (sopa) de azeite
15 g de manteiga sem sal, mais 10 g para untar a forma
2 cebolas, cortadas em cubos de 1 cm (250 g)
2 talos de aipo, cortados em cubos de 1 cm (140 g)
1 cenoura grande, sem casca e cortada em cubos de 1 cm (100 g)
2 dentes de alho, espremidos
2 batatas (de uma variedade rica em amido), sem casca e cortadas em cubos de 1,5 cm (200 g)
200 g de nabos (ou ¼ de rutabaga), sem casca e cortados em cubos de 1,5 cm (200 g)
800 g de carne moída, 10-12% de gordura
1½ colher (sopa) de baharat
1-2 tomates, picados (200 g)
1 colher (sopa) de extrato de tomate
50 g de alho negro, picado grosseiramente
2 folhas de louro
1 colher (sopa) de vinagre de vinho tinto
2½ colheres (sopa) de farinha de trigo, mais um pouco para polvilhar
600 ml de caldo de carne
75 g de azeitonas verdes sem caroço
1 embalagem de massa de torta (320 g)
1 embalagem de massa folhada à base de manteiga (320 g)
1 ovo, ligeiramente batido
sal e pimenta-do-reino preta

Uma torta de carne australiana (mais especificamente, uma torta da Four'n Twenty) é uma das primeiras coisas que a Helen procura quando chega à Austrália em sua viagem anual para visitar a família. Ela não é a única fã: segundo a Wikipédia, são produzidas 21 mil dessas tortas por hora, 24 horas por dia! Visivelmente há mais coisa acontecendo ali do que mera nostalgia. Esta é a nossa homenagem à torta da Four'n Twenty, com adição de baharat e alho negro.

Para adiantar: A mistura de carne moída pode ser preparada com 1 ou 2 dias de antecedência e guardada na geladeira: basta deixá-la voltar à temperatura ambiente antes de rechear a torta. Depois de montada e assada, a torta fica melhor se consumida no próprio dia.

Rende 6-8 porções

Coloque 2 colheres (sopa) do azeite e a manteiga em uma panela média de fundo triplo, com tampa, e leve ao fogo médio-alto. Adicione a cebola, o aipo e a cenoura e refogue por 10-12 minutos, mexendo de vez em quando, até os vegetais ficarem macios e dourarem um pouco. Acrescente o alho, a batata e o nabo, refogue por mais 5 minutos e transfira tudo para uma tigela.

Aumente o fogo para alto e adicione a colher (sopa) restante de azeite. Adicione a carne e cozinhe por 10 minutos, desfazendo os grumos com uma colher de pau e mexendo algumas vezes, até dourar. Acrescente o baharat, o tomate, o extrato de tomate, o alho negro e as folhas de louro, junto com 1½ colher (chá) de sal e um pouco de pimenta-do-reino e cozinhe por 2-3 minutos, mexendo regularmente. Adicione o vinagre de vinho tinto e deixe ferver por alguns segundos, depois acrescente a farinha. Junte os vegetais reservados e misture bem. Despeje o caldo, espere ferver, reduza o fogo para médio-baixo e cozinhe, com tampa, por 30 minutos, depois parcialmente tampado por mais 30 minutos, mexendo de vez em quando, até o molho ficar espesso e brilhoso. Retire do fogo e misture as azeitonas. Espere esfriar e leve à geladeira.

Na hora de montar a torta, preaqueça o forno de convecção a 190°C. Pincele o fundo e as laterais de uma fôrma de fundo removível de 23 cm de diâmetro com manteiga. Ponha uma assadeira grande no centro do forno para aquecer.

Sobre uma superfície levemente enfarinhada, estenda a massa de torta de modo que fique alguns centímetros maior do que a fôrma. Usando um rolo de cozinha, transfira a massa para a fôrma e pressione de maneira uniforme na base, nos cantos e por toda a extensão das laterais (pode ser necessário cortar um pouco da massa em algumas partes e remendar em outras para que se ajuste nas laterais). Espalhe o recheio de carne no centro, concentrando-o ligeiramente no meio para que haja espaço nas bordas para fechar a torta.

Cubra a superfície de trabalho com um pouco de farinha mais uma vez e abra delicadamente a massa folhada de modo que fique grande o suficiente para fechar toda a torta. Coloque a massa sobre o recheio, apertando nas laterais para juntar as bordas da massa folhada com as da massa de torta. Corte a maior parte do excesso, deixando cerca de 2 cm de sobra. Enrole ou dobre para dentro e, em seguida, com um garfo levemente enfarinhado, aperte as laterais para decorar as bordas.

Pincele a torta com o ovo batido, acrescente um bom giro do moedor de pimenta e, com uma faca afiada, faça alguns pequenos talhos no centro da torta (eles vão servir como chaminés). Ponha a torta sobre a assadeira aquecida e leve ao forno por 1 hora-1 hora e 15 minutos, até que a massa esteja dourada e crocante e o recheio comece a borbulhar pelas chaminés: pode ser necessário cobrir a torta com papel-alumínio no final, se estiver dourando demais. Retire do forno e deixe esfriar por 15 minutos antes de desenformar e servir.

Rugelach de alho-poró, queijo e zaatar

Massa de cream cheese
160 g de farinha de trigo, mais um pouco para polvilhar
¼ de colher (chá) de fermento químico em pó
40 g de parmesão, ralado fino
125 g de manteiga sem sal, gelada, cortada em cubos de 3 cm
125 g de cream cheese, gelado
1 ovo pequeno, ligeiramente batido com uma pitada de sal, para pincelar
sal e pimenta-do-reino preta

Recheio
1 colher (sopa) de azeite
2 alhos-porós pequenos, fatiados finíssimamente (300 g)
1 colher (chá) de casca de limão-siciliano, ralada finamente
70 g de feta, esfarelado
1 colher (sopa) de cream cheese
2 colheres (chá) de zaatar, mais 1 colher (sopa) para finalizar
100 g de cheddar, ralado fino, mais cerca de 30 g para finalizar

Esta é uma versão salgada do rugelach, que é tipicamente doce. O cream cheese na massa a deixa irresistível. Brinque com os recheios: espinafre refogado, endro e feta esfarelado vão muito bem.

Para adiantar: Tanto a massa como o recheio podem ser preparados com antecedência: 2 dias para o recheio, 3 dias para a massa. Depois de assados, os rugelach devem ser consumidos no mesmo dia. Também podem ser congelados e assados direto do freezer. Se for o caso, será preciso apenas 1 minuto a mais no forno.

Rende 16 rugelach

Primeiro, prepare a massa: coloque a farinha, o fermento químico em pó, 20 g do parmesão, ¼ de colher (chá) de sal e um pouco de pimenta-do-reino no processador de alimentos. Processe por 15 segundos e adicione a manteiga. Processe por mais alguns segundos, até a mistura ficar com textura de farinha de rosca, e acrescente o cream cheese. Processe apenas até a massa começar a se formar: tome cuidado para não bater demais nesta etapa. Ponha a massa sobre uma superfície levemente enfarinhada e sove por alguns segundos, apenas para juntá-la. Divida em duas partes iguais, embrulhe cada uma em filme plástico reutilizável e aperte para achatar. Leve à geladeira por pelo menos 1 hora.

A seguir, prepare o recheio. Coloque o azeite em uma frigideira e leve ao fogo médio. Adicione o alho-poró e ½ colher (chá) de sal e refogue por 15-18 minutos, até ficar macio, mas sem dourar. Junte as raspas de limão-siciliano e um pouco de pimenta-do-reino, retire do fogo e deixe esfriar. Misture o feta e o cream cheese e acrescente-os ao alho-poró, seguido do zaatar e do cheddar. Misture e reserve.

Na hora de montar, preaqueça o forno de convecção a 180°C.

Sobre uma superfície levemente enfarinhada, abra uma das metades da massa em um círculo com cerca de 28 cm de diâmetro e 2 mm de espessura. Coloque metade da mistura de alho-poró sobre a massa e espalhe uniformemente. Em seguida, usando uma faca afiada, corte o círculo como se estivesse cortando uma pizza em oito fatias iguais.

Trabalhando uma fatia de cada vez — começando pela base do triângulo —, enrole com bastante força, da borda em direção à ponta, para fechar o recheio. Repita com o restante da massa e do recheio. Vá colocando os rugelach em duas assadeiras forradas com papel-manteiga, com a emenda virada para baixo. Pincele levemente cada um com o ovo batido e polvilhe com o restante do parmesão, o cheddar e o zaatar. Leve ao forno por 23-25 minutos, girando as assadeiras na metade do tempo, até que os rugelach estejam totalmente dourados. Deixe esfriar por 5-10 minutos antes de servir.

Galette de tomate com queijo e Marmite

1 cabeça de alho grande
175 g de cream cheese
2½ colheres (chá) de Marmite
1 colher (sopa) de xarope de Maple
125 g de Robiola (ou Brie), rasgado grosseiramente
1 ovo, batido
sal e pimenta-do-reino preta

Massa
175 g de farinha de trigo, mais um pouco para polvilhar
70 g de farinha de trigo integral
150 g de manteiga sem sal, gelada, cortada em cubos de 3-4 cm
30 ml de água, gelada
30 ml de leite, gelado
1 colher (chá) de vinagre de vinho branco (ou de maçã)

Tomates assados
800 g de tomates variados, cortados em rodelas de 1 cm
3 cebolas-roxas, cortadas em rodelas de 1 cm (360 g)
1 colher (sopa) de folhas de tomilho, picadas, mais ½ colher (chá) de folhas para decorar
1¼ colher (chá) de semente de alcaravia, grosseiramente esmagada
75 ml de azeite

Marmite: "Ou você ama ou você odeia" (de acordo com o anúncio dos anos 1990), mas aqui nossa esperança é agradar a todos. Se você ama, vai adorar o que ele faz no creme e na cobertura; mesmo que você odeie, será conquistado pela nota de sal e umami que ele proporciona. *Fotos no verso.*

Para adiantar: A massa pode ser preparada com até 3 dias de antecedência e guardada na geladeira (ou 1 mês, se for congelada). Depois de montada e assada, a galette fica melhor consumida quente, no mesmo dia.

Rende 8 porções

Primeiro, prepare a massa: coloque as duas farinhas no processador de alimentos, junto com ½ colher (chá) de sal e um pouco de pimenta-do-reino. Bata algumas vezes na função pulsar, depois adicione a manteiga. Processe até ficar com consistência de farinha de rosca, então acrescente a água, o leite e o vinagre. Bata mais algumas vezes na função pulsar, apenas até a massa começar a se formar, e transfira para uma superfície limpa. Sove delicadamente por pouco tempo, apenas para formar uma bola, e, em seguida, embrulhe (sem apertar) em filme plástico reutilizável. Pressione de leve para achatar e leve à geladeira por pelo menos 1 hora.

Preaqueça o forno de convecção a 180°C.

Corte (e descarte) o topo da cabeça de alho, de modo que os dentes fiquem expostos, e embrulhe-a em papel-alumínio. Coloque-a na base do forno.

Arrume os tomates, a cebola, o tomilho picado, a alcaravia e o azeite em uma assadeira grande forrada com papel-manteiga, junto com ½ colher (chá) de sal e um pouco de pimenta-do-reino. Usando as mãos, misture com cuidado e espalhe em uma camada uniforme. Leve ao forno por 50 minutos, girando a assadeira na metade do tempo, até que os tomates dourem um pouco e percam a maior parte da água. Retire do forno e deixe esfriar.

Ao mesmo tempo, tire a cabeça de alho do forno e retire o papel-alumínio. Depois de esfriar, esprema os dentes em uma tigela pequena (as cascas podem ser descartadas). Adicione o cream cheese e 1½ colher (chá) de Marmite. Misture.

Em outra tigela, misture a colher (chá) restante de Marmite com o xarope de Maple. Reserve.

Aumente a temperatura do forno de convecção para 190°C e forre uma assadeira de 40 × 35 cm com papel-manteiga.

Cinco ou 10 minutos antes de fazer a galette, retire a massa da geladeira. Em uma superfície levemente enfarinhada, abra a massa formando um círculo de 38 cm de largura e cerca de 3 mm de espessura. Usando um rolo de cozinha, transfira a massa para a assadeira forrada e espalhe a mistura de cream cheese uniformemente por cima, deixando uma borda de 6 cm por toda a volta. Espalhe dois terços do Robiola e disponha as rodelas de tomate e cebola por cima, de forma que o queijo fique todo coberto. Distribua o restante do queijo por cima e dobre a borda da massa para dentro, sobre o recheio. Pincele com o ovo batido e leve à geladeira por 15 minutos, para firmar.

Corte um círculo de papel-manteiga de tamanho suficiente para cobrir a parte exposta do recheio e coloque-o sobre a galette. Leve ao forno por 35 minutos. Retire o papel-manteiga, gire a assadeira e continue a assar por 15-20 minutos, até que a massa esteja bem dourada e cozida. Pincele as bordas com metade da mistura de Marmite e xarope de Maple e deixe descansar por 15 minutos (na assadeira). Espalhe a outra metade da mistura por cima e finalize com as folhas de tomilho. Corte em fatias e sirva.

Torta de peixe boêmia

60 ml de azeite
2 cebolas pequenas, cortadas em cubos (200 g)
1 cabeça grande de funcho, cortada em fatias de 1 cm (200 g)
300 g de tomates-cereja, cortados ao meio
1½ colher (sopa) de extrato de tomate
3 dentes de alho, espremidos
1 colher (sopa) de sementes de coentro, levemente tostadas e finamente esmagadas
1 colher (chá) de páprica
1½ colher (sopa) de folhas de tomilho
2 tiras de casca de laranja
100 ml de vinho branco seco
250 ml de caldo de peixe (ou de frango)
1 colher (chá) de Tabasco
1½ colher (chá) de amido de milho
600 g de frutos do mar variados, frescos ou congelados (e então descongelados)
folhas de salsinha, picadas grosseiramente, para decorar (opcional)

Purê de aipo-rábano e feijão-branco
1 aipo-rábano grande, sem casca e cortado em pedaços de 2-3 cm (750 g)
3 dentes de alho, sem casca e esmagados
1 lata de 400 g de feijão-branco, escorrido e enxaguado
40 g de manteiga sem sal, em cubos
60 ml de creme de leite fresco
sal e pimenta-do-reino preta

Esta é uma torta de peixe sem todo o creme e purê de batata que costuma acompanhá-la. O resultado conserva o conforto, mas sem o peso. É inspirada em uma receita de amigos da Helen — Alice e James —, que a batizaram de "versão rebelde" ou "boêmia". Adoramos o nome, então pegou.

Para adiantar: Se estiver preparando com antecedência — algumas horas antes de servir —, apenas certifique-se de que o molho tenha esfriado por completo quando for misturá-lo aos frutos do mar crus. O purê também deve ser resfriado antes de ser espalhado por cima. Ao assar frio, acrescente mais 10 minutos ao tempo de forno.

Rende 4-6 porções

Para fazer o purê, junte o aipo-rábano e o alho em uma panela média, com tampa. Adicione água fria suficiente apenas para cobrir o aipo-rábano, mais 2 colheres (chá) de sal. Espere ferver e deixe cozinhar em fogo médio, parcialmente tampado, por 25-30 minutos, até que o aipo-rábano esteja macio. Escorra, leve de volta à panela e cozinhe por 3-5 minutos, em fogo baixo, mexendo de vez em quando, para evaporar um pouco do excesso de água. Adicione o feijão-branco, a manteiga e o creme de leite, junto com ½ colher (chá) de sal e um pouco de pimenta-do-reino. Usando um espremedor manual (ou um mixer de mão), amasse até ficar homogêneo.

Preaqueça o forno de convecção a 210°C.

Coloque 3 colheres (sopa) do azeite em uma frigideira grande que possa ir ao forno, com tampa, e leve ao fogo médio-alto. Adicione a cebola e o funcho e refogue por 10-12 minutos, mexendo algumas vezes, até começar a caramelizar. Acrescente o tomate, o extrato de tomate, o alho, as sementes de coentro, a páprica, o tomilho, a casca de laranja, 1¼ colher (chá) de sal e um pouco de pimenta-do-reino. Cozinhe por 3 minutos e adicione o vinho. Deixe ferver por 2-3 minutos, então adicione o caldo e o Tabasco. Deixe ferver, reduza o fogo para médio-baixo e cozinhe, com tampa, por 12 minutos, até que os tomates se desfaçam. Destampe e cozinhe por mais 10-12 minutos, até reduzir um pouco.

Em uma tigela pequena, misture o amido de milho com 2 colheres (chá) de água para formar uma pasta e misture-a ao molho. Cozinhe por mais ou menos 1 minuto, até engrossar, depois acrescente os frutos do mar. Retire do fogo e espalhe o purê sobre a mistura de peixe, formando algumas curvas e redemoinhos. Regue com a colher (sopa) restante de azeite e leve ao forno por 25-30 minutos, até dourar a parte de cima. Retire do forno e deixe descansar por 10-15 minutos antes de servir, com a salsinha por cima, se quiser.

Pão de espinafre e aspargos

90 ml de azeite
15 g de manteiga sem sal, mais 15 g, em temperatura ambiente, para untar a fôrma
1 alho-poró, fatiado finissimamente (135 g)
65 g de agrião, picado grosseiramente
200 g de aspargos, bases aparadas, cortados em rodelas de 1 cm
1 dente de alho grande, espremido
2 colheres (chá) de folhas de tomilho, picadas
275 g de espinafre congelado, descongelado, espremido e picado finamente (135 g)
70 g de parmesão, ralado fino
20 g de nozes, picadas finamente
180 g de farinha de trigo
1¼ colher (chá) de fermento químico em pó
½ colher (chá) de bicarbonato de sódio
2 ovos
100 g de sour cream
2 colheres (sopa) de zaatar
manteiga com sal, em temperatura ambiente, para servir
sal e pimenta-do-reino preta

Todos os anos, quando chega a época dos aspargos, nos perguntamos se não será aquele o ano em que, finalmente, vamos esgotar nossas ideias de como cozinhá-los e comê-los. Parece um daqueles vegetais para os quais existe um número limitado de alternativas, porém sempre nos surpreendemos com uma nova receita para adicionar ao repertório. Aqui, eles são assados, formando uma espécie de pão cuja textura é maravilhosamente macia e doce: quase como a de um bolo. Fica uma delícia para acompanhar uma sopa ou simplesmente com manteiga, no brunch ou em um piquenique.

Nota sobre a conservação: Sirva como está ou então aqueça no grill do forno (ou em uma frigideira seca) por cerca de 1 minuto de cada lado.

Rende 8-10 porções

Coloque uma colher de sopa do azeite e a manteiga em uma frigideira grande e leve ao fogo médio. Adicione o alho-poró, ½ colher (chá) de sal e um pouco de pimenta-do-reino e refogue por 10 minutos, mexendo de vez em quando, até que o alho-poró amoleça. Adicione o agrião, os aspargos, o alho e o tomilho e refogue por mais 5-7 minutos, até que o agrião perca toda a umidade. Nos 2 minutos finais, junte o espinafre, retire do fogo e deixe esfriar.

Preaqueça o forno de convecção a 170°C.

Pincele uma fôrma de pão de 1 kg com a manteiga em temperatura ambiente. Misture as nozes e 20 g do parmesão em uma tigela pequena. Despeje a mistura na fôrma, agite e bata, para que o fundo e as laterais fiquem revestidos. Guarde o excesso de volta na tigela pequena. Leve a fôrma à geladeira.

Peneire a farinha, o fermento químico em pó, o bicarbonato de sódio e ½ colher (chá) de sal em uma tigela média.

Coloque os ovos, o creme de leite e os 75 ml restantes do azeite em uma tigela grande à parte e bata bem. Adicione a mistura de vegetais fria, os 50 g restantes de parmesão, o zaatar e a mistura de farinha peneirada. Com uma espátula, mexa até incorporar bem: não devem restar grumos de farinha, mas tome cuidado para não trabalhar demais a massa (senão vai provocar uma textura borrachuda).

Transfira para a fôrma e alise a superfície. Espalhe por cima a sobra da mistura de nozes e parmesão e leve ao forno por 50-55 minutos, girando a fôrma na metade do tempo. Para saber se está no ponto, insira um palito no meio e veja se sai limpo.

Retire do forno e deixe esfriar por 10 minutos antes de soltar as bordas com uma faca. Desenforme sobre uma grade e deixe esfriar completamente antes de servir com manteiga salgada.

Pão rápido de cenoura e vadouvan

275 g de farinha de trigo
2 colheres (chá) de fermento químico em pó
½ colher (chá) de bicarbonato de sódio
1 colher (sopa) de açúcar
2½ colheres (sopa) de vadouvan (ou curry Madras em pó)
2 colheres (chá) de sementes de cominho, tostadas e ligeiramente esmagadas
2 colheres (chá) de sementes de coentro, tostadas e ligeiramente esmagadas
3 ovos
150 g de iogurte grego natural
100 ml de azeite
1 cenoura grande ou 2 médias, sem casca e raladas grossas (150 g)
3-4 cebolinhas, picadas finamente (40 g)
1 dente de alho, espremido
10 g de gengibre, sem casca e ralado
manteiga com sal, em temperatura ambiente, para servir, mais um pouco para untar
sal

Para criar esta receita, Helen se inspirou em uma sopa de cenoura e vadouvan que tomou em um café perto da escola de seu filho, enquanto esperava para buscá-lo. Estava tão saborosa que Helen fez parte do próprio dever de casa enquanto esperava: o sabor pronunciado era do vadouvan, um curry em pó francês maravilhosamente complexo. É uma versão mais adocicada do masala, à base de chalotas: suave, defumado e, de fato, marcante. Uma fatia com manteiga por cima é maravilhosa em qualquer refeição, seja acompanhada de sopa ou de queijo.

Nota sobre os ingredientes: Está cada vez mais fácil encontrar vadouvan pronto, mas, caso você não encontre, um curry Madras suave em pó funciona muito bem. Nas fotos temperamos a manteiga com um pouco mais de vadouvan, mas manteiga simples com sal também fica ótimo!

Nota sobre a conservação: Fica melhor consumido no dia em que foi assado, mas dura por até 2 dias.

Rende 6-8 porções

Preaqueça o forno de convecção a 180°C. Unte uma fôrma de pão de 1 kg com manteiga e forre com papel-manteiga.

Peneire a farinha, o fermento químico em pó, o bicarbonato de sódio, o açúcar e 1 colher (chá) de sal em uma tigela grande. Adicione o vadouvan, o cominho e as sementes de coentro e misture bem.

Coloque os ovos em uma tigela grande, junto com o iogurte e o azeite. Bata bem e adicione a cenoura, a cebolinha, o alho e o gengibre. Despeje essa mistura úmida sobre os ingredientes secos e incorpore delicadamente: não trabalhe demais a massa. Ela vai parecer dura, mas é assim mesmo que deve ficar.

Transfira a massa para a fôrma de pão untada e forrada, alise a superfície e leve ao forno por 50-55 minutos ou até que um palito inserido no centro saia limpo. Retire do forno e deixe esfriar sobre uma grade por 10 minutos, depois transfira para uma superfície e deixe esfriar completamente. Sirva em fatias, com bastante manteiga com sal.

Pão de batata

1 batata para assar (ou outra variedade rica em amido), sem casca e cortada em pedaços de 3 cm (200 g)
375 g de farinha de trigo forte para pão
1 sachê de fermento biológico seco instantâneo (7 g)
40 g de açúcar
1½ colher (chá) de sal
2 ovos
50 g de sour cream
70 g de manteiga sem sal, em temperatura ambiente e cortada em cubos de 1 cm
sal marinho em flocos, para finalizar

Entre todas as coisas feitas em uma cozinha, existe algo particularmente satisfatório no cheiro e no sabor de um pãozinho recém-assado. Em termos de "fator textura", temos uma arma secreta: batata! Você não diria que ela está lá, mas, quando descobre, a natureza macia e fofa dos pãezinhos faz todo o sentido.

Se assar pão é uma das coisas mais satisfatórias que existem, pensar em todas as coisas com que você pode recheá-los vem logo a seguir. Cada um de nós tem o seu preferido: manteiga e mortadela para Helen; ovo e agrião para Verena (ver p. 25); frango, abacate, azeitonas e feta para Tara; manteiga, cheddar e picles para Yotam. São muitas as opções. *Fotos também no verso.*

Para adiantar: É melhor comê-los no dia em que forem feitos, mas, com a umidade das batatas e se bem embrulhados, ficam bons até o dia seguinte. Não estarão tão fofos, mas você pode reaquecê-los no forno por alguns minutos para reanimá-los.

Rende 16 pãezinhos

Coloque a batata em uma panela pequena e adicione água suficiente apenas para cobrir. Deixe ferver em fogo alto, reduza para médio e cozinhe por 15-20 minutos, parcialmente tampado, até que as batatas estejam macias. Escorra em uma peneira sobre uma vasilha e ponha de volta na panela. Leve ao fogo baixo e deixe secar por 2-3 minutos. Amasse bem (use um espremedor de batatas, se tiver), para que não reste nenhum grumo. Transfira 130 g para uma travessa e deixe esfriar.

Misture a farinha, o fermento, o açúcar e o sal em uma tigela média e reserve.

Despeje 80 ml da água reservada do cozimento da batata (ou água da torneira, caso você tenha se esquecido de guardar a água da batata!) na tigela grande da batedeira, equipada com o gancho para massa. Adicione um dos ovos, junto com o sour cream, a mistura de farinha, a manteiga e os 130 g de purê de batata frio. Bata em velocidade baixa por cerca de 2 minutos, até incorporar bem. Em seguida, aumente a velocidade para média-alta e bata por 8-10 minutos, até obter uma massa lisa, sedosa e elástica.

Transfira a massa para uma superfície levemente untada com óleo e forme uma bola. Ponha-a de volta na tigela da batedeira, cubra com um pano de prato limpo e deixe crescer em algum lugar quente, por 1 hora-1 hora e meia (ou até dobrar de tamanho).

Forre uma assadeira quadrada de 23 cm (cerca de 4 cm de profundidade) com uma longa tira de papel-manteiga que ultrapasse 2 cm as laterais da fôrma.

Vire outra vez a massa crescida sobre uma superfície levemente untada com óleo e divida-a em 16 pedaços, cada um pesando pouco menos de 50 g. Forme uma bola com cada pedaço — puxando todas as bordas e depois virando a emenda para baixo, de modo que a parte de cima fique lisinha — e arrume-os em quatro fileiras de quatro na assadeira (deixe um pequeno espaço entre cada pãozinho, que vai desaparecer à medida que eles crescerem).

Cubra e deixe crescer por 1 hora e meia ou até dobrarem de tamanho.

Preaqueça o forno de convecção a 180°C.

Bata o ovo restante e use-o para pincelar todos os pãezinhos crescidos. Polvilhe com um pouco de sal marinho em flocos e leve ao forno por 15 minutos. Gire a assadeira e asse por mais 10 minutos, até crescer e dourar bem. Retire com cuidado da assadeira, usando o papel-manteiga para ajudar, e transfira para uma grade para esfriar completamente.

Mingau de forno com canela, banana e morango

130 g de aveia partida
80 g de aveia em flocos
30 g de amêndoas laminadas, levemente tostadas
1 colher (chá) de fermento químico em pó
1½ colher (chá) de canela em pó
sal
1 banana grande madura, fatiada finissimamente (125 g)
4-5 morangos, fatiados finissimamente (100 g)
1 ovo
60 ml de xarope de Maple, mais um pouco para servir
2 colheres (sopa) de manteiga sem sal, derretida, ligeiramente resfriada
500 ml de leite de amêndoas (ou qualquer outro leite)
2 colheres (chá) de extrato de baunilha
açúcar de confeiteiro, para finalizar
creme de leite fresco, para servir (opcional)

Esta é uma das comidas reconfortantes preferidas da Helen. Geralmente servida em um café da manhã tranquilo de fim de semana, também é conhecida por cair bem no jantar quando o dia precisa de um desfecho mais calmo. É adaptada do mingau de aveia no forno de Heidi Swanson, em seu livro *Super Natural Every Day*. Fizemos nossa própria versão — adoramos adicionar aveia partida, por exemplo, por causa da textura que traz, mas, se não a encontrar, use um total de 210 g de aveia em flocos. Sirva quente, com um pouco de creme gelado por cima, ou então fria, no café da manhã ou na sobremesa, com um pouquinho de xarope de Maple a mais.

Para adiantar: Se quiser acordar e levar logo ao forno, tudo menos as frutas pode ser misturado e guardado na geladeira, pronto para assar (depois de colocadas as frutas). Nesse caso, grande parte do líquido terá sido absorvida durante a noite, e o tempo de cozimento cairá para 30 minutos.

Rende 4-6 porções

Preaqueça o forno de convecção a 175°C.

Junte as aveias, a amêndoa, o fermento químico em pó, a canela e ½ colher (chá) de sal em uma tigela média e misture delicadamente. Transfira para uma assadeira refratária (de cerca de 26 cm), espalhe por cima as rodelas de banana e morango e reserve.

Em uma jarra ou tigela grande, bata o ovo e acrescente o xarope de Maple e a manteiga. Bata bem para misturar e adicione o leite e o extrato de baunilha. Despeje com cuidado a mistura no prato e agite delicadamente, para que as frutas se espalhem uniformemente por cima. Não se preocupe se não ficar arrumadinho: as frutas vão estourar enquanto assam.

Leve ao forno por 40-45 minutos ou até que esteja dourado por cima e o mingau fique firme. Retire do forno e deixe esfriar alguns minutos antes de servir, com açúcar de confeiteiro por cima e com o creme ou o xarope de Maple extra ao lado.

Cookies sem glúten de chocolate branco caramelizado e macadâmia

300 g de manteiga sem sal em temperatura ambiente, cortada em cubos de 2 cm
300 g de açúcar mascavo escuro
75 g de açúcar
20 g de pasta de baunilha
1 ovo inteiro e 2 gemas
175 g de farinha de mandioca tipo 1 (ou de trigo)
150 g de aveia em flocos, processada até obter uma farinha bem fina
¾ de colher (chá) de bicarbonato de sódio
¾ de colher (chá) de sal refinado
1 colher (chá) de sal marinho em flocos
100 g de macadâmias, tostadas e picadas grosseiramente
200 g de chocolate branco caramelizado (ou tradicional), picado grosseiramente (nós gostamos do Valrhona Dulcey 32%)

Estes cookies são inspirados nas lembranças que Verena tem de estar no shopping quando era adolescente, sentindo-se como se estivesse em um filme, nos anos em que seus pais trabalharam em Washington. Ela era sempre atraída pela banquinha de biscoitos da Mrs. Fields e seus cookies de macadâmia com gotas de chocolate branco. As bordas crocantes; o miolo macio e cremoso!

Nota sobre os ingredientes: O chocolate branco caramelizado é um ingrediente incrível — imagine uma torrada com manteiga em forma de chocolate. É cada vez mais fácil encontrá-lo, mas, como alternativa, o chocolate branco tradicional funciona muito bem. Usamos farinha de mandioca tipo 1 aqui, para deixar a receita sem glúten, mas, se isso não for uma questão, pode-se usar farinha de trigo.

Para adiantar: A massa crua pode ser feita com até 3 dias de antecedência e guardada, já enrolada em bolinhas, na geladeira, em um recipiente hermético (onde só vai melhorar com o tempo!). Assim, estará pronta para ser assada sempre que necessário.

Rende 25 cookies

Separe metade da manteiga em uma panela pequena e leve ao fogo médio-alto. Cozinhe por cerca de 5 minutos, mexendo sempre, até que fique com uma cor âmbar e cheiro de castanhas. Enquanto isso, coloque a manteiga restante, os açúcares e a pasta de baunilha em uma tigela grande. Despeje a manteiga quente e misture bem. Deixe descansar por cerca de 5 minutos, até que o resto da manteiga esteja completamente derretida. Adicione o ovo e as gemas e misture por cerca de 30 segundos, para incorporar bem e emulsionar. Adicione o restante dos ingredientes e misture até que não haja mais grumos de farinha. Cubra e deixe descansar na geladeira por pelo menos 2 horas, até firmar.

Preaqueça o forno de convecção a 180°C.

Usando uma colher, pegue 50-55 g de massa de cada vez, forme uma bola com cada colherada e arrume-as, bem espaçadas, em uma assadeira grande forrada com papel-manteiga: você deve conseguir colocar 8 cookies em cada assadeira. Asse por 7 minutos, depois gire a assadeira e asse por mais 3 minutos, até que as bordas fiquem levemente douradas e o centro esteja inchado e claro. Deixe esfriar por 10 minutos antes de servir.

Affogato de creme de ovos

Creme de ovos
200 ml de creme de leite fresco
200 g de leite
75 g de açúcar mascavo claro
sementes raspadas de 1 fava de baunilha
4 gemas (reserve 2 claras para o crocante)
⅛ de colher (chá) de sal

Crocante de merengue
2 claras
⅛ de colher (chá) de sal
150 g de açúcar
50 g de avelãs branqueadas, tostadas, metade processada até virar uma farinha fina, metade picada grosseiramente
1 colher (chá) de amido de milho
1 colher (chá) de vinagre de maçã
40 g de coco ralado

Para servir
4 doses de café espresso, quente (opcional)

Esta receita está em algum ponto entre um affogato, um crème brûlée e um merengue de castanhas. Funciona igualmente bem sem o café, por isso é ótimo para toda a família. *Fotos também no verso.*

Para adiantar: Tanto o creme quanto o merengue podem ser feitos com antecedência (o creme 1 dia antes, o merengue até 1 semana), e deixados prontos para serem montados na hora de servir.

Rende 4 porções

Preaqueça o forno de convecção a 230°C.

Misture os ingredientes do creme de ovos em uma panela pequena e leve ao fogo médio. Cozinhe, mexendo sempre, por 10-12 minutos, até que a mistura tenha a consistência de um mingau fino. Coe em uma assadeira de 30 × 20 cm e leve ao forno por 15-20 minutos. A parte de cima vai formar manchas escuras em alguns pontos e o creme vai ficar todo coalhado — é exatamente assim que deve ser!

Transfira para uma tigela pequena, certificando-se de incluir todos os pedaços dourados das laterais e, em seguida, usando um mixer de mão, bata por cerca de 30 segundos, até ficar bem liso e brilhoso, raspando as laterais da tigela. Leve à geladeira por pelo menos 4 horas (ou de um dia para o outro).

Reduza a temperatura do forno de convecção para 150°C e forre uma assadeira grande com papel-manteiga.

Em seguida, prepare o crocante de merengue: coloque as claras e o sal na tigela grande da batedeira. Bata em velocidade média-alta por 1-2 minutos, até começar a espumar. Despeje o açúcar aos poucos e bata por mais 3-5 minutos, até o merengue ficar espesso e brilhoso. Com uma espátula, incorpore as avelãs processadas, o amido de milho, o vinagre de maçã e o coco. Ponha uma pequena quantidade de merengue embaixo de cada canto do papel-manteiga para que ele grude na assadeira. Espalhe o merengue em uma camada fina sobre o papel-manteiga, tendo o cuidado de cobrir toda a superfície, e polvilhe com as avelãs picadas. Leve ao forno por 30 minutos. Deixe esfriar e quebre em pedaços irregulares.

Na hora de servir, mexa delicadamente o creme: deve ficar com uma consistência de mingau. Distribua em quatro copos pequenos e cubra com os crocantes. Sirva o café ao lado, se quiser, para que cada um acrescente a quantidade que desejar.

Travessa de kataifi e merengue com limão e mirtilo

50 g de massa kataifi
25 g de açúcar de confeiteiro
½ colher (chá) de canela em pó
¼ de colher (chá) de sal
30 g de manteiga sem sal, derretida
100 g de mirtilos frescos
50 g de merengues (comprados prontos), grosseiramente esfarelados

Calda de limão
150 ml de sumo de limão-siciliano (de cerca de 4 limões-sicilianos)
6 tiras finas de casca de limão-siciliano
125 g de açúcar
1 saquinho de chá de camomila (opcional: apenas se você já tiver em casa)
1 pau de canela
1 fava de baunilha sem as sementes (guarde as sementes para o creme)

Creme de iogurte
200 ml de creme de leite fresco
200 g de iogurte grego natural
sementes raspadas de 1 fava de baunilha (ver acima)
50 g de açúcar de confeiteiro

É impossível falar em um ninho de massa kataifi com creme de iogurte sem fazer referência à receita criada pelos nossos grandes amigos Itamar Srulovich e Sarit Packer, o casal por trás da Honey and Co. É um clássico nos cardápios dos seus restaurantes e cafés e uma coisa de sonho. Em nossa versão, amplificamos o sabor do limão-siciliano e adotamos o merengue comprado pronto. Prepare cada um dos elementos com antecedência, e então será muito fácil e rápido juntar tudo.

Para adiantar: A massa kataifi pode ser assada com bastante antecedência: dura em um recipiente fechado por até 5 dias e fica maravilhosa por cima de todo tipo de sobremesa à base de creme ou iogurte. A calda de limão-siciliano também se conserva pelo mesmo tempo. O creme de iogurte fica melhor se batido logo antes de servir.

Rende 4 porções (e pode ser facilmente multiplicada se você estiver cozinhando para um batalhão)

Preaqueça o forno de convecção a 160°C e forre uma assadeira grande com papel-manteiga.

Coloque a massa kataifi, o açúcar de confeiteiro, a canela e o sal em uma tigela média e, usando as mãos, misture bem. Adicione a manteiga derretida e misture mais uma vez, para que os fios de massa fiquem uniformemente revestidos. Transfira para a assadeira forrada e espalhe, formando uma camada fina. Ponha outra folha de papel-manteiga por cima e aperte com um rolo: deve ficar com cerca de 0,5 cm de espessura. Retire a folha de papel-manteiga de cima e leve ao forno por 18-20 minutos ou até ficar bem dourado. Deixe esfriar e quebre em pedaços.

Enquanto isso, junte todos os ingredientes da calda de limão-siciliano em uma panela pequena e leve ao fogo médio-alto. Deixe ferver, reduza o fogo para médio-baixo e cozinhe por 10-12 minutos, mexendo de vez em quando, até engrossar e reduzir bem pouco (vai engrossar ainda mais à medida que esfria). Transfira para uma tigela e leve à geladeira para esfriar totalmente.

Na hora de servir, bata o creme de leite, o iogurte, as sementes de baunilha e o açúcar de confeiteiro até formar picos suaves. Transfira para uma travessa, usando uma colher para fazer movimentos circulares, e espalhe sobre os mirtilos e os pedaços de merengue. Distribua a massa kataifi e regue com um pouco da calda de limão-siciliano, incluindo as tiras da casca. Sirva com mais calda e massa kataifi ao lado.

Bolo em camadas de geladeira

3 colheres (sopa) de leite
 (ou 105 ml se não usar o Grand Marnier)
60 ml de Grand Marnier (se optar por usar)
1 dose de café espresso, regular ou descafeinado (30 ml)
650 ml de nata
325 g de creme de leite fresco
50 g de açúcar de confeiteiro
1½ colher (chá) de extrato de baunilha
1½ colher (chá) de canela em pó

Biscoitos
225 g de farinha de trigo
50 g de cacau em pó
¾ de colher (chá) de fermento químico em pó
½ colher (chá) de bicarbonato de sódio
¼ de colher (chá) de sal
100 g de manteiga sem sal, em temperatura ambiente
200 g de açúcar
50 ml de óleo vegetal
50 g de xarope de milho
1 ovo

Morangos macerados
600 g de morangos, sem a sépala e cortados em quatro
1½ colher (sopa) de açúcar
1 colher (chá) de casca de laranja, finamente ralada
2 colheres (sopa) de Grand Marnier (ou suco de laranja)
2 tiras de casca de laranja, cortadas à Julienne

Como qualquer um que já tenha ido a um churrasco australiano sabe, o bolo de chocolate em camadas é uma sobremesa onipresente e que não vai ao forno. Na Austrália, é feito com biscoitos de chocolate industrializados, que depois são montados em camadas com creme. A receita é tão simples que vem impressa no verso da embalagem dos biscoitos! Em uma recente viagem de família a Melbourne, os filhos da Helen ficaram tão apaixonados pelo bolo que imploraram para que ela o preparasse em Londres. Não conseguindo encontrar os biscoitos certos — Arnott's Choc Ripple (embora agora possam ser comprados pela internet) —, Helen os preparou do zero. São tão rápidos e simples de assar que Helen agora não só os prepara apenas para o bolo como faz uma quantidade a mais para ter sempre à mão. Nenhuma festa de aniversário (ou churrasco!) está completa sem eles. *Fotos no verso.*

Para adiantar: Os biscoitos podem ser preparados e assados com até 7 dias de antecedência, guardados em um recipiente hermético. O bolo precisa ser feito com pelo menos 6 horas de antecedência, para amolecer e infundir, mas pode ser preparado até 2 dias antes, descansar e ir à geladeira.

Para se divertir: Os morangos vão muito bem aqui, mas, como alternativa, é só esfarelar mais biscoitos por cima ou espalhar flocos de chocolate.

Rende 8-10 porções

Primeiro, prepare os biscoitos: peneire a farinha, o cacau em pó, o fermento químico em pó, o bicarbonato de sódio e o sal em uma tigela média.

Coloque a manteiga, o açúcar, o óleo e o xarope de milho na tigela grande da batedeira, equipada com a pá. Bata em velocidade média por 2 minutos, até obter um creme claro. Raspe as laterais da tigela, adicione o ovo e bata novamente até incorporar. Reduza a velocidade para baixa, acrescente os ingredientes secos e misture até obter uma massa. Embrulhe e leve à geladeira por pelo menos 2 horas.

Na hora de assar, preaqueça o forno de convecção a 170°C.

Separe pedaços de 30 g de massa e forme bolas. Distribua-as, com cerca de 5 cm de distância entre cada uma, em duas assadeiras grandes forradas com papel-manteiga. Deve render cerca de 23 bolas.

Achate-as com a mão — devem chegar a cerca de 5 cm de largura — e leve ao forno por 15 minutos, até ficarem firmes e as pontas rachadas ou onduladas. Retire do forno e deixe esfriar por 5 minutos antes de transferir para uma grade até esfriar por completo.

Na hora de montar o bolo, misture o leite, o Grand Marnier (se estiver usando) e o café e reserve.

Junte a nata, o creme de leite fresco, o açúcar de confeiteiro, o extrato de baunilha e a canela na tigela grande da batedeira equipada com o batedor de clara em neve. Bata em velocidade média-alta até formar picos suaves: tome cuidado para não bater demais, pois o creme vai engrossar à medida que for espalhado. Transfira 200 g da mistura para uma tigela pequena e leve à geladeira: ela vai ser usada para finalizar o bolo. Com o saco de confeitar ou uma colher, forme uma linha de aproximadamente 30 cm de comprimento (e cerca de 2 cm de largura) da mistura de creme restante no centro de um prato ou tábua de bolo: isso ajuda a posicionar os biscoitos para a montagem.

Pegue 20 biscoitos e, trabalhando um de cada vez, pincele levemente os dois lados com a mistura de leite: basta umedecer a superfície do biscoito, sem encharcá-lo. Em seguida, com uma espátula ou faca pequena, espalhe 2 colheres (sopa) de creme em um dos lados do biscoito. Com o biscoito em pé, pressione-o contra uma das pontas da tira de creme. Repita com outro biscoito e coloque ao lado do primeiro, apertando para formar um sanduíche. Continue com os biscoitos restantes, formando uma tora. Espalhe o restante da mistura de creme por cima e pelas laterais: não se preocupe se der para cobrir apenas um pouco do bolo, pois ele será finalizado com o creme reservado no dia seguinte. Cubra e leve à geladeira por pelo menos 6 horas, ou de um dia para o outro.

Cerca de 15 minutos antes da hora de servir, misture os morangos em uma tigela com o açúcar, as raspas de casca de laranja e o Grand Marnier. Deixe macerar por 10-15 minutos.

Enquanto isso, passe o creme reservado por cima e nas laterais do bolo.

Na hora de servir, distribua cerca de metade dos morangos por cima do bolo, apertando-os de leve para grudar. Espalhe a calda por cima e ao redor do prato. Finalize com as tiras de casca de laranja. Corte na diagonal — aquecer a lâmina da faca em uma jarra de água quente ajuda a obter uma fatia mais "limpa" — para revelar as listras.

Mousse de chocolate com caramelo de laranja

360 g de chocolate amargo (cerca de 64% de sólidos de cacau), picado grosseiramente
6 ovos, gemas e claras separadas
60 g de açúcar
460 ml de creme de leite fresco para chantilly
100 g de sour cream
50 g de avelãs branqueadas, tostadas e picadas grosseiramente, para servir
sal marinho em flocos

Caramelo de laranja (opcional)
100 g de açúcar
2-3 laranjas grandes: 4 tiras da casca cortadas à Julienne para decorar, depois esprema para obter 125 ml de sumo

Com o caramelo de laranja, esta receita lembra um pouco o Terry's Chocolate Orange, um clássico da época do Natal. Seja você fã ou não, funciona também sem o caramelo de laranja. Não economize no creme e nas avelãs; eles vão muito bem juntos.

Nota sobre a conservação: A mousse dura bem na geladeira por até 3 dias.

Rende 8 porções

Derreta o chocolate em uma tigela refratária sobre uma panela com água fervente, tomando cuidado para que o fundo da tigela não toque na água. Mexa de vez em quando, até derreter, então retire do fogo e deixe esfriar um pouco: pode estar morno, mas não quente.

Coloque as gemas em uma tigela média e, usando um batedor manual, bata por cerca de 1 minuto, até clarearem. Adicione o chocolate derretido morno e mexa delicadamente para incorporar.

Bata as claras na batedeira em velocidade média-alta por 2 minutos, até fazer espuma. Adicione o açúcar aos poucos e continue batendo por 2-3 minutos, quando começará a formar picos brilhantes e duros. Em três etapas, adicione as claras em neve à mistura de chocolate, mexendo com delicadeza para incorporar e tomando cuidado para não trabalhar em excesso: não é preciso ficar perfeitamente homogêneo.

Sem lavar a tigela da batedeira, adicione 360 ml de creme de leite e bata em velocidade média por 3 minutos, até formar picos moles: preste atenção aqui para não bater além da conta. Incorpore delicadamente, mas bem, à mistura de chocolate, junto com ½ colher (chá) de sal marinho em flocos e, em seguida, transfira para uma tigela grande ou oito porções individuais. Leve à geladeira por 3 horas (ou de um dia para o outro, embora dure cerca de 3 dias), até esfriar.

Se for fazer o caramelo de laranja, coloque uma panela pequena em fogo médio-alto e despeje metade do açúcar. Mexa, para derreter, depois acrescente o restante do açúcar e cozinhe por cerca de 3 minutos, mexendo de vez em quando, até formar um caramelo âmbar profundo. Retire do fogo e despeje com cuidado o suco de laranja: vai respingar bastante. Volte com a panela ao fogo, mexendo, para que os pedaços de açúcar não derretidos se dissolvam. Junte ¼ de colher (chá) de sal marinho em flocos e espere esfriar.

Coloque os 100 ml restantes de chantilly em uma tigela pequena e adicione o sour cream. Bata por cerca de 1 minuto, até começar a engrossar.

Cerca de 15 minutos antes de servir, retire a mousse da geladeira. Espalhe o creme por cima, regue com um pouco de caramelo e finalize com um punhado de avelãs e de casca de laranja.

Bolo-crumble de maçã, amora e gengibre

180 g de farinha de trigo
1½ colher (chá) de fermento químico em pó
¼ de colher (chá) de sal
4 maçãs verdes pequenas, sem casca, sem sementes e fatiadas finissimamente (360 g)
35 g de gengibre fresco, sem casca e ralado fino
1 limão-siciliano: rale finamente a casca para obter 1 colher (chá), depois esprema para obter 1½ colher (chá) de sumo
180 g de manteiga sem sal, cortada em cubos, em temperatura ambiente, mais cerca de 10 g para untar
130 g de açúcar
3 ovos e 1 clara
1 colher (chá) de extrato de baunilha
300 g de amora
creme de leite (ou creme de ovos), para servir

Crumble
90 g de farinha de trigo
80 g de açúcar demerara
1 colher (chá) de gengibre em pó
1 colher (chá) de canela em pó
60 g de amêndoas laminadas
sal
75 g de manteiga sem sal, derretida, ligeiramente resfriada

Feito em uma assadeira refratária levada diretamente à mesa, ainda quente, este é um bolo maravilhosamente caseiro. Funciona em todas as estações se você brincar com as frutas. Pêssegos com framboesas no verão, por exemplo, maçãs com ameixas no outono.

Para adiantar/Nota sobre a conservação: Ele é melhor quente, mas fica ótimo, também, no dia seguinte, em temperatura ambiente, cortado em pedaços. A quantidade de fruta — bastante! — significa que, passado mais de 1 dia, o bolo vai ficar um pouco encharcado. O crumble pode ser feito com até 4 dias de antecedência e guardado na geladeira, em recipiente hermético, ou congelado por até 1 mês. Também pode ser usado como cobertura para muffins.

Rende 6-8 porções

Primeiro, prepare o crumble: junte a farinha, o açúcar, o gengibre, a canela, as amêndoas e ¼ de colher (chá) de sal em uma tigela média. Mexa bem, depois acrescente a manteiga e, com um garfo, misture até incorporar e formar grumos. Reserve na geladeira.

Preaqueça o forno de convecção a 170°C. Unte uma assadeira refratária grande e funda — de cerca de 26 cm — com manteiga e reserve. Peneire a farinha, o fermento químico em pó e ⅓ de colher (chá) de sal em uma tigela pequena e reserve.

Misture as maçãs, o gengibre e o sumo de limão-siciliano em uma tigela pequena à parte e deixe macerar enquanto prepara a massa.

Ponha a manteiga, o açúcar e as raspas de limão-siciliano na tigela grande da batedeira. Use a pá para bater em velocidade média-alta por 3 minutos, até obter um creme claro. Em uma jarra pequena, bata os ovos, a clara e o extrato de baunilha e, com a batedeira ligada, despeje essa mistura no creme de manteiga, em 4-5 etapas, raspando as laterais, até incorporar. A mistura vai parecer talhada, mas não se preocupe: ela vai se recompor. Reduza a velocidade para baixa, adicione os ingredientes secos peneirados e misture até incorporar bem. Retire a tigela da batedeira. Reserve 100 g das maçãs e 100 g das amoras maceradas e junte delicadamente o restante à massa.

Transfira a mistura para a assadeira untada e alise a superfície. Espalhe as maçãs e as amoras reservadas por cima, seguidas pelo crumble: quebre-o em pedaços irregulares para dar textura e certifique-se de que algumas frutas fiquem expostas em alguns pontos.

Asse por 45-50 minutos ou até que um palito saia limpo. Deixe esfriar por cerca de 30 minutos antes de servir quente com o creme.

Torta de maçã holandesa

Massa
280 g de manteiga sem sal, em temperatura ambiente
75 g de açúcar mascavo claro
255 g de açúcar, mais 1 colher (chá) para polvilhar
1 colher (chá) de raspas de casca de limão-siciliano
sementes raspadas de 1 fava de baunilha
1 ovo e 2 gemas
310 g de farinha de trigo, mais um pouco para polvilhar
65 g de amêndoas moídas
1¼ de colher (chá) de mahleb (deixe de fora caso não tenha)
1½ colher (chá) de fermento químico em pó
¾ de colher (chá) de sal

Recheio
40 g de amêndoas laminadas, tostadas e grosseiramente esmagadas
50 g de uvas-passas
50 ml de rum escuro (ou suco de maçã)
30 g de manteiga sem sal, derretida
5 maçãs verdes, sem casca, sem sementes e cortadas em pedaços de 2-3 cm (560 g)
3 maçãs, sem casca, sem sementes e cortadas em pedaços de 2-3 cm (320 g)
1 colher (sopa) de sumo de limão-siciliano
40 g de açúcar mascavo claro
25 g de treacle escuro
⅛ de colher (chá) de sal
¾ de colher (chá) de canela em pó
¾ de colher (chá) de mahleb (deixe de fora caso não tenha)
½ colher (chá) de noz-moscada ralada na hora
20 g de farinha de rosca (ou panko)

Para servir
chantilly

Esta torta é o resultado de dois conjuntos de memórias. O primeiro: Yotam morou e estudou em Amsterdam, onde frequentava um café chamado Villa Zeezicht, hoje infelizmente fechado, para comer uma fatia do famoso bolo de maçã deles. O segundo é da Verena, do bolo alemão que comia desde pequena — gedeckter Apfelkuchen (bolo de maçã coberto) —, recheado com passas e finalizado com uma cobertura de limão-siciliano. Verena também se inspirou em outro doce, holandês, o boterkoek (literalmente "bolo de manteiga"), rico em ovos e superamanteigado, que combina perfeitamente com o recheio de maçã e especiarias. Em todos os casos, esta torta é sempre servida com chantilly. *Fotos no verso.*

Nota sobre os ingredientes: O mahleb é uma especiaria moída aromática feita a partir do caroço da cereja-de-santa-lúcia. É incrivelmente marcante — amargo e amendoado —, mas, se você não tiver, pode deixar de fora.

Rende 8-10 porções

Primeiro, prepare a massa: coloque a manteiga na tigela grande da batedeira equipada com o batedor de pá. Adicione os dois açúcares, as raspas de limão-siciliano e a baunilha e bata em velocidade média por 2 minutos, até obter uma mistura clara e cremosa (mas não muito fofa e aerada). Misture o ovo e as gemas e reserve 1 colher (chá) para pincelar mais tarde. Adicione o restante dos ovos à batedeira e continue batendo para incorporar bem. Reduza a velocidade, acrescente os ingredientes secos e bata apenas até obter uma massa. Transfira para um pedaço de papel-manteiga e molde um retângulo. Embrulhe em papel-manteiga e leve à geladeira por pelo menos 1 hora e meia (ou de um dia para o outro).

Preaqueça o forno de convecção a 170°C e deixe dentro uma assadeira forrada com papel-manteiga.

Unte com manteiga o fundo e as laterais de uma fôrma de fundo removível de 23 cm de diâmetro, forre o fundo com papel-manteiga e reserve.

Divida a massa em três partes iguais. Pegue uma das partes (mantenha as restantes na geladeira) e transfira para uma superfície bem enfarinhada. Com um rolo de cozinha enfarinhado, abra um círculo de cerca de 22 cm de diâmetro. Forre o fundo da fôrma com ele, usando os dedos para apertar nos cantos: não se preocupe se a massa quebrar ou rasgar um pouco — vá remendando à medida que avança.

Pegue uma segunda parte da massa e abra em um retângulo de 14 × 29 cm. Corte ao meio no sentido do comprimento (para ficar com duas tiras) e forre as laterais da fôrma com elas. Mais uma vez, use os dedos para apertar nas laterais e nos cantos, conforme necessário. Reserve na geladeira. Abra a parte restante da massa em um círculo de 22 cm de diâmetro e reserve na geladeira, em uma assadeira forrada com papel-manteiga.

Junte todos os ingredientes do recheio em uma tigela grande e misture até incorporar bem. Retire a fôrma da geladeira e despeje o recheio: vai parecer muito, mas ele murcha depois. Retire o círculo de massa da geladeira e ajeite sobre o recheio. Sele a parte superior, apertando contra as laterais da massa. Pincele a superfície com a mistura de ovo reservada e polvilhe com o açúcar adicional. Coloque a fôrma dentro da assadeira aquecida e leve ao forno por cerca de 1 hora e quinze minutos, girando na metade do tempo, até a massa ficar bem dourada.

Retire a torta do forno e deixe esfriar sobre uma grade por pelo menos 2 horas. Passe com cuidado uma pequena faca entre a torta e as laterais da fôrma antes de soltar o fundo. Corte em fatias grossas e sirva com o chantilly.

Bolo mármore túnel-do-tempo da Verena

Massa de baunilha
250 g de manteiga sem sal, em temperatura ambiente, mais um pouco para untar a fôrma
275 g de farinha de trigo, mais um pouco para enfarinhar a fôrma
285 g de açúcar
sementes raspadas de 2 favas de baunilha (ou 1 colher [sopa] de pasta de baunilha)
1 colher (chá) de fermento químico em pó
½ colher (chá) de bicarbonato de sódio
¾ de colher (chá) de sal
2 ovos e 2 gemas, em temperatura ambiente, batidos juntos
170 ml de kefir (ou leitelho), em temperatura ambiente
60 ml de licor Advocaat (opcional)

Massa de chocolate
430 g da massa de baunilha (ver acima)
70 g de chocolate amargo (70%), derretido e resfriado
2 colheres (chá) de cacau em pó

Cobertura de ganache (opcional; açúcar de confeiteiro polvilhado também funciona)
125 g de chocolate ao leite (ou amargo) de boa qualidade, derretido e resfriado
⅛ de colher (chá) de sal marinho em flocos
100 ml de creme de leite fresco
confeitos coloridos, para decorar (opcional)

Este é o "momento madeleine" da Verena: nenhuma festa de aniversário ou reunião familiar estava completa sem um bolo mármore. Isso era regra! Outras regras eram flexibilizadas, no entanto: Verena podia tomar um pequeno gole do Advocaat da mãe, o rico e cremoso licor holandês. É uma bebida das antigas, mas vale a pena procurar e experimentar, seja por nostalgia ou por novidade. Mas não há problema em deixar de fora, se você preferir.

Para adiantar/Nota sobre a conservação: Depois de assado e glaceado, o bolo dura em um recipiente hermético, ou bem embrulhado, por até 3 dias.

Rende 10-12 porções

Preaqueça o forno de convecção a 175°C.

Unte generosamente uma fôrma kugelhopf de 25 cm ou 26 cm e polvilhe o interior com farinha. Vire-a de cabeça para baixo, dê algumas batidas para retirar o excesso de farinha e reserve.

Misture a manteiga, o açúcar e a baunilha na tigela grande da batedeira equipada com a pá. Bata em velocidade média-alta por 5 minutos, até obter um creme claro e fofo, raspando a lateral algumas vezes. Enquanto isso, peneire os ingredientes secos e reserve. Em uma jarra, misture o kefir e o Advocaat (se estiver usando) e reserve.

Reduza a velocidade para média-baixa e adicione a mistura de ovo, em 3-4 etapas, raspando as laterais da tigela entre cada uma. Reduza a velocidade para baixa e adicione — em três etapas alternadas — a mistura de farinha e a mistura de kefir, batendo até incorporar bem antes da adição seguinte. Quando estiver bem misturado, retire a tigela e mexa a massa algumas vezes com uma espátula.

Pese 430 g da massa em uma tigela e reserve. Junte o chocolate derretido com o cacau em pó, adicione à massa pesada e misture. Distribua colheradas grandes de massa de baunilha na fôrma untada e enfarinhada, deixando alguns espaços entre elas. Em seguida, deposite colheradas de massa de chocolate nos espaços. Continue assim até acabar com ambas as massas. Pegue um palito comprido e remexa delicadamente a massa fazendo um movimento de oito para criar um efeito marmorizado. Alise a superfície e leve ao forno por 30 minutos. Reduza a temperatura a 170°C e gire cuidadosamente a fôrma. Asse por mais 10-15 minutos, até que um palito inserido no meio da massa saia limpo. Deixe descansar na fôrma por 15 minutos antes de desenformar cuidadosamente sobre uma grade para terminar de esfriar: deve levar cerca de 1 hora e meia.

Para a cobertura, junte o chocolate e o sal em uma tigela pequena à prova de calor. Aqueça o creme de leite até começar a ferver, então despeje sobre o chocolate. Deixe descansar por 1 minuto antes de bater delicadamente para obter uma ganache lisa e brilhosa. Espalhe por cima do bolo e decore com confeitos, se quiser. Espere firmar antes de cortar em fatias e servir.

Cheesecake sem base com compota de ameixa

175 g de manteiga sem sal, em temperatura ambiente
275 g de açúcar amarelo
sementes raspadas de 2 favas de baunilha (guarde as favas para outro uso)
2 limões-sicilianos, as cascas raspadas para obter 2 colheres (chá)
4 ovos e 2 gemas, em temperatura ambiente
2 colheres (chá) de extrato de baunilha
100 g de semolina fina (ou farinha de milho fina, para receita sem glúten)
2 colheres (sopa) de farinha de custard (ou amido de milho)
¼ de colher (chá) de sal
1 colher (chá) de fermento químico em pó
450 g de iogurte grego natural, 5% de gordura, em temperatura ambiente
600 ml de creme de leite fresco, em temperatura ambiente
1 colher (sopa) de sumo de limão-siciliano

Compota de ameixa (opcional)
500 g de ameixas vermelhas, sem caroço, em fatias de 0,5 cm
65 g de açúcar
1 colher (sopa) de sumo de limão-siciliano
1 laranja: passe o descascador pela casca para obter 3 tiras, depois esprema para obter 1 colher (sopa) de sumo
1 anis-estrelado

Verena cresceu comendo cheesecakes como este na Alemanha. Tradicionalmente, usa-se queijo com baixo teor de gordura, em geral quark, junto com semolina fina para dar liga. Aqui, aumentamos a cremosidade e demos a opção de usar farinha de milho, em vez de semolina, para quem quiser deixar o glúten de fora. O nome se deve ao fato de não ter massa na base. É uma ótima forma de servir um batalhão, mas como dura na geladeira (por até 4 dias), é igualmente ótimo pegar mais um pedaço depois que todo mundo tiver ido embora.

Para adiantar: A menos que você comece bem cedo, o cheesecake precisa ser feito de véspera, para que possa ficar na geladeira de um dia para o outro. A compota de ameixa dura 1 semana na geladeira.

Rende 8-10 porções

Preaqueça o forno de convecção a 225°C. Unte levemente uma fôrma de fundo removível de 23 cm de diâmetro e forre-a com um círculo de papel-manteiga de cerca de 40 cm: vai parecer muito, mas o objetivo é que o papel fique com as bordas franzidas.

Coloque a manteiga, o açúcar, as sementes de baunilha e as raspas de limão-siciliano na tigela grande da batedeira equipada com a pá e bata em velocidade média por 5 minutos, até obter um creme claro e fofo.

Em uma jarra pequena, misture os ovos, as gemas e o extrato de baunilha e — em cerca de três etapas — despeje a mistura no creme (raspando bem as laterais da tigela).

Em uma tigela pequena, junte a semolina, a farinha de custard, o sal e o fermento químico em pó e adicione ao creme de manteiga e ovo. Bata em velocidade baixa até incorporar, raspando as laterais da tigela. Adicione o iogurte e bata bem, então acrescente o creme de leite e o sumo de limão-siciliano, raspando o fundo e as laterais da tigela conforme necessário, até obter uma mistura homogênea.

Despeje a mistura na fôrma forrada e dê algumas batidas sobre a bancada (para tirar quaisquer bolhas de ar maiores). Leve ao forno por 20 minutos, reduza a temperatura para 160°C e asse por mais 20 minutos, até que o cheesecake tenha crescido, esteja bem dourado por cima e ainda balançando no meio (ele vai murchar à medida que esfriar). Desligue o forno, mas deixe o cheesecake lá dentro por 2 horas (30 minutos com a porta ainda fechada, o restante com a porta entreaberta). Transfira para uma grade e deixe esfriar completamente: cerca de 4 horas. Depois de frio, leve à geladeira por pelo menos mais 4 horas, mas de preferência de um dia para o outro.

Para a compota, caso for fazê-la, misture todos os ingredientes em uma panela média, com tampa, e leve ao fogo médio. Cozinhe por 10-15 minutos, parcialmente tampado, até que as ameixas estejam cozidas e bem macias, mas ainda mantendo um pouco da forma. Transfira para uma tigela média e deixe esfriar por completo. Sirva em cima ou ao lado do cheesecake.

Texas sheet cake vegano

300 ml de leite de soja
1 colher (sopa) de vinagre de maçã
100 g de açúcar
100 g de açúcar mascavo escuro
250 g de farinha de trigo
75 g de cacau em pó
1½ colher (chá) de café solúvel
1½ colher (chá) de bicarbonato de sódio
1½ colher (chá) de fermento químico em pó
½ colher (chá) de sal
100 g de óleo vegetal
65 g de xarope de Maple
185 ml de água quente, fervida na hora
creme de leite vegano, para servir

Cobertura de chocolate
110 ml de leite de soja
65 g de óleo de coco (sem sabor — gostamos da marca Biona)
1½ colher (sopa) de cacau em pó
⅛ de colher (chá) de sal
175 g de chocolate amargo vegano (70%), picado grosseiramente
175 g de açúcar de confeiteiro
¼ de colher (chá) de sal marinho em flocos, para finalizar

Todo mundo precisa de uma receita simples e fácil de bolo de chocolate em seu repertório, que sirva para qualquer tipo de reunião ou celebração (e que, como este, também seja portátil, já que é mantido na fôrma em que foi assado). Esta é uma versão vegana do Texas sheet cake — essencialmente, um bolo de chocolate molhadinho e fofo com uma cobertura que é despejada assim que ele sai do forno.

Nota sobre a conservação: Dura bem em temperatura ambiente, coberto, por até 3 dias.

Rende 8-10 porções

Preaqueça o forno de convecção a 170°C.

Unte ligeiramente o fundo e as laterais de uma fôrma de 33 × 23 cm (com 3-5 cm de altura) e forre com papel-manteiga.

Em uma jarra pequena, misture o leite de soja e o vinagre de maçã e deixe descansar, para engrossar.

Coloque os dois açúcares em um processador de alimentos, junto com a farinha, o cacau em pó, o café solúvel, o bicarbonato de sódio, o fermento químico em pó e o sal. Processe rapidamente, para misturar.

Adicione o óleo vegetal e o xarope de Maple ao leite de soja já engrossado e despeje sobre os ingredientes secos. Processe até ficar homogêneo, raspando as laterais da tigela. Despeje a água quente e processe mais uma vez, até ficar liso e inteiramente homogêneo, raspando as laterais conforme necessário — o resultado é bastante líquido! Despeje na fôrma forrada e leve ao forno por 20-25 minutos ou até que um palito inserido no centro saia limpo.

Enquanto isso, prepare a cobertura: coloque 65 ml do leite de soja em uma panela média, junto com o óleo de coco, o cacau em pó e o sal. Leve ao fogo médio-baixo até começar a ferver, mexendo de vez em quando para desfazer os grumos de cacau em pó. Retire do fogo, acrescente o chocolate e deixe descansar por 1 minuto antes de bater para derreter e misturar. Adicione o açúcar de confeiteiro e misture bem: vai formar grumos e ficar com uma aparência talhada. Junte as 3 colheres (sopa) restantes de leite de soja e a mistura vai se emulsionar de volta, formando uma cobertura lisa e brilhosa.

Assim que o bolo sair do forno, despeje toda a cobertura, espalhando para cobrir os cantos. Polvilhe com o sal marinho em flocos e espere esfriar antes de servir.

Kaiserschmarrn

Panqueca
25 g de uvas-passas
2 colheres (sopa) de rum (ou brandy)
45 g de manteiga sem sal, em temperatura ambiente
100 g de açúcar
4 ovos, gemas e claras separadas (você vai precisar de 3 gemas e todas as claras)
100 g de sour cream
sementes raspadas de ½ fava de baunilha (guarde as favas para outro uso)
85 g de farinha de trigo
¼ de colher (chá) de sal
½ colher (chá) de canela em pó
½ colher (chá) de anis-estrelado em pó

Para servir
açúcar de confeiteiro, para polvilhar
compota de ameixa (ver p. 296)

Esta receita foi supostamente criada para o imperador austríaco Francisco José (daí o "Kaiser" no nome), mas Helen deparou pela primeira vez com estas "panquecas rasgadas" em um resort nos Alpes, com nossa colega e amiga Cornelia Staeubli. Percebendo que todas as mesas de um café nas montanhas haviam pedido o mesmo prato, Helen e seus filhos seguiram o exemplo. Sirva com compota no café da manhã ou calda de chocolate na sobremesa.

Rende 4-6 porções

Coloque as passas em uma jarra pequena e acrescente o rum ou o brandy. Deixe descansar por pelo menos 1 hora (ou de um dia para o outro), para macerar.

Espalhe 1 colher (sopa) de manteiga generosamente no fundo e nas laterais de uma frigideira de cerca de 24 cm que possa ir ao forno. Polvilhe com 1 colher (sopa) de açúcar, sacudindo e batendo a frigideira para cobri-la uniformemente. Descarte o excesso de açúcar e leve à geladeira até a hora de usar.

Preaqueça o forno de convecção a 175°C.

Coloque as 3 gemas em uma tigela média. Adicione 2 colheres (sopa) de açúcar e, usando um batedor, bata até ficar homogêneo. Adicione o sour cream, as sementes de baunilha e o brandy (das passas) e bata mais uma vez. Peneire a farinha sobre a mistura, mexa com uma espátula para incorporar e reserve.

Coloque as claras em uma tigela bem limpa da batedeira. Bata em velocidade média por 1 minuto, quando irá formar espuma. Adicione o sal e bata por cerca de 2 minutos, até que a clara comece a firmar, depois vá acrescentando devagar 40 g — pouco menos de 3 colheres (sopa) — de açúcar. Aumente a velocidade para alta e bata até fazer picos firmes. Usando uma espátula, despeje um terço das claras em neve na massa de gema. Mexa para incorporar, então continue com a clara em neve restante, mexendo e incorporando à massa.

Transfira para a frigideira preparada e resfriada e espalhe as passas escorridas por cima. Leve imediatamente ao forno e asse por cerca de 20 minutos ou até que um palito inserido no meio saia limpo.

Misture a colher (sopa) restante de açúcar com a canela e o anis-estrelado e reserve.

Retire a panela do forno e, com duas colheres, rasgue a panqueca em pedaços irregulares — de cerca de 5 cm — e reserve em um prato. Derreta metade da manteiga restante na frigideira e leve ao fogo médio-alto. Espalhe metade dos pedaços de panqueca formando uma única camada e polvilhe com metade da mistura de açúcar e especiarias. Cozinhe por 3-4 minutos, mexendo delicadamente, até começar a caramelizar nas bordas. Transfira para uma travessa enquanto repete com a manteiga, os pedaços de panqueca e o açúcar restantes. Arrume em uma travessa, polvilhe com um pouco de açúcar de confeiteiro e sirva quente, acompanhado da compota de ameixa.

Sanduíches de cookie com creme de tahine e halva

100 g de farinha de trigo
35 g de cacau em pó
¾ de colher (chá) de fermento químico em pó
¼ de colher (chá) de bicarbonato de sódio
½ colher (chá) de sal
150 g de açúcar mascavo escuro
75 g de açúcar
2 ovos
1 colher (sopa) de leite maltado em pó (gostamos da marca Horlicks)
150 g de chocolate ao leite de boa qualidade (37-40%), picado grosseiramente
100 g de chocolate amargo (70%), picado grosseiramente
100 g de manteiga sem sal, em cubos
1 colher (sopa) de gergelim (uma mistura de branco e preto, se possível), para finalizar
½ colher (chá) de sal marinho em flocos, para finalizar

Creme de tahine
200 g de creme de leite fresco
175 g de mascarpone
75 g de tahine
1 colher (chá) de extrato de baunilha
50 g de açúcar de confeiteiro
65 g de halva

Esta receita pega o que há de melhor no brownie — a textura grudenta do chocolate — e o que há de melhor nos cookies — a perfeição macia em forma de biscoito — e transforma em um sanduíche com um creme de tahine e halva.

Nota sobre a conservação: Depois de montados, é melhor consumir os sanduíches no dia. Se quiser se antecipar, faça os biscoitos e o creme de tahine — ambos podem ser guardados por alguns dias, o creme, na geladeira — e monte como quiser.

Rende 15 sanduíches de cookie

Preaqueça o forno de convecção a 180°C e forre 2-3 assadeiras grandes com papel-manteiga. Tenha em mãos um saco de confeitar ou um saco para congelar.

Peneire os cinco primeiros ingredientes e reserve em uma tigela pequena.

Junte os dois açúcares na tigela grande da batedeira. Adicione os ovos e o leite maltado em pó e bata em velocidade alta por 7 minutos, até ficar cremoso e triplicar de volume.

Enquanto isso, coloque os chocolates e a manteiga em uma tigela refratária e apoie-os sobre uma panela com água fervendo, tomando cuidado para que o fundo da tigela não toque na água. Mexa até derreter, depois mantenha aquecido. Retire a tigela da batedeira, despeje a mistura de chocolate derretido e mexa com uma espátula até incorporar bem. Misture os ingredientes secos e mexa bastante, sem deixar vestígios visíveis de farinha.

Transfira a mistura para o saco de confeitar (ou saco para congelar); deixá-lo dentro de uma jarra ajudará a mantê-lo em pé durante o processo. Corte a ponta, ou um canto, e forme 30 cookies nas assadeiras, cada um com cerca de 5 cm de diâmetro e espaçados entre si. Espalhe o gergelim e o sal sobre metade dos cookies e leve ao forno por 8 minutos, até crescer e rachar. Deixe as assadeiras descansarem sobre uma grade para esfriar totalmente: os cookies vão murchar. Se você for assar em mais de uma leva, deixe para formar os cookies logo antes de levá-los ao forno.

Enquanto isso, misture todos os ingredientes do creme de tahine, exceto a halva, e bata com a mão até obter picos médios. Guarde na geladeira.

Assim que os cookies estiverem completamente frios, espalhe um pouco do creme por toda a superfície deles. Ponha uma boa pitada de halva no meio e faça um sanduíche juntando os cookies, um deles com gergelim por cima.

Bolo de figo maltado

150 g de farinha de trigo
2 colheres (sopa) de cacau em pó
sal
2 colheres (chá) de fermento químico em pó
2 colheres (sopa) de leite maltado em pó (gostamos da marca Horlicks)
50 g de açúcar mascavo escuro
50 g de amêndoas moídas
130 g de manteiga sem sal, derretida, mais 10 g para untar a fôrma
100 g de leite
75 g de creme de leite fresco
3 colheres (sopa) de xarope de Maple
1 ovo, ligeiramente batido
150 g de figos secos, picados grosseiramente
50 g de chocolate amargo (70% de sólidos de cacau), picado grosseiramente

Cobertura
100 g de açúcar mascavo escuro
1 colher (sopa) de leite maltado em pó
sal
25 g de manteiga sem sal, cortada em cubinhos
200 ml de água
150 g de creme de leite fresco

Para servir
100 g de creme de leite fresco (ou creme de leite ou sorvete de baunilha)
3 colheres (sopa) de amêndoas laminadas, tostadas
2 colheres (sopa) de xarope de Maple

Se conforto significa quentinho e cremoso no que diz respeito ao bolo, e simples e fácil no que diz respeito ao preparo, então este é O bolo reconfortante por excelência. É superfácil de preparar — leva apenas 15 minutos — e fica meia hora no forno, para depois deleitar todos os que mergulharem nele. *Fotos também no verso.*

Rende 6-8 porções

Preaqueça o forno de convecção a 180°C. Unte com manteiga uma assadeira de 26 cm de diâmetro e cerca de 5 cm de altura e reserve.

Peneire a farinha, o cacau em pó, ½ colher (chá) de sal, o fermento químico em pó e o leite maltado em pó em uma tigela média. Adicione o açúcar e as amêndoas moídas e misture bem.

Em uma jarra, misture a manteiga derretida, o leite, o creme de leite fresco, o xarope de Maple e o ovo. Despeje sobre os ingredientes secos, junto com os figos e o chocolate, e mexa delicadamente para incorporar. Transfira a mistura para a assadeira untada.

Prepare a cobertura misturando o açúcar, o leite maltado em pó e ⅛ de colher (chá) de sal. Polvilhe uniformemente sobre a mistura na assadeira e espalhe a manteiga por cima. Misture a água e o creme de leite em uma panela pequena e leve ao fogo médio-alto. Deixe ferver e despeje com cuidado sobre a mistura, começando de fora e indo até o centro, e depois leve a assadeira ao forno. Asse por 30 minutos, até que o bolo forme uma casquinha e a cobertura comece a borbulhar nas laterais.

Deixe descansar por 5 minutos antes de servir um pouco do creme de leite fresco por cima. Espalhe algumas amêndoas torradas e finalize com o xarope de Maple. Sirva quente, acompanhado do restante do creme de leite fresco e das amêndoas.

Índice remissivo

Salvo orientação em contrário, todos os ovos são grandes e todo leite é integral. Iogurte, creme de leite, leite de coco, creme de coco e creme de leite fresco são todos com teor normal de gordura (ou seja, não light). Ervas, folhas de curry e gengibre são frescos, e a salsinha é tradicional (ou seja, não crespa). Cebolas, chalotas e alho são descascados, e as cebolinhas são aparadas. Quando um tipo específico de pimenta em flocos for usado, pode ser substituído por pimenta em flocos normal. As anchovas e alcaparras não são das conservadas em sal, mas em óleo ou salmoura, e devidamente escorridas. O azeite é extravirgem, o sal é o sal marinho refinado, e a pimenta-do-reino preta é moída na hora.

A
abacate: macarrão de chá verde com abacate e rabanete, 184
abóbora: ensopado de abóbora, tamarindo e coco, 164
  pakora de couve-flor e abóbora, 72
abóbora-de-pescoço: ensopado de abóbora, tamarindo e coco, 164
  Pakora de couve-flor e abóbora, 72
abobrinha: lasanha de abobrinha e funcho, 214
  polenta assada com abobrinha e harissa verde, 223
  salada de abobrinha sedosa e salmão, 91
  shawarma de forno, 139
acelga: frango branqueado com acelga e rayu de amendoim, 136
acelga suíça: linguiça e lentilha com creme de leite fresco e mostarda, 181
affogato de creme de ovos, 277
agrião: ovos com agrião, 25
  pão de espinafre e aspargos, 263
  pesto, 25
aïoli: ovos com agrião, 25
aipo: caponata com aipo e burrata, 86
aipo-rábano: aipo-rábano em cozimento lento com creme de gorgonzola, 105
  purê de aipo-rábano e feijão-branco, 260
  ragu versátil de cogumelos, 98
alcachofra, purê vegano de espinafre e, 97
alcaparra: chimichurri, 109
  lasanha de abobrinha e funcho, 214
  molho puttanesca, 153
alecrim: batatas assadas crocantes com alecrim e zaatar, 228
alface: pasta cremosa de berinjela à moda Caesar, 87
alho: aipo-rábano em cozimento lento com creme de gorgonzola, 105
aligot com bastante alho, tomilho e alho-poró, 231
almôndegas de frango com batata e limão, 176
  azeite de tomate e anchova, 153

bacalhau e funcho assados com feijão-fradinho e manteiga de 'nduja, 148
barriga de porco no shoyu com ovos e tofu, 162
batata frita caseira à moda da Indonésia, 227
cordeiro ensopado com feijão--branco e iogurte, 179
couve-de-bruxelas tostada com azeite e limão, 110
ensopado de abóbora, tamarindo e coco, 164
frango assado com dukkah de folha de curry, 128
frango com risone e funghi em uma panela só, 213
galette de tomate com queijo e marmite, 256
macarrão com tomate e berinjela em uma panela só, 218
pasta cremosa de berinjela à moda Caesar, 87
"shakshuka" com sambal, 26
sopa de berinjela, pimentão vermelho e tomate assados, 53
torta de carne com alho negro e baharat, 252-3
alho-poró: aligot com bastante alho, tomilho e alho-poró, 231
  fritada de alho-poró, tomate e cúrcuma, 29
  rugelach de alho-poró, queijo e zaatar, 254
aligot de batata: aligot com bastante alho, tomilho e alho-poró, 231
almôndega: almôndegas com nuoc cham, pepino e hortelã, 83
  almôndegas de frango com batata e limão, 176
  estrogonofe de almôndega, 210
amanteigados de cebola e queijo, 242-3
amêndoa: cenouras assadas com dukkah de folha de curry, 106
  torta de maçã holandesa, 290-1
amendoim: arroz de coco com molho de amendoim e relish de pepino, 124

bifum e peixe com cúrcuma, endro e cebolinha, 92
dukkah de folha de curry, 106, 128
frango branqueado com acelga e rayu de amendoim, 136
salada picante de milho, 46
amora: bolo-crumble de maçã, amora e gengibre, 289
anchova: azeite de tomate e, 153
  pasta cremosa de berinjela à moda Caesar, 87
  rigatoni ao ragu bianco, 206
  sopa de queijo e pão com couve-lombarda, 61
arroz: almôndegas com nuoc cham, pepino e hortelã, 83
  arroz de coco com molho de amendoim e relish de pepino, 124-5
  arroz de forno com queijo, limão e manteiga de pimenta, 133
  arroz de forno com queijo, tomate e quiabo, 146
  bolinhos fáceis de arroz com queijo, 68
  canja de galinha, 194
  mulligatawny, 54
  nasi goreng com camarão e vagem, 187
  oyakodon: mãe e filho, 158
  peixe com gengibre e arroz, 191
aspargos: curry de cúrcuma fresca e pimenta-do-reino com camarões e aspargos, 169
  pão de espinafre e aspargos, 263
assado: salmão defumado assado com batata e funcho, 232
assados: salmão assado à puttanesca, 153
  Texas sheet cake vegano, 298
atum: curry de atum com capim--limão e galanga, 170
aveia: cookies sem glúten de chocolate branco caramelizado e macadâmia, 274
  mingau de forno com canela, banana e morango, 273
avelã: orecchiette com cebola caramelizada, avelã e sálvia crocante, 202

pasta de praliné de gergelim e avelã com chocolate, 40
azeite: couve-de-bruxelas tostada com azeite e limão, 110
azeite de tomate e anchova, 153
azeitona: arroz de forno com queijo, limão e manteiga de pimenta, 133
caponata com aipo e burrata, 86
chimichurri, 109
molho de ervas, 132
molho puttanesca, 153
topping de tomate, azeitona e pimentão, 63
torta de carne com alho negro e baharat, 252-3
tortinhas de batata, queijo e chermoula, 249

B

bacalhau: bacalhau e funcho assados com feijão-fradinho e manteiga de 'nduja, 148
bacon: panqueca holandesa com tomates assados, 22
baharat: iogurte com especiarias, 78
torta de carne com alho negro e baharat, 252-3
banana: mingau de forno com canela, banana e morango, 273
batata: aligot com bastante alho, tomilho e alho-poró, 231
almôndegas de frango com batata e limão, 176
batata frita caseira à moda da Indonésia, 227
batatas assadas crocantes com alecrim e zaatar, 228
batatas recheadas com berinjela e tahine verde, 234
bolinhos de salmão com remoulade de chermoula, 80
dal de lentilha vermelha com batata e funcho, 157
macarrão com pesto, vagem tostada e batata, 201
rigatoni ao ragu bianco, 206
salada de batata da Verena, 224
salmão defumado assado com batata e funcho, 232
torta de carne com alho negro e baharat, 252
tortinhas de batata, queijo e chermoula, 249
batata frita caseira à moda da Indonésia, 227
batata-doce: bolinhos de salmão com remoulade de chermoula, 80
batatas assadas crocantes com alecrim e zaatar, 228
batatas recheadas com berinjela e tahine verde, 234
berinjela: batatas recheadas com berinjela e tahine verde, 234
berinjela sedosa no vapor, 93
caponata com aipo e burrata, 86

macarrão com tomate e berinjela em uma panela só, 218
pasta cremosa de berinjela à moda Caesar, 87
sopa de berinjela, pimentão vermelho e tomate assados, 53
tortang talong (omelete de berinjela), 31
berinjela sedosa no vapor, 93
beterraba: beterraba assada com estragão e tarator de nozes, 115
biscoitos: bolo em camadas de geladeira, 282-3
bolinhos de camarão, 76
bolinhos fáceis de arroz com queijo, 68
bolo de figo maltado, 305
bolo mármore túnel-do-tempo da Verena, 295
bolo-crumble de maçã, amora e gengibre, 289
bolonhesa da Helen, 207
bolos e tortas: bolo mármore túnel-do-tempo da Verena, 295
bolo-crumble de maçã, amora e gengibre, 289
torta de maçã holandesa, 290-1
boureka: boureka de café da manhã com espinafre, 238
broto de feijão: canja de galinha, 194
curry de frango e folha de limão com macarrão, 174
burrata: caponata com aipo e burrata, 86

C

cacciatore, frango de verão à, 132
Caesar, pasta cremosa de berinjela à moda, 87
café: affogato de creme de ovos, 277
compota de ameixa, 296
caldo de frango, 58
camarão: bolinhos de camarão, 76
curry de cúrcuma fresca e pimenta-do-reino com camarões e aspargos, 169
flan de ovos com camarões e ciboulette, 34
nasi goreng com camarão e vagem, 187
canja, frango, 194
caponata com aipo e burrata, 86
caramelo: mousse de chocolate com caramelo de laranja, 286
orecchiette com cebola caramelizada, avelã e sálvia crocante, 202
caramelo de laranja, mousse de chocolate com, 286
carne bovina: estrogonofe de almôndega, 210
rigatoni ao ragu bianco, 206
torta de carne com alho negro e baharat, 252-3
castanha-de-caju: dukkah de folha de curry, 106
cebola: amanteigados de cebola e queijo, 242
canja de galinha, 194

orecchiette com cebola caramelizada, 202
shawarma de forno com cebola caramelizada, 139
cebolinha: aligot com bastante alho, tomilho e alho-poró, 231
bifum e peixe com cúrcuma, endro e cebolinha, 92
lasanha de abobrinha e funcho, 214
molho de cebolinha, 188
peixe com gengibre e arroz, 191
tofu mapo com cogumelos e kimchi, 196
cenoura: cenouras assadas com dukkah de folha de, 106
mulligatawny, 54
pão rápido de cenoura e vadouvan, 264
sopa de ervilhas e carne de porco, 55
chalota, picles rápido de, 91
cheesecake: cheesecake sem base com compota de ameixa, 296
chermoula: bolinhos de salmão com remoulade de chermoula, 80
tortinhas de batata, queijo e chermoula, 249
chimichurri, 109
chocolate: bolo de figo maltado, 305
bolo em camadas de geladeira, 282
bolo mármore túnel-do-tempo da Verena, 295
cookies sem glúten de chocolate branco caramelizado e macadâmia, 274
mousse de chocolate com caramelo de laranja, 286
pasta de praliné de gergelim e avelã com chocolate, 40
sanduíches de cookie com creme de tahine e halva, 302
Texas sheet cake vegano, 298
ciboulette: flan de ovos com camarões e ciboulette, 34
molho de ervas, 132
coco: affogato de creme de ovos, 277
coentro: pão chato de cominho e coentro, 165
cogumelo: estrogonofe de almôndega, 210-1
frango com risone e funghi em uma panela só, 213
lamen rápido de macarrão com cogumelos, 188
linguine com manteiga de missô, shiitake e espinafre, 205
ragu versátil de cogumelos, 98
tofu mapo com cogumelos e kimchi, 196
compota de ameixa, 296
cheesecake sem base com, 296
Kaiserschmarrn, 300
cookies: cookies sem glúten de chocolate branco caramelizado e macadâmia, 274
sanduíches de cookie com creme de tahine e halva, 302

cordeiro: cordeiro ensopado com feijão-branco e iogurte, 179
   shawarma de forno com cebola caramelizada, 139
   tortang talong (omelete de berinjela), 30-1
couve e repolho: "falafel" de feijão--mungo e kimchi, 69
   frango branqueado com acelga e rayu de amendoim, 136
   picles rápido de repolho-roxo, 234
   repolho assado com manteiga de missô, 140
   sando de frango picante, 78
   sopa de queijo e pão com couve--lombarda, 61
couve-de-bruxelas: couve-de--bruxelas tostada com azeite e limão, 110
couve-flor: couve-flor assada com hawaij e molho gribiche, 144
   pakora de couve-flor e abóbora, 72
couve-rábano: couve-rábano braseada na manteiga com chimichurri de azeitonas, 109
couve-toscana: sopa de queijo e pão, 61
cream cheese: galette de tomate com queijo e marmite, 256-7
   massa de cream cheese, 254
creme de coco: mulligatawny, 54
creme de leite: affogato de creme de ovos, 277
   aligot com bastante alho, tomilho e alho-poró, 231
   cheesecake sem base, 296
   creme de iogurte, 280
   creme de tahine, 302
   mousse de chocolate com caramelo de laranja, 286
   salmão defumado assado com batata e funcho, 232
creme de leite fresco com mostarda, 181
crepe: crepes de queijo e curry, 42
   limão-siciliano, mascarpone e tomilho, 44
   pasta de praliné de gergelim e avelã com chocolate, 40
   ver também panquecas
croutons de mostarda e Maple, 87
   cucur udang, 76
cúrcuma: bifum e peixe com cúrcuma, endro e cebolinha, 92
   curry de cúrcuma fresca e pimenta-do--reino com camarões e aspargos, 169
   fritada de alho-poró, tomate e cúrcuma, 29
curd: limão-siciliano, mascarpone e tomilho, 44
curry: crepes de queijo e curry, 42
   curry de atum com capim-limão e galanga, 170
   curry de cúrcuma fresca e pimenta--do-reino com camarões e aspargos, 169

   curry de frango e folha de limão com macarrão, 174

D
dal: dal de lentilha vermelha com batata e funcho, 157
dukkah de folha de curry, 106, 128

E
endro: bifum e peixe com cúrcuma, endro e cebolinha, 92
ensopado de abóbora, tamarindo e coco, 164
ervilha: bolinhos fáceis de arroz com queijo, 68
   molho de hortelã e ervilha, 55
   sopa de ervilhas e carne de porco, 55
ervilha partida: sopa de ervilhas e carne de porco, 55
espinafre: boureka de café da manhã com espinafre, 238-9
   linguine com manteiga de missô, shiitake e espinafre, 205
   pão de espinafre e aspargos, 263
   purê vegano de espinafre e alcachofra, 97
estrogonofe de almôndega, 210, 211

F
"falafel" de feijão-mungo e kimchi, 69
feijão-branco: cordeiro ensopado com feijão-branco e iogurte, 179
   couve-rábano braseada na manteiga com chimichurri de azeitonas, 109
   crepes de queijo e curry, 42
feijão-branco com tomate-cereja assado, 101
   purê de aipo-rábano e feijão-branco, 260
feijão-fradinho: bacalhau e funcho assados com feijão-fradinho e manteiga de 'nduja, 148
feijão-mungo: dal de lentilha vermelha com batata e funcho, 157
folha de limão: curry de frango e folha de limão com macarrão, 174
frango: almôndegas de frango com batata e limão, 176
   caldo de frango, 58
   canja de galinha, 194
   crepes de queijo e curry, 42
   curry de frango e folha de limão com macarrão, 174
   rango assado com dukkah de folha de curry, 128
   frango assado com marinada da Tia Pauline, 121
   frango branqueado com acelga e rayu de amendoim, 136
   frango com especiarias da Steph, 122
   frango com risone e funghi em uma panela só, 213
   frango com sambal, 125
   frango de verão à cacciatore com molho de ervas, 132
   mulligatawny, 54

   oyakodon: mãe e filho, 158
   sando de frango picante com maionese de harissa, 78
frango assado com marinada da Tia Pauline, 121
frango branqueado com acelga e rayu de amendoim, 136
frango com risone e funghi em uma panela só, 213
frango de verão à cacciatore com molho de ervas, 132
fritada de alho-poró, tomate e cúrcuma, 29
frutos do mar: torta de peixe boêmia, 260
funcho: bacalhau e funcho assados com feijão-fradinho e manteiga de 'nduja, 148
   dal de lentilha vermelha com batata e funcho, 157
   lasanha de abobrinha e funcho, 214
   purê de grão-de-bico e funcho, 63
   salmão defumado assado com batata e funcho, 232
   torta de peixe boêmia, 260
funghi: frango com risone e, 213

G
galanga: curry de atum com capim--limão e galanga, 170
galette: galette de tomate com queijo e marmite, 256-7
geladeira, bolo em camadas de, 282
gengibre: bolo-crumble de maçã, amora e gengibre, 289
   canja de galinha, 194
   molho de pimenta e gengibre, 191
   oyakodon: mãe e filho, 158
   peixe com gengibre e arroz, 191
   relish de pepino e gengibre, 124
gergelim: molho picante de gergelim, 192
   pasta de praliné de gergelim e avelã com chocolate, 40
grão-de-bico: homus, 62
   purê de grão-de-bico e funcho, 63

H
halva, sanduíches de cookie com creme de tahine e, 302
harissa: harissa verde, 223
   maionese de harissa, 78
   molho de tomate e harissa, 238-9
   tortang talong (omelete de berinjela), 30-1
hawaij (mix de especiarias), 144
   couve-flor assada com hawaij e molho gribiche, 144
homus, 62
homus à moda do sul da França, 63
hortelã: almôndegas com nuoc cham, pepino e hortelã, 83
   molho de ervas, 132
   molho de hortelã e ervilha, 55
   tahine verde, 234

I
Indonésia, batata frita caseira à moda da, 227
iogurte: cenouras assadas com dukkah de folha de curry, 106
cheesecake sem base com compota de ameixa, 296
cordeiro ensopado com feijão-branco e iogurte, 179
creme de iogurte, 280
feijão-branco com tomate-cereja assado, 101
iogurte com especiarias, 78
iogurte de romã, 139
molho de iogurte, 176
molho de tahine, 30-1
pão rápido de cenoura e vadouvan, 264
pasta cremosa de berinjela à moda Caesar, 87

K
Kaiserschmarrn, 300
kicap, 170
kimchi: "falafel" de feijão-mungo e kimchi, 69
molho de kimchi, 69
tofu mapo com cogumelos e kimchi, 196

L
lamen: lamen rápido de macarrão com cogumelos, 188
lasanha: lasanha de abobrinha e funcho, 214
lasanha de ragu de linguiça para um, 215
leite de amêndoas: mingau de forno com canela, banana e morango, 273
leite de coco: arroz de coco com molho de amendoim e relish de pepino, 124-5
curry de atum com capim-limão e galanga, 170
curry de cúrcuma fresca e pimenta-do-reino com camarões e aspargos, 169
curry de frango e folha de limão com macarrão, 174
dal de lentilha vermelha com batata e funcho, 157
ensopado de abóbora, tamarindo e coco, 164
frango assado com marinada da Tia Pauline, 121
lentilha: dal de lentilha vermelha com batata e funcho, 157
linguiça e lentilha com creme de leite fresco e mostarda, 181
mulligatawny, 54
limão: frango assado com marinada da Tia Pauline, 121
nuoc cham, 92
limão-siciliano: aipo-rábano em cozimento lento com creme de gorgonzola, 105
almôndegas de frango com batata e limão, 176
arroz de forno com queijo, limão e manteiga de pimenta, 133
calda de limão, 280
couve-de-bruxelas tostada com azeite e limão, 110
homus, 62
molho de limão e manteiga, 232
molho de limão e shoyu, 184
picles rápido de chalota, 91
travessa de kataifi e merengue com limão e mirtilo, 280
linguiça: lasanha de ragu de linguiça para um, 215
linguiça e lentilha com creme de leite fresco e mostarda, 181
rolinhos de linguiça à moda alemã, 246
linguine: estrogonofe de almôndega, 210
linguine com manteiga de missô, shiitake e espinafre, 205

M
maçã: bolo-crumble de maçã, amora e gengibre, 289
torta de maçã holandesa, 290-1
macadâmia: cookies sem glúten de chocolate branco caramelizado e macadâmia, 274
macarrão: bifum e peixe com cúrcuma, endro e cebolinha, 92
curry de frango e folha de limão com macarrão, 174
lamen rápido de macarrão com cogumelos, 188
macarrão de chá verde com abacate e rabanete, 184
macarrão de chá verde com abacate e rabanete, 184
mãe e filho, 158
maionese: batata frita caseira à moda da Indonésia, 227
maionese de harissa, 78
maltado: bolo de figo, 305
manjericão: macarrão com pesto, vagem tostada e batata, 201
manteiga: arroz de forno com queijo, limão e manteiga de pimenta, 133
linguine com manteiga de missô, shiitake e espinafre, 205
manteiga de 'nduja, 148
molho de limão e manteiga, 232
repolho assado com manteiga de missô, 140
manteiga de 'nduja, 148
marinada da Tia Pauline, 121
marmite, galette de tomate com queijo e, 256
mascarpone: limão-siciliano, mascarpone e tomilho, 44
mascarpone creme de tahine, 302
torrada com vagens, 102
massa: bolonhesa da Helen, 207
estrogonofe de almôndega, 210
frango com risone e funghi em uma panela só, 213
lasanha de abobrinha e funcho, 214
lasanha de ragu de linguiça para um, 215
linguine com manteiga de missô, shiitake e espinafre, 205
macarrão com pesto, vagem tostada e batata, 201
macarrão com tomate e berinjela em uma panela só 218, orecchiette com cebola caramelizada, 202
rigatoni ao ragu bianco, 206
massa de cream cheese, 254: rugelach de alho-poró, queijo e zaatar, 254
tortinhas de batata, queijo e chermoula, 249
massa filo: boureka de café da manhã com espinafre, 238
massa folhada: rolinhos de linguiça à moda alemã com molho de mostarda e mel, 246
torta de carne com alho negro e baharat, 252
tortinhas de batata, queijo e chermoula, 249
massa kataifi: travessa de kataifi e merengue com limão e mirtilo, 280
merengue: affogato de creme de ovos, 277
travessa de kataifi e merengue com limão e mirtilo, 280
milho: salada picante de milho, 46
mingau de forno com canela, banana e morango, 273
mirtilo: travessa de kataifi e merengue com limão e mirtilo, 280
missô: linguine com manteiga de missô, shiitake e espinafre, 205
repolho assado com manteiga de missô, 140
misturas de especiarias: frango com especiarias da Steph, 122
hawaij, 58, 144
molho de ervas, 132
molho de estragão, 115
molho de hortelã e ervilha, 55
molho de mel e mostarda, 246
molho gribiche, 144
molho puttanesca, 153
molhos: molho de estragão, 115
molho de limão e shoyu, 184
molho picante de gergelim, 192
morango: bolo em camadas de geladeira, 282
mingau de forno com canela, banana e morango, 273
mostarda: creme de leite fresco com mostarda, 181
croutons de mostarda e Maple, 87
mousse: mousse de chocolate com caramelo de laranja, 286
mousse de chocolate com caramelo de laranja, 286
mulligatawny, 54

N
nabo: torta de carne com alho negro e baharat, 252-3

nasi goreng com camarão e vagem, 187
noz-pecã: panquecas com mil furinhos, 49
nuoc cham, 92
  almôndegas com nuoc cham, pepino e hortelã, 83

O
óleo: molho de cebolinha, 188
omelete: tortang talong (omelete de berinjela), 30-1
orecchiette, cebola caramelizada, 202
ovo: affogato de creme de ovos, 277
  barriga de porco no shoyu com ovos e tofu, 162
  bolinhos de matzá, 58
  crepe em três versões, 39-45
  flan de ovos com camarões e ciboulette, 34
  fritada de alho-poró, tomate e cúrcuma, 29
  molho gribiche, 144
  mousse de chocolate com caramelo de laranja, 286
  nasi goreng com camarão e vagem, 187
ovos com agrião, 25
  oyakodon: mãe e filho, 158
  panqueca holandesa com tomates assados, 22
  "shakshuka" com sambal, 26
  tortang talong (omelete de berinjela), 30-1
oyakodon: mãe e filho, 158

P
pak choi: curry de atum com capim--limão e galanga, 170
pakora de couve-flor e abóbora, 72
pancetta: salada de batata da Verena, 224
panqueca: panquecas com mil furinhos, 49
  Kaiserschmarrn, 300
  panquecas de polenta com salada picante de milho, 46
  panqueca holandesa com tomates assados, 22
  ver também crepe
pão: croutons de mostarda e Maple, 87
  frango de verão à cacciatore com molho de ervas, 132
  pão chato de cominho e coentro, 165
  pão de batata, 266
  pão de espinafre e aspargos, 263
  pão rápido de cenoura e vadouvan, 264
  Sando de frango picante com maionese de harissa, 78
  sopa de queijo e pão com couve--lombarda, 61
  tarator de nozes, 115
  torrada com vagens, 102
pão chato de cominho e coentro, 165
pão de fermentação natural: frango de verão à cacciatore, 132
  sopa de queijo e pão, 61
  torrada com vagens, 102

pappardelle: bolonhesa da Helen, 207
  estrogonofe de almôndega, 210, 211
pasta cremosa de berinjela à moda Caesar, 87
pasta de praliné de gergelim e avelã com chocolate, 40
pastas: kimchi, 69
  molho de mel e mostard, 246
  molho de pimenta, 76
  pasta cremosa de berinjela à moda Caesar, 87
pastinaca assada com parmesão e pimenta-do-reino, 116
peixe: bacalhau e funcho assados com feijão-fradinho e manteiga de 'nduja, 148
  bifum e peixe com cúrcuma, endro e cebolinha, 92
  bolinhos de salmão com remoulade de chermoula, 80
  curry de atum com capim-limão e galanga, 170
  pasta cremosa de berinjela à moda Caesar, 87
  peixe com gengibre e arroz, 191
  rigatoni ao ragu bianco, 206
  salada de abobrinha sedosa e salmão, 91
  salmão assado à puttanesca, 153
  salmão defumado assado com batata e funcho, 232
  sopa de queijo e pão com couve--lombarda, 61
  torta de peixe boêmia, 260
pepino: almôndegas com nuoc cham, pepino e hortelã, 83
  pepino temperado, 207
  relish de pepino, 124, 169
  salada de batata da Verena, 224
peru à Cinderela, 220
pesto: macarrão com pesto, vagem tostada e batata, 201
  ovos com agrião, 25
picles: picles rápido de chalota, 91
  picles rápido de repolho-roxo, 234
  picles de rabanete com saquê, 184
pimenta: arroz de forno com queijo, limão e manteiga de pimenta, 133
  batata frita caseira à moda da Indonésia, 227
  bifum e peixe com cúrcuma, endro e cebolinha, 92
  curry de cúrcuma fresca e pimenta-do--reino com camarões e aspargos, 169
  frango branqueado com acelga e rayu de amendoim, 136
  frango com especiarias da Steph, 122
  frango com risone e funghi em uma panela só, 213
  homus, 62
  molho de pimenta, 76
  molho de pimenta e gengibre, 191
  molho sweet chilli rápido, 68
  nasi goreng com camarão e vagem, 187
  nuoc cham, 83, 92

  purê vegano de espinafre e alcachofra, 97
  zhoug, 29
pimenta padrón: pasta cremosa de berinjela à moda Caesar, 87
pimentão: aipo-rábano em cozimento lento com creme de gorgonzola, 105
  harissa verde, 223
  linguiça e lentilha com creme de leite fresco e mostarda, 181
  mulligatawny, 54
  pasta cremosa de berinjela à moda Caesar, 87
  sopa de berinjela, pimentão vermelho e tomates assados, 53
  topping de tomate, azeitona e pimentão, 63
pinole: boureka de café da manhã com espinafre, 238-9
  macarrão com pesto, vagem tostada e batata, 201
  salada de abobrinha sedosa e salmão, 91
pistache: pesto, 25
polenta: panquecas de polenta com salada picante de milho, 46
  peru à Cinderela, 220
  polenta assada com abobrinha e harissa verde, 223
porco: almôndegas com nuoc cham, pepino e hortelã, 83
  barriga de porco no shoyu com ovos e tofu, 162
  bolonhesa da Helen, 207
  crepes de queijo e curry, 42
  estrogonofe de almôndega, 210
  rigatoni ao ragu bianco, 206
  sopa de ervilhas e carne de porco, 55
praliné: pasta de praliné de gergelim e avelã com chocolate, 40
purê de aipo-rábano e feijão-branco, 260
purê de grão-de-bico e funcho 63
  homus, 63
purê vegano de espinafre e alcachofra, 97

Q
queijo: aipo-rábano em cozimento lento com creme de gorgonzola, 105
  aligot com bastante alho, tomilho e alho-poró, 231
  amanteigados de cebola e queijo, 242-3
  arroz de forno com queijo, limão e manteiga de pimenta, 133
  arroz de forno com queijo, tomate e quiabo, 146
  bolinhos fáceis de arroz com queijo, 68
  boureka de café da manhã com espinafre, 238-9
  caponata com aipo e burrata, 86
  crepes de queijo e curry, 42
  galette de tomate com queijo e marmite, 256-7
  lasanha de abobrinha e funcho, 214

lasanha de ragu de linguiça para um, 215
macarrão com pesto, vagem tostada e batata, 201
panqueca holandesa com tomates assados, 22
pão de espinafre e aspargos, 263
pasta cremosa de berinjela à moda Caesar, 87
pastinaca assada com parmesão e pimenta-do-reino, 116
polenta assada com abobrinha e harissa verde, 223
rugelach de alho-poró, queijo e zaatar, 254
sopa de queijo e pão com couve-lombarda, 61
torrada com vagens, 102
tortinhas de batata, queijo e chermoula, 249
ver também mascarpone; ricota
quiabo: arroz de forno com queijo, tomate e quiabo, 146

R
rabanete: pasta cremosa de berinjela à moda Caesar, 87
picles de rabanete com saquê, 184
ragu: lasanha de ragu de linguiça para um, 215
ragu versátil de cogumelos, 98
rigatoni ao ragu bianco, 206
rayu de amendoim, frango branqueado com acelga e, 136
relish de pepino, 169
remoulade, bolinhos de salmão com, 80
ricota: arroz de forno com queijo, limão e manteiga de pimenta, 133
boureka de café da manhã com espinafre, 238
lasanha de abobrinha e funcho, 214
rigatoni ao ragu bianco, 206
risone: frango com risone e funghi em uma panela só, 213
rolinhos de linguiça à moda alemã com molho de mostarda e mel, 246
rúcula: salada de abobrinha sedosa e salmão, 91
rugelach de alho-poró, queijo e zaatar, 254

S
salada de abobrinha sedosa e salmão, 91
salada de batata da Verena, 224
salada picante de milho, 46
saladas: salada de abobrinha sedosa e salmão, 91
salada de batata da Verena, 224
salada picante de milho, 46

salmão: bolinhos de salmão com remoulade de chermoula, 80
salada de abobrinha sedosa e salmão, 91
salmão assado à puttanesca, 153
salmão defumado assado com batata e funcho, 232
sambal: "shakshuka" com sambal, 26
frango com sambal, 125
sando de frango picante com maionese de harissa, 78
sanduíches de cookie com creme de tahine e, 302
semolina: panquecas com mil furinhos, 49
"shakshuka" com sambal, 26
shawarma de forno com cebola caramelizada, 139
shiitake: linguine com manteiga de missô, shiitake e espinafre, 205
shoyu: barriga de porco no shoyu com ovos e tofu, 162
molho de limão e shoyu, 184
sopa: mulligatawny, 54
sopa de berinjela, pimentão vermelho e tomate assados, 53
sopa de bolinhos de matzá, 58
sopa de ervilhas e carne de porco, 55
sopa de queijo e pão com couve-lombarda, 61
sopa de bolinhos de matzá, 58

T
tadka, 54
tahine: berinjela sedosa no vapor, 93
creme de tahine, 302
homus, 62
molho de tahine, 30-1, 238-9
tahine verde, 234
tamarindo: ensopado de abóbora, tamarindo e coco, 164
molho de tamarindo, 72
tarator de nozes, 115
Texas sheet cake vegano, 298
tofu: barriga de porco no shoyu com ovos e tofu, 162
purê vegano de espinafre e alcachofra, 97
tofu frio com molho picante de gergelim, 192
tofu mapo com cogumelos e kimchi, 196
tomate: arroz de forno com queijo, tomate e quiabo, 146
azeite de tomate e anchova, 153
caponata com aipo e burrata, 86
cordeiro ensopado com feijão-branco e iogurte, 179
dal de lentilha vermelha com batata e funcho, 157

feijão-branco com tomate-cereja assado, 101
frango de verão à cacciatore com molho de ervas, 132
fritada de alho-poró, tomate e cúrcuma, 29
galette de tomate com queijo e marmite, 256-7
lasanha de ragu de linguiça para um, 215
macarrão com tomate e berinjela em uma panela só, 218
molho de tomate e harissa, 238-9
mulligatawny, 54
panqueca holandesa com tomates assados, 22
salmão assado à puttanesca, 153
"shakshuka" com sambal, 26
sopa de berinjela, pimentão vermelho e tomate assados, 53
sopa de ervilhas e carne de porco, 55
topping de tomate, azeitona e pimentão, 63
torrada com vagens, 102
torta de carne com alho negro e baharat, 252-3
torta de peixe boêmia, 260
tomilho: aligot com bastante alho, tomilho e alho-poró, 231
limão-siciliano, mascarpone e tomilho, 44
torta: torta de peixe boêmia, 260
tortinhas de batata, queijo e chermoula, 249
torta de maçã holandesa, 290-1
torta de maçã holandesa, 290
torta de peixe boêmia, 260
tortang talong (omelete de berinjela), 30-1
tortinhas de batata, queijo e chermoula, 249
trigo para quibe

V
vadouvan: pão rápido de cenoura e vadouvan, 264
vagem: curry de frango e folha de limão com macarrão, 174
macarrão com pesto, vagem tostada e batata, 201
nasi goreng com camarão e vagem, 187
salmão assado à puttanesca, 153
torrada com vagens, 102

Z
zaatar: batatas assadas crocantes com alecrim e zaatar, 228
rugelach de alho-poró, queijo e zaatar, 254
zhoug, 29

Agradecimentos

Yotam Ottolenghi
Um enorme obrigado às minhas colaboradoras criativas nesta jornada de nostalgia, conforto e alegria: Helen Goh, Verena Lochmuller e Tara Wigley. Houve turbulências de vez em quando, mas foi sempre delicioso.

Obrigado também à nossa maravilhosa equipe criativa: Jonathan Lovekin, Caz Hildebrand e Wei Tang.

Um grande obrigado aos meus colegas cofundadores do Ottolenghi: Noam Bar, Cornelia Staeubli e Sami Tamimi.

Como sempre, sou inteiramente grato a Felicity Rubinstein e à equipe da Ebury: Lizzy Gray e Emily Brickell, nossas editoras, e Joel Rickett, Sarah Bennie, Stephenie Reynolds, Lara McLeod, Catherine Ngwong, Anjali Nathani e Joanna Whitehead. Obrigado também a Kim Witherspoon e à equipe norte-americana: Aaron Wehner, Katherine Tyler, Molly Birnbaum, Maria Zizka e Robert McCullough.

Gostaria também de mencionar com gratidão: Mark Hutchinson, Malinda Reich, Chaya Maya, Jens Klotz, Jake Norman, Katja Tausig, Michal Nowak e Milli Taylor.

Helen Goh
Obrigada, em primeiro lugar, a Yotam, por tantos anos maravilhosos de frutífera (e divertida!) colaboração. Este livro é a cereja do bolo. Imenso amor e gratidão a uma série de pessoas que me apoiaram durante todo o processo, principalmente David Kausman, por razões que ele sabe e que são muitas para serem listadas; Sam e Jude, pela exuberância apaixonada pela vida; Cornelia, Sami e Noam, pela amizade e pelos conselhos sábios. Meu sincero obrigada também a uma galáxia de mulheres pelo constante apoio e torcida: Kathy, Sherry, Melly, Caroline, Lisa, Alice, Nicole, Betsy, Goli, Shehnaz, Ramona, Irada, Samira, Tanzila, Julia, Yassira e Lulu. Por fim, à minha mãe e aos meus irmãos, pelo amor eterno.

Verena Lochmuller
Ao meu marido, Simon, e à minha filha, Olivia, pelos constantes conforto e amor. À minha saudosa mãe, por me mostrar o que significa ser uma verdadeira cozinheira. E às minhas irmãs, Christiane e Daniela, por sempre torcerem por mim.

Tara Wigley
Obrigada à minha família. Para mamãe e papai: obrigada por me apoiarem (literalmente, com bastante frequência). E para os meus parceiros: virar a cozinha de cabeça para baixo com Scarlett e Casper no fim de semana, enquanto Theo ou Chris tocam piano logo ao lado, é a minha ideia de paraíso e de lar. Muito obrigada também às minhas amigas — meu cobertor, minha rede de apoio — em particular, neste projeto, a Annie e Neache, Katherine, Katie e Nessa. Vocês sempre estiveram ao meu lado quando eu precisei.

Copyright © 2024 by Yotam Ottolenghi, Helen Goh, Verena Lochmuller e Tara Wigley
Copyright das fotografias © 2024 by Jonathan Lovekin

Publicado pela primeira vez no Reino Unido em 2024 como *Comfort* pela Ebury Press, um selo da Ebury. Ebury é parte do grupo Penguin Random House.

O direito moral dos autores está reservado.

Companhia de Mesa é um selo da Editora Schwarcz S.A.

Grafia atualizada segundo o Acordo Ortográfico da Língua Portuguesa de 1990, que entrou em vigor no Brasil em 2009.

TÍTULO ORIGINAL Comfort
CAPA E PROJETO GRÁFICO Caz Hildebrand
PREPARAÇÃO Milena Varallo
ÍNDICE REMISSIVO Julio Haddad
REVISÃO Jane Pessoa e Ana Alvares

Dados Internacionais de Catalogação na Publicação (CIP)
(Câmara Brasileira do Livro, SP, Brasil)

Nostalgia / Yotam Ottolenghi ... [et al.] ;
    fotos de Jonathan Lovekin ; tradução Bruno Fiuza. — 1ª ed. —
São Paulo: Companhia de Mesa, 2025.

    Título original: Comfort.
    Outros autores: Helen Goh, Verena Lochmuller, Tara Wigley
    ISBN 978-65-86384-29-1

    1. Culinária 2. Culinária – Fotografias 3. Receitas (Culinária)
I. Ottolenghi, Yotam. II. Goh, Helen. III. Lochmuller, Verena.
IV. Wigley, Tara. V. Lovekin, Jonathan.

24-226090   CDD-641.5

Índice para catálogo sistemático:
1. Culinária : Economia doméstica   641.5

Cibele Maria Dias – Bibliotecária – CRB-8/9427

Esta obra foi composta por Osmane Garcia Filho em Mohr
e impressa pela Geográfica em ofsete sobre papel Couché Matte
da Suzano S.A. para a Editora Schwarcz em fevereiro de 2025

Todos os direitos desta edição reservados à
EDITORA SCHWARCZ S.A.
Rua Bandeira Paulista, 702, cj. 32
04532-002 — São Paulo — SP
Telefone: (11) 3707-3500
www.companhiadasletras.com.br
instagram.com/companhiademesa

A marca FSC® é a garantia de que a madeira utilizada na fabricação do papel deste livro provém de florestas que foram gerenciadas de maneira ambientalmente correta, socialmente justa e economicamente viável, além de outras fontes de origem controlada.